격차를 넘어 초격차를 만드는

디지털 대전환의 조건

격차를 넘어 초격차를 만드는

디지털 대전환의 조건

위르겐 메페르트, 아난드 스와미나탄 지음 | 맥킨지 한국사무소(최원식, 임정수) 감수 | 고영태 옮김

한 그루의 나무가 모여 푸른 숲을 이루듯이
청림의 책들은 삶을 풍요롭게 합니다.

디지털로 만들어가는 4차 산업혁명, 기업은 무엇을 준비할 것인가

기업이 성장을 통해 조직원에게 미래에 대한 기대와 동기를 부여하듯 정부도 GDP 성장을 통해 국민 모두에게 미래에 대한 동기 부여, 안정감 있는 삶, 개개인의 소득 증대를 제공할 수 있다. 그런데 최근 몇 년 동안 대한민국의 성장세가 주춤하다. 조만간 맞이할 인구절벽으로 미래 잠재 경제성장률 전망치도 계속 떨어지고 있다. 그렇다면 우리는 대체 어디서 성장 동력을 찾을 수 있을까?

GDP의 공식은 매우 단순하다. 인구×1인당 GDP다. 합계 출산율은 이미 0.97명(2018년 2분기 기준)으로 떨어져, 예상보다 빠르게 인구절벽에 다가가고 있다. 결국 우리의 성장은 생산성 증대 및 새로운 비즈니스 모델을 통한 1인당 GDP 증가에 달려 있다. 이러한 생산성 증대가 과거 증기 기관, 컨베이어벨트, 인터넷을 통해 이루어진 것처럼, 앞으로는 4차 산업 혁명 기술의 핵심인 '디지털'에 의해 급격히 이루어질 것으로 기대된다.

최근 수많은 '디지털' 관련 개념서가 봇물 터지듯 서점에 나오고 있지만, 정작 기업들은 디지털화를 추진하는 데 현실적인 장벽에 부딪히고 있다. 경영의 전장에서 직접 컨설팅을 하다 보면 '전사적 디지털 전환'의 필요성을 뼈저리게 느낀다. 특히 글로벌 트렌드에 민감한 한국 기업의 특성상 '디지털 전환Digital Transformation'을 추진하는 이유why와 추진 대상 what의 우선순위에 대한 전사적 공감 및 합의가 이루어지지 않은 채 실행 how에만 집중하는 우愚를 범하다 보니, 결국 '디지털 전환'을 통해 기대했던 성과를 충분히 달성하지 못하는 사례를 자주 보게 된다.

그런 점에서 이 책은 두 저자의 실질적인 비즈니스 컨설팅과 여러 기업이 디지털 전환을 추진한 경험을 바탕으로 한 실용적인 지침서다. 특히 공동 저자 모두 디지털 분야에서 내로라하는 전문가들이다. 아난드 스와미나탄Anand Swaminathan은 '디지털 맥킨지Digital McKinsey'와 '맥킨지 뉴 벤처McKinsey New Ventures'의 리더로서 다양한 산업 내 기업들의 디지털 전환을 이끈 미국 샌프란시스코 사무소 시니어 파트너이며, 위르겐 메페르트Jürgen Meffert는 주로 텔레콤과 미디어, IT 분야의 전문성을 바탕으로 맥킨지의 디지털 B2B 서비스 라인을 이끈 독일 뒤셀도르프사무소 시니어 파트너다. 이들은 전문성과 경험을 바탕으로 '왜, 무엇을, 어떻게' 디지털 전환을 해야 하는지에 대한 핵심 질문과 원칙, 개별적인 체크리스트를 제시하고 있다.

'왜why' 디지털 전환을 추진해야 하는지에 대해 저자는 절박감, 변화의 유형, 변화를 막는 장애물, 기업이 활용할 수 있는 관련 자산, 최종 지향점이라는 다섯 개 측면에서 15가지 핵심 질문을 던진다. 무엇보다 '왜'라는 질문을 통해 조직 내 공감대를 형성하는 데 있어서 CEO의 주도적인 역할을 강조한다. 실질적인 디지털 전환을 위해 CEO는 인재 확보와 조직간 장벽 제거, 활용 가능한 내부 핵심 자산에 대한 이해, 그리고 목표 설정을 해야 한다.

일례로 전 세계 소비자들에게 익숙한 우버Uber와 같은 공유 차량 서비스ride sharing 도입을 둘러싼 국내 논란을 보자. 기존 택시 사업자와의 갈등으로 이 문제를 '어떻게' 풀어야 하는가에 대한 많은 논의가 이루어지고 있지만, 사실 그 전에 '왜'라는 질문을 던지고 이에 대한 사회적인 합의를 끌어내야 한다. 세계적인 흐름에서 이미 자동차업계는 그 중심축이 하드웨어를 만드는 제조업에서 소비자의 '이동mobility'이라는 서비스로 옮겨 갔고, 소비자 편익이라는 측면에서 커다란 부가가치 창출도 기대된다. 이에 대한 이해와 공감이 전제되지 않을 때 우리의 모빌리티 관련 사업은 세계적인 디지털화 흐름에서 낙오될 위험이 매우 높다.

'무엇what'을 디지털화할 것인가에 대해 저자는 모빌리티, 소매, 금융 서비스, 헬스케어, 스마트빌딩, 유틸리티, 텔레콤, 운송, 정부 등 아홉 개 사업 영역별로 나눠 미래의 모습을 예측한다. 먼저 향후 분야별로 어떤 기술로, 누가 새롭게 시장에 참여해 지금까지 생각하지 못했던 신규 수익원을 창출할 것인지에 대한 이해가 필요하다. 이를 바탕으로 비즈니스 모델의 디지털화 가능성과 IT 및 조직의 토대를 구축해야 한다. 예컨대 이미 모빌리티 영역에서 맥킨지를 비롯한 많은 연구 기관과 실제 비즈니스 참여자들이 '연결성'이 자동차 산업의 운명을 결정할 것이라고 이야기한다. 미래의 완벽한 커넥티드카connected car는 하드웨어 측면보다는 소프트웨어 및 연결성에서 발생하는 수많은 모빌리티 관련 정보의 수집 및 분석 영역에서 훨씬 더 발전할 가능성이 높다. 맥킨지의 연구 결과에 따르면, 자동차 산업에서 창출될 디지털 서비스는 현재 30억 달러 규모에서 2030년에는 1조 5,000억 달러로 급성장할 것으로 전망된다.

'어떻게how'라는 관점에서 저자는 11가지 실행 원칙을 제시한다. 과감한 계획 수립과 디지털 기업 작동, 강력하고 빠른 디지털 기업 문화의 확산을 통해 성과를 극대화해야 한다고 강조한다. 여기에 실행 방안으로 CEO를 위한 자기 평가 질문지를 마지막에 제시하고 있다.

맥킨지는 기업들이 향후 디지털 전환을 통해 막대한 변화를 경험하고, 새로운 성장의 모멘텀을 확보할 것으로 예측한다. 이는 무조건 주어지는 것이 아니다. 디지털 환경 속에서 새로운 사고방식을 갖고, 기존의 것들과 결별할 용기가 전제되어야 한다. 모든 CEO에게 디지털화는 이제 선택이 아니라 필수라는 점에서 이 책은 이론을 넘어 실용적인 지침서 역할을 한다. 기업의 생존을 넘어 성공하고자 하는 모든 CEO에게 일독을 권한다.

맥킨지 한국사무소
대표 최원식
파트너 임정수

디지털 방식으로 생각하라

디지털 혁명 시대다. 디지털 혁명의 영향을 받지 않는 산업이 없다. 좋은 소식은 규모에 상관없이 모든 기업이 디지털 혁명의 혜택을 누릴 수 있다는 것이다. 독일 서점들은 난공불락의 적에 맞설 기회를 포착했다.

서점들은 구텐베르크가 1450년에 금속활자를 발명한 이래 550년간 안정적으로 성장해왔다. 인쇄 공장이 책을 인쇄해 배달해주고, 사람들이 찾아와 책을 살펴본 다음 사 갔다. 그런데 21세기 초에 한 벤처기업이 이 모든 규칙을 바꿔버렸다. 온라인 유통 기업 아마존Amazon은 전 세계에서 가장 큰 서점으로 성장한 것에 만족하지 않았다. 킨들Kindle이란 전자책 단말기를 도입했고 빠르게 인기를 얻었다.

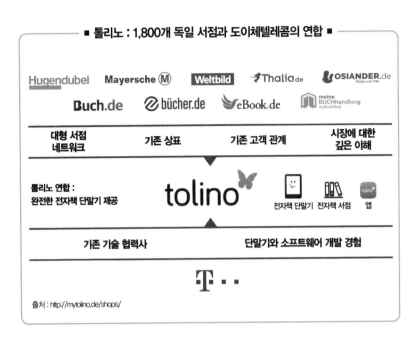

출처 : http://mytolino.de/shops/

아마존의 디지털화에 독일의 작은 책방, 대형 서점 체인은 엄청난 공포에 사로잡혔다. 이들은 과거 사업 모델을 송두리째 바꾸는 파괴적 기술과 혁명적 변화에 직면했다. 디지털화는 이미 서점 산업에 큰 영향을 미치고 있었다. 사진 전문 기업 코닥Kodak이나 통신판매업체, 여행사, 신문사처럼 시장에서 퇴출되지 않으려면 뭔가 해야 했다. 미국의 보더스Borders와 영국의 워터스톤Waterstones 같은 대형 서점 체인들은 이미 아마존 침공의 희생양이 됐다. 이들은 디지털의 위협을 너무 오랫동안 무시했고, 너무 느리고 무성의하게 대응했다.

하지만 독일 서점들은 아마존 침공이란 위기를 행복한 결말로 이끌었다. 탈리아Thalia, 후겐두벨Hugendubel, 벨트빌트Weltbild뿐 아니라 거대 미디어 회사인 베르텔스만Bertelsmann의 북클럽 등 급격한 변화에 직면한 서점 체인들이 회의를 열었다. 탈리아의 CEO 미하엘 부슈Michael Busch는 "우리는 독일어 권역에서 강력한 판매 역량을 구축해야 한다"고 말했다. 탈리아, 후겐두벨, 벨트빌트는 자체적으로 개발한 전자책 단말기 판매에 실패한 경험이 있기 때문에 이번에는 도이체텔레콤Deutsche Telekom과 손을 잡기로 했다. 부슈는 "우리는 모든 협력사가 챔피언스리그 수준으로 경기를 펼치는 가치사슬value chain을 구축하고 싶었다"고 말했다. 협력사들은 아마존 킨들의 대항마로 톨리노Tolino 전자책 단말기와 휴대전화용 앱을 개발했다. 그리고 전자책 단말기를 인터넷으로 홍보하는 데에도 투자했다.

왜, 무엇을, 어떻게: 디지털 전환에 앞서야 할 핵심 질문

서점들과 도이체텔레콤은 당장 행동에 나서야 하는 이유를 명확히 이해했고, 면밀하게 전략을 세웠다. 디지털화의 도전에 맞서지 않으면 서점의 핵심 사업이 위태로워진다는 절박감, 이것이 바로 변화를 추구한 이유였다. 부슈는 이를 "공포"라고까지 표현했다.

그렇다면 뭘 해야 했을까? 협력사들에게는 시장에서 선두 주자가 되겠다는 야심 찬 목표 아래, 전자책 단말기와 전자책 시장을 정복하기 위한 실천적 전략이 필요했다. 디지털 세계의 고객들은 무엇보다 단순하고 안정적인 절차를 원했기 때문에, 톨리노는 애플과 비슷하거나 이를 뛰어넘는 고객경험customer experience을 제공해야 했다. 즉 첫 접촉 시점부터 구매에 이르기까지, 고객에게 직관적으로 이해할 수 있고 마음을 사로잡는 경험을 제공해야 했다.

톨리노는 이런 야심 찬 목표를 어떻게 달성할 수 있었을까? 기존 기업 구조, 거대한 위원회들, 복잡한 회의 의제들에 얽매여서는 속도를 낼 수 없었다. 그래서 작은 핵심 팀에게 광범위한 권한과 의사 결정권을 줬다. 가장 중요한 개발 작업들이 동시에 시작됐고, 투 스피드two-speed IT 체제 (기업의 IT 조직을 안정성과 효율성에 초점을 맞춘 전통적인 IT 그룹과 시장 출시 시점time-to-market을 중시해 애플리케이션 발전 주기 단축, 비즈니스 부서와의 유연하고 긴밀한 연결에 초점을 맞춘 신속한 그룹으로 나눠 운영하는 모델 – 옮긴이)를 기초로 진행됐다. 전통적인 IT 그룹은 일반 업무의 안정성과 중요한 데이터의 완전성을 보장하고, 또 다른 IT 그룹은 디지털 제품 혁신에 반드시 뒤따르는 수많은 실험, 학습 단계, 수정 작업을 빠르고 유연하게 처리할 수 있는 스타트업 방식으로 조직됐다. 이와 동시에 도이체텔레콤은 실제 전자책 단말기인 하드웨어를 설계했다. 2013년 톨리노 전자책 단말기의 시장 출시와 함께 텔레비전과 소셜미디어에 초점을 맞춘 광고를 모든 디지털 채널에 내보냈다.

누가 감히 톨리노의 성공을 장담할 수 있었을까? 한쪽은 전통적인 중소기업들과 전 국영기업이고, 다른 한쪽은 디지털 시대에 세계적으로 성공의 역사를 써나가는 대기업이다. 모든 것이 아마존의 승리를 암시했다. 그런데 후발 주자들의 현명한 접근법이 성공을 거뒀다. 2015년, 톨리노는 통계 방식에 따라 조금씩 달라지기는 하지만, 40~45퍼센트의 시장 점유율로 독일에서 아마존과 어깨를 나란히 했다.

톨리노가 성공한 핵심 원인은 전통적인 소매점이 가진 특별한 장점인 오프라인 매장이다. 전통적인 서점들은 시내 중심가에 있는 매장들과 온라인 사업을 결합, 1년 동안 독일 국민 6,000만 명이 서점을 방문하는 옴니채널omni-channel(소비자가 온라인, 오프라인, 모바일 등 다양한 경로를 넘나들며 상품을 검색하고 구매할 수 있도록 한 서비스 – 옮긴이) 개념을 구축했다. 그리고 톨리노의 협력사들이 모든 유통경로에서 지속적으로 마케팅을 하는 데 협력해 아마존에 대해 구조적인 경쟁 우위를 확보했다. 미국인들이 물리적으로 독일에 사는 것이 아니기 때문이었다. 또 톨리노는 조직적 활동을 펼쳐 새로운 고객들을 오프라인 매장으로 끌어들였다. 부슈는 "우리는 자연스럽게 서점에서 전자책 단말기를 판매했다"고 말했다. 중요한 성공을 거두기는 했지만, 안심할 단계는 아니다. 우위를 점하기 위한 싸움은 아직 끝나지 않았다. 시장과 고객의 요구는 여전히 커지고 있고, 기민한 대응과 혁신에 대한 요구가 높기 때문이다.

2017년 초, 도이체텔레콤은 아마존과 알리바바Alibaba에 이어 세계에서 세 번째로 큰 온라인 소매점 코보Kobo에 톨리노의 지분을 팔았다. 자체적인 전자책 단말기와 전자책을 가진 코보와의 결합으로 톨리노 연합은 더욱 강화됐다. 도이체텔레콤과 달리, 라쿠텐Rakuten의 캐나다 자회사인 코보는 세계적인 영향력을 가지고 있어 아마존 킨들과 경쟁하는 톨리노 연합에게 이상적인 제휴 업체였다.

톨리노, 독일 서점 1,800여 곳에 진출하다

이 성공이 톨리노의 모든 협력사에게 도움을 주지는 못했다. 벨트빌트는 파산을 신청했고, 베르텔스만은 2015년에 북클럽의 문을 닫았다. 하지만 베르텔스만 미디어 그룹은 여전히 전자책 유통 기업인 톨리노미디어와 함께하고 있고, 새로운 협력사들도 합류했다. 리브리Libri가 1,300개 도매 서점과 함께 합류했고, 강력한 지역 단체 두 곳이 70개 도매 서점과 함께 합류했다. 현재 톨리노는 독일 서점 6,000곳 중 1,800곳에서 구입할 수 있고, 톨리노의 개방적인 시스템은 벨기에, 이탈리아, 네덜란드, 오스트리아, 스위스까지 확산됐다.

여기에 더해 톨리노의 성공과 서점 연합들의 성공 가능성이 2016년에 탈리아가 수억 달러에 팔리는 데 기여했으리라 추정된다. 탈리아의 새소유주 중 한 명이자 CEO인 미하엘 부슈는 2020년까지 독일인 900만 명이 전자책을 이용할 것이며, 따라서 전자책 시장이 두 자릿수 성장을 기록할 것으로 예상하고 있다. 그는 전자책 이용자를 유망한 고객이라고 생각한다. 전자책을 좋아한다면, 여전히 실제로 책장을 넘기고 싶어 하기 때문에 인쇄본도 자주 구매한다는 것이다.

부슈는 톨리노의 성공으로 다음과 같은 사실을 배웠다.

"당신 회사가 어느 분야에 있는지, 얼마나 크고 작은지는 중요하지 않다. 충분한 상상력과 강력한 의지가 있다면 실리콘밸리의 거대 기업들만큼 성공적으로 디지털화할 수 있다."

톨리노의 성공은 디지털화로 사업이 위태로워진 기업들에게 하나의 모범 사례가 될 수 있다. 다음의 세 가지 질문에 대한 답이 기업의 디지털 전환을 위한 본보기를 제시해줄 것이다.

1. 왜 기업이 디지털 도전이라는 관점에서 변해야 하는가? 디지털이란 주제가 회사를 경영하는 데 얼마나 중요한가?
2. 무엇이 변해야 하는가? 전체적인 비즈니스 모델, 상품 개발, 마케팅, 공급망 등 가치 창출 요인부터 기술, 조직, 기업 문화 등 기본적인 기능에 이르기까지, 정확히 무엇이 변해야 하는가?
3. 어떻게 디지털 전환을 준비할 것인가? 구조, 업무 과정, IT, 관리

방안을 어떻게 바꿀 것인가?

    이 책은 당신과 당신 회사를 성공적인 디지털의 미래로 이끌 수많은 성공담을 소개함으로써 위의 질문에 대한 구체적인 답을 알려줄 것이다.

차
례

1부 | 왜 디지털 전환인가

제1장 디지털이 세상을 빠르게 바꾸고 있다

제2장 근본적인 쇄신이 필요하다

Digital@Scale : The Playbook You Need to Transform Your Company

1부 ——— 왜 디지털 전환인가

제1장

디지털이 세상을 빠르게 바꾸고 있다

디지털 시대, 기업들은 고객 관계와 생산관리부터 협력사와의 소통에 이르기까지 전체 비즈니스 모델을 다시 생각해야 한다. 그러지 않으면 실패하거나 사라질 위험이 있다.

전통적인 서점들과 이들의 전자책 단말기 톨리노가 거대 인터넷 기업 아마존과 킨들에 맞서 벌인 성공적인 대결은 용기뿐 아니라 많은 교훈을 준다. 깊이 있는 분석 없이도, 디지털화가 IT의 문제만은 아님을 알 수 있다. 효율적인 IT는 전사적인 디지털화를 구축하는 토대일 뿐이다. 디지털화에는 디지털 기술을 구현하는 것 이상의 의미가 있다. 디지털화의 궁극적인 목표는 완전히 새로운 비즈니스 모델 개발이다. 따라서 디지털화는 CEO와 함께 시작돼야 한다.

디지털 전환이란

디지털 전환이란 IT부터 첨단분석advanced analytic, 센서, 로봇공학, 3D 프린팅에 이르기까지 기술이 가져다주는 기회를 기업 발전의 지렛대로 활용하는 것이다. 직원, 고객, 부품 제조사, 협력사를 포함해 기업을 이루는 생태계 전체가 영향을 받는다. 디지털화에 성공하고 싶은 기업은 지금의 비즈니스 모델과 업무 과정을 개선하고, 새로운 수입원을 비즈니스 모델에 추가하거나 과거의 비즈니스 모델을 더 좋은 새로운 모델로 대체해야 한다. 그리고 이를 통해 새로운 고객경험을 구현하고, 새로운 가치를 제안하며, 조직의 유효성과 능률을 새로운 수준으로 끌어올려야 한다. 즉 디지털화란 기업 구조, 업무 과정, IT는 물론 새로운 현실에서 일하고 살아가는 사람들까지 변화시키는 것이다.

디지털화에 성공한 기업은 모든 산업을 정복하고 파괴한다

이런 놀라운 신세계에도 어두운 면은 있다. 변화를 거부하는 사람들의 패배다. 디지털화는 조지프 슘페터Joseph Schumpeter가 말한 이른바 '창조적 파괴'를 유발한다. 즉 생산 요인들의 새로운 조합이 오래된 생산 구조와 전통적 비즈니스 모델을 축출하고 파괴하는 것이다.

스마트폰은 SF에나 있고 '앱'이란 말조차 알려지지 않은 인터넷 초창기, 디지털화가 유명한 첫 번째 희생양을 만들었다. 1996년, 컴팩Compaq

■ 디지털화가 세계를 근본적으로 바꾸고 있다 ■

	시장 주도 기업(Leader)	공격 기업(Attacker)
컴퓨터	COMPAQ	DELL
비디오 대여	BLOCKBUSTER	NETFLIX
책	BORDERS	amazon
운송	TAXI ⚠	UBER
자동차	⛽🚗 ⚠	TESLA

은 세계 기업 고객 시장에서 50퍼센트 이상 점유율을 기록한, PC와 서버 분야에서 이론의 여지가 없는 세계적인 선두 기업이었다. 컴팩은 컴퓨터를 과거의 방식으로 제조하고, 유통사들을 통해 매장에서 판매했다. 같은 해, 서른한 살의 마이클 델Michael Dell은 오프라인 매장 없이 인터넷에서 델 PC를 직접 팔기 시작했다. 혁명적인 것은 주문 방식만이 아니었다. 고객들은 델의 홈페이지에서 원하는 부품을 선택해 자신만의 맞춤형 PC를 주문할 수 있었다. 즉 델은 생산한 다음 판매하는 컴팩의 방식이 아니라 주문받은 다음 생산하는 방식으로 컴퓨터를 만들었고, 개인 고객들의 요구를 반영했다.

경쟁자들은 이를 즉각 알아채지 못했지만, 델의 비즈니스 모델은 컴팩과 다른 컴퓨터 회사들보다 뛰어났다. 주문형 생산 원칙에 따른 린 대량생산lean mass production(낭비를 최소화하는 도요타Toyota의 린 생산방식으로 대량생산하는 것 - 옮긴이)과 온라인 판매는 이익이 적고 경쟁이 치열한 컴퓨터 시장에서 이익과 손실을 결정지었다. 컴팩은 유통사들과의 갈등이 두려워 비즈니스 모델을 바꿀 용기를 내지 못하고 기존 비즈니스 모델을 유지했다. 1997년, 컴팩은 휴렛팩커드Hewlett-Packard에 인수됐고, 델은 세계 시장을 선도하는 기업이 됐다.

델이 PC 산업에서 디지털 혁명을 일으키고 나서 많은 산업의 기초가 흔들렸다. 넷플릭스Netflix와 스포티파이Spotify로 영화와 음악을 감상하고, 익스피디아Expedia와 에어비앤비Airbnb로 비행기와 숙박을 예약하며, 은행 계좌를 온라인으로 관리하는 시대가 되면서 비디오 대여점, CD 판매점, 여행사, 지역 은행은 소멸 위기에 직면했다. 심지어 프로스퍼Prosper를 비롯한 크라우드펀딩 사이트에서 대출 같은 전통적인 은행 업무도 할 수 있게 됐다.

모든 산업에서 중요해진 디지털화

자신이 속한 산업이 디지털화의 영향을 받지 않으리라 믿는 사람은 위험한 가정을 하고 있는 것이다. 기본적으로 모든 분야가 디지털화의 영향을 받는다. 과거의 비즈니스 모델이 쓸모없어질 때까지 걸리는 시간과 규모가 다를 뿐이다.

기업들은 다양한 산업 분야에서 극적인 변화에 직면해 있다. 누가 미래의 무인차를 테슬라Tesla, 구글google, 애플Apple이 아닌 포드Ford, BMW, 도요타 등 전통적인 자동차 회사가 만들 것이라고 감히 말할 수 있을까? 앞으로 수년 안에 인터넷과 연결된 로봇청소기와 오븐을 스마트홈 시스템에 설치할 기업은 어디일까? 지능형 냉장고가 알아서 온라인으로 주

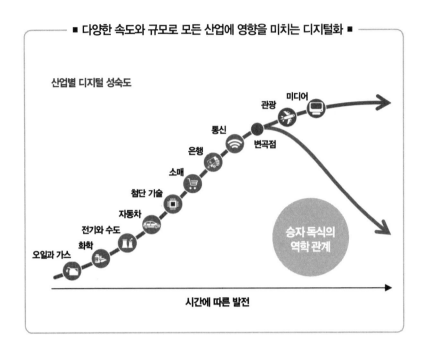

■ 다양한 속도와 규모로 모든 산업에 영향을 미치는 디지털화 ■

산업별 디지털 성숙도

미디어
관광
통신
변곡점
은행
소매
첨단 기술
자동차
전기와 수도
화학
오일과 가스

승자 독식의
역학 관계

시간에 따른 발전

문한 식품을 배달할 기업은 어디일까? 크로거Kroger일까, 아마존일까?

디지털화라는 주제는 당연히 대부분 기업에게 중요한 의제다. 예를 들면 많은 기업이 고객과의 소통, 생산, 협력사와의 상호 교류에서 디지털 전환을 계획하기 시작했다. 하지만 CEO 대부분이 포괄적인 디지털 전략을 수립하지 못했다고 인정한다. 디지털 기업이 되고자 하는 이들의 이상적인 전환 계획은 그 정의가 불명확한 경우가 많다. 또 이들은 디지털화라는 용어를 너무 좁은 범위로 이해하고 있다. 디지털화는 단지 IT와 기술을 의미하는 것이 아니다. 이런 기술은 디지털화의 토대일 뿐이다. 디지털화는 고객가치제안, 부가가치를 만들어내는 업무 과정, 사람들이 일하는 방식 등을 재정의하는 '전사적인 변화'에 관한 것이다.

디지털화는 이미 고객의 행동과 기대치를 급격하게 바꿔놨고, 전통적인 비즈니스 모델을 파괴했으며, 산업을 재편했다. 생산을 혁명적으로 바꿔놓고— 인더스트리 4.0을 떠올려보라— 모든 산업의 지형을 뒤흔들고 있다. 유통은 아마존, 알리바바 같은 디지털 경쟁사들의 도전에 직면해 있고, 은행은 핀테크의 위협을 받고 있으며, 익스피디아와 프라이스라인Priceline 같은 여행 포털은 관광 산업의 판도를 바꿔놓고 있다. 광고 산업의 전통적 비즈니스 모델도 다양한 디지털 채널들로 흔들리고 있다. 디지털화는 심지어 유행에 민감한 도시 사람들이 차량을 소유하는 대신 우버Uber, 집카ZipCar를 사용하는 공유경제sharing economy와 같은 새로운 시장을 만들어내고 있다.

아날로그 세계에서 활동하는 기업은 디지털화에 너무 늦게 합류하지 않도록 해야 한다. 고객 요구를 잘 활용하는 스타트업들은 때때로 폭발적인 성장을 경험한다. 예를 들면 왓츠앱WhatsApp과 유사한 메신저인 중국의 텐센트Tencent가 개발한 QQ를 사용하는 사람이 9억 명에 달한다. 이에 텐센트의 매출은 10년 만에 100배가 늘어나, 2015년에 160억 달러를 기록했다. 텐센트 직원 두 명 가운데 한 명은 연구개발 분야에서 일한다. 중국 우버의 경쟁사이자 중국 택시와 리무진 시장을 장악한 디디추싱Didi Chuxing은 회사 가치를 2015년 약 60억 달러에서 18개월 만에 200억 달러로 세 배 이상 끌어올렸다.

새로운 비즈니스 모델은 고전적 유형을 따른다

디지털화로 유발된 비즈니스 아이디어들은 공급 측면에서 발생했는지 아니면 수요 측면에서 발생했는지, 그리고 아이디어가 확장되거나 개선된 비즈니스 모델로 이어지는지 아니면 완전히 새로운 비즈니스 모델로 이어지는지에 따라 두 가지 측면으로 나눌 수 있다. 확장 비즈니스 모델로 이어진 새로운 서비스의 사례로 카약Kayak이 있다. 카약은 전통적인 여행사의 업무를 디지털로 바꿔, 사용자들이 항공기, 호텔, 렌터카를 온라인으로 검색할 수 있도록 했다. 비즈니스 모델 자체는 서비스 제공자들이 카약에게 수수료를 지불하는 전통적 시스템에 기초를 둔다.

다른 디지털 기업들의 상품은 과거에 불가능했던 서비스에 대한 요구를 이용한다. 스포티파이가 그런 사례 가운데 하나다. 스포티파이의 음악 스트리밍 서비스는 고객들에게 음악 자료실 전체에 대한 접근권을 제공한다. 사용자들은 개별 노래가 아닌 서비스를 사용하는 데 따른 돈을

■ 새로운 비즈니스 모델을 가능하게 만드는 디지털화 ■

낸다. 이런 완전히 새로운 비즈니스 모델은 음악 시장을 혁명적으로 바꿨고, 음악 산업을 근본적으로 바꿨다. 스포티파이에 비하면 애플의 아이튠즈스토어iTunes Store는 진부해 보인다.

수요가 만들어낸 혁신의 사례로는 달러셰이브클럽Dollar Shave Club이 있다. 최근 유니레버Unilever가 10억 달러에 인수한 달러셰이브클럽은 회비를 받고 남성들에게 면도기와 관련 제품을 제공한다. 매달 면도날과 면도 거품 등을 포함한 세트를 제공하기 때문에 회원들은 슈퍼마켓에 가는 수고를 던다.

나이키아이디Nike iD는 수요에 의해 비즈니스 모델이 확장된 사례다. 고객들은 개별적으로 온라인에서 운동화를 디자인하고 모양, 소재, 색상을 고르고, 심지어 모노그램을 추가할 수도 있다.

소비자 행동이 급격히 달라진다

'TMT 디지털 인사이트TMT Digital Insights'는 맥킨지McKinsey의 장기 연구 프로젝트로, 세계에서 가장 중요한 시장과 고객 세그먼트에서의 소비자 행동 변화를 추적한다. 이 연구 결과, 미국 소비자들의 행동에서 극적인 변화가 발견됐다. 다음은 그 두 가지 사례다.

■ **시간과 장소에 관계없이 모든 것을 원한다** : 2016년을 기준으로 전체 소비자 중 83퍼센트가 스마트폰을 갖고 있다. 가정에 보급된 PC의 수와 같다. 2010년에 애플 아이패드iPad로 대중화된 태블릿은 전체 소비자 중 3분의 2가량이 갖고 있다. 이런 스마트 기기의 보급은 사용자 행동에 중요한 변화를 불러왔다. 이제 미국 소비자들은 PC보다 스마트폰이나 태

블릿과 더 많은 시간을 보낸다. 모바일 기기를 사용하는 소비자들은 이동 중 상품과 가격을 검색하거나 뭔가를 주문하고 싶을 때 즉각적인 답변을 기대한다. 스마트폰과 태블릿은 이미 개개인의 지휘 본부가 됐다. 시간과 장소에 구애받지 않는 소비자들의 사고방식에 대응할 수 있도록 온라인 서비스를 개선하지 않는 기업은 경쟁자들보다 뒤처질 가능성이 높아졌다.

- **시각적 미디어가 중요해졌다** : 동영상 매체가 더더욱 중요해지고 있다. 소비자들은 이전보다 더 많이 동영상을 본다. 다른 활동을 하면서 동영상을 보는 경우도 많다. 온라인으로 직접 제공되는 이른바 OTT^{Over The Top}(인터넷으로 방송, 영화, 교육 등의 동영상을 전달하는 서비스 - 옮긴이) 동영상은 전통적인 텔레비전과 건당 요금을 부과하는 방식^{Pay-Per-View}의 비즈니스 모델을 위협하고 있다. 고객의 관심을 계속해서 끌고 싶다면 전통적인 문자 기반의 고객 소통을 동영상으로 보완해야 한다. 최근 들어 상당 기간 동안, 고객들이 가상 세계에 매료되면서 현실 경제에도 큰 영향을 미쳤다. 광고 예산이 텔레비전과 인쇄 매체에서 모바일 서비스 제공 기업들로 급격하게 이동한 것이다. 이제는 동영상이 스마트폰 화면까지 점령했다. 시간과 영상 구성 측면에서 스마트폰에 최적화된 다양한 연속 프로그램도 출시되고 있다.

지난 10년 동안 소비자들이 상품 검색과 구매 행동에서 급격한 변화를 보이면서 유통, 서비스, 소비재 기업들은 업무 과정과 서비스를 디지털화해야 한다는 압박을 받고 있다. 소비자들은 온라인 게시판에서 상품 품질에 관한 정보를 얻고, 비교 사이트에서 가격 대비 성능비를 확인하며, 트위터Twitter와 인스타그램Instagram에 의견을 올린다. 매장에서 쇼핑할 때조차 자신이 원하는 상품을 온라인이나 지역의 다른 오프라인 매장에서 더 싸게 살 수 있는지 스마트폰으로 확인한다.

기존의 시장 정의는 더 이상 적용되지 않는다

경영자들은 시장에 대한 기존의 정의들이 더 이상 통하지 않으며, 도처에 새로운 도전들이 도사리고 있다는 사실을 안다. 이전에는 서로 연결돼 있지 않았던 개별 기기들을 온라인데이터와 연결시키는 네트워크인 사물인터넷Internet of Things, IoT이 전통 산업의 경계를 무너뜨렸다. 의료시장을 살펴보자. 갑자기 피트니스 밴드와 앱을 가진 IT 기업들이 의료시장에 뛰어들어, 고객들에게서 얻은 데이터를 활용해 완전히 새로운 비즈니스 모델을 개발하고 있다. 기업에게 상품을 판매하는 기업B2B과 고객에게 상품을 제공하는 기업B2C을 구분하는 과거의 경계가 흐려지고 있다. 갑자기 'B2B2C'라는 용어도 생겨났다. 알코아Alcoa 같은 산업용 원자재 기업이 최종 소비자가 알루미늄으로 뭘 하는지 알고 싶어 할 수도 있다.

디지털화가 진행되면서 유통경로 간 갈등도 증가하고 있다. 기업들은 이제 누적된 데이터를 전문적으로 분석해야 하고, 그 분석 결과에 따라 새로운 능력을 갖춰야 한다. 이 모든 요인이 경영진에게 점점 더 큰 압박을 가하고 있다.

혁신은 산업의 경계에서 발생한다

과거에는 기업 세계가 투명했다. 모든 기업이 자신의 경쟁자가 누구인지 알았고, 산업의 경계 밖에서 일어난 일이 산업에 영향을 미치는 경우가 거의 없었다. 그런데 갑자기 이런 확실성이 사라졌다. 디지털화가 산업 사이의 벽을 낮췄다. 예를 들면 아마존웹서비스Amazon Web Services, AWS를 제공하는 아마존은 현재 세계 클라우드 서비스업계의 선두 주자다. IT 산업에서 정상을 차지할 것으로 기대됐던 마이크로소프트Microsoft, MS와 IBM은 아마존보다 한 단계 낮은 위치에 있다. 처음에 이들은 결코 아마존을 경쟁 상대로 생각하지 않았다. 원래 아마존의 의도는 거대한 데이터 센터 용량을 자체적인 용도로만 더 잘 활용하는 것이었다. 이런 가운데 IT 기업들은 또 다른 침입자와 씨름하고 있다. 제너럴일렉트릭 General Electric, GE의 자회사 프레딕스Predix는 산업 기계들이 전송한 데이터를 분석하는 클라우드 기반 플랫폼 서비스를 제공한다. 이는 인더스트리 4.0의 토대가 되는 핵심 소프트웨어 기술이다.

전통적인 기계 제조사들도 산업 간 경계를 넘어서고 있다. 예를 들면 농기계와 트랙터를 생산하는 거대 기업인 존디어John Deere는 소프트웨어와 데이터에 기반을 둔 서비스를 제공한다. 이 서비스는 토양 상태, 종자의 특성, 광범위한 추가 정보를 토대로 세부적인 일기예보를 분석해 생산량을 높이는 데 도움이 되는 농사법을 추천해준다. 또 연료를 절약하고, 수리 횟수를 줄이고, 농기계들을 최적의 상태로 사용할 수 있도록 돕는다. 농부들은 마이존디어닷컴MyJohnDeere.com에서 농기계에 달린 센서들이 디어데이터센터로 보낸 현장 데이터를 확인할 수 있다. 모바일팜매니저Mobile Farm Manager 앱을 깔면 스마트폰이나 태블릿에서도 정보를 볼 수 있다.

화학 회사인 몬산토Monsanto는 다른 방향에서 농업 세계로 진출했다.

몬산토는 2012년에 프리시전플랜팅Precision Planting을 인수했다. 프리시전 플랜팅의 하드웨어와 소프트웨어는 파종하는 농부들이 종자를 심을 깊이, 간격, 종자가 뿌리를 잘 내릴 수 있는 상태를 최적화할 수 있도록 돕는다. 이는 몬산토의 핵심 사업과 동일한 고객 기반을 활용하고, 동일한 가치(더 많은 수확)를 제안하지만, 완전히 다른 기술적 접근법이다. 몬산토는 비즈니스 모델을 조화롭게 확장하는 동시에 산업의 경계를 무너뜨렸다.

B2B에서 B2B2C로

과거에는 이들 세계가 명확하게 나뉘어 있었다. 최종 소비자를 대할 때 판매 활동은 감정, 즐거움, 무엇보다 단순성에 초점이 맞춰졌다. 개인 고객에게 제시하는 선택지는 단순해야 했다. 반면 기업 고객들은 사실과 합리성을 원했기 때문에 세부적인 것들을 알고 싶어 했다.

그런데 이런 구분이 디지털화 때문에 쓸모없어졌다. 기업 고객들이 아마존과 구글에서 주문하는 것이 얼마나 쉬운지, 상품 검색이 얼마나 단순한지, 제품 배송이 얼마나 빠른지 경험하자 자연스럽게 B2B 시장에서도 이를 기대하게 됐다. 기계 부품을 주문하는 것이 왜 아마존에서 책을 주문하는 것보다 복잡해야만 할까? 배달은 왜 하루가 아니라 몇 주가 걸릴까? 설명서는 왜 어려운 기술 용어를 써서 쉽게 이해할 수 없게 만들었을까? 왜 공급자의 사이트는 검색하기가 그렇게 어려울까? 왜 공급자는 불만에 즉각 대응하지 않을까?

소비자 시장에서 나타난 변화를 따라가는 것은 B2B 시장의 고객 관계만이 아니다. 디지털화 덕분에 많은 B2B 기업이 비즈니스 모델을 확장해 최종 소비자들에게 다가가고 있다. 이것이 B2B2C다. 크래프트질라Craftszilla를 예로 들어보자. 인도의 전자상거래 플랫폼인 크래프트질라는 소규모 가정용 인테리어 소품 제조사들과 공예가들을 연결해준다. 그 전에는 공예가들이 전문 소매점을 통하거나 아니면 직접 소비자들에게 상품을 판매했다. 크래프트질라는 재고를 만들지 않는다. 판매자와 고객을 연결시켜주고 사이트에서 발생한 매출에 대한 수수료를 받는다.

피트니스밴드 제조사인 핏비트Fitbit는 영국석유BP와 어도비Adobe 같은 기업들과 함께 직원 건강 증진 프로그램을 개발함으로써 B2B2C 개념을 적용하고 있다. 계약 당사자는 기업B2B이고, 고객은 직원들B2B2C이다. 파나소닉Panasonic과 알리안츠Allianz도 집과 아파트를 더 안전하게 만들기 위해 비슷한 방식으로 협력하고 있다. 파나소닉은 고객의 집에 감시와 통제 시스템을 설치하고, 알리안츠의 자회사인 알리안츠 글로벌 어시스턴스Allianz Global Assistance는 심각한 사고가 발생할 경우 구조 신호를 받아 구조대가 출동할 수 있도록 돕는다.

유통 채널 갈등 관리하기

디지털화는 최종 소비자 단계뿐 아니라 고객과의 접점을 혁신시킨다. B2C 비즈니스 모델에 기반을 둔 새로운 규칙들은 B2B에도 적용된다. 예를 들면 독일의 난방 시스템 제조사들은 전문 설치업체들을 통해 상품을 판매했다. 부데루스Buderus, 비스만Viessmann, 바일란트Vaillant, 볼프Wolf, 융커스Junkers 같은 기업들은 자신들의 난방 시스템 설치업체들을 적극 육성하고, 이들을 통해 고객을 확보했다.

베를린의 스타트업 터몬도Thermondo는 독일 전역에 걸쳐 고객들에게 난방 시스템을 공급하는 다양한 서비스 팀과 설치 팀을 연결하는 플랫폼

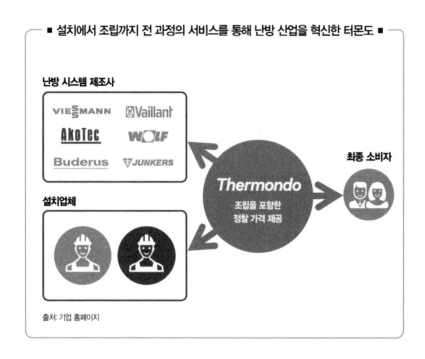

■ 설치에서 조립까지 전 과정의 서비스를 통해 난방 산업을 혁신한 터몬도 ■

난방 시스템 제조사

VIESMANN Vaillant

AkoTec WOLF

Buderus JUNKERS

설치업체

Thermondo
조립을 포함한
정찰 가격 제공

최종 소비자

출처: 기업 홈페이지

을 개발해 기존 비즈니스 모델을 파괴했다. 2012년에 개설된 이 포털은 2015년 한 해 동안 864퍼센트의 성장률을 달성했다. 고객은 포털에서 다양한 브랜드와 설치비를 포함한 맞춤형 정찰가를 검색, 선택할 수 있다. 터몬도는 비용 지원에 대해서도 조언해준다.

　제조사와 중간 거래상은 기존 비즈니스 모델이 위협받는 문제에 직면했다. 앞서 살펴본 컴팩의 사례와 비슷하다. 컴팩의 경우와 마찬가지로, 제조사와 중간 거래상의 문제는 쉽게 해결되지 않는다. 예를 들면 난방 시스템 제조사, 설치업체, 터몬도, 그 밖의 시장 참여자들이 새로운 생태계에서 협력하는 방법을 개발해야 한다. 이를 위해서는 옴니채널 관리가 필요하다.

점점 더 중요해지는 소프트웨어와 분석력

"데이터가 새로운 석유다"라는 말이 있다. 데이터는 모든 디지털화에 필요한 원자재다. 맥킨지의 연구에 따르면, 2015년에 이루어진 국제적인 데이터 이동이 전통적인 국제 교역보다 세계 경제 성장에 더 많이 기여했다. 기업들은 막대한 돈을 벌 수 있는 엄청난 규모의 데이터를 수집하고 있다.

아마존과 오버스톡Overstock 같은 온라인 유통 기업들은 수백만 개에 달하는 상품에 대해 초 단위로 가격 조정이 가능한 동적가격책정dynamic pricing(동일한 제품 및 서비스에 대한 가격을 시장 상황에 따라 탄력적으로 변화시키는 가격 전략 - 옮긴이)을 활용하고 있다. 이들 기업들은 지속적으로 경쟁사의 가격을 추적하고, 현재의 판촉 활동과 함께 분석한다. 그리고 시계열 분석과 빅데이터 분석을 활용해 매 시간마다 모든 상품에 대해 새로운 역수요곡선 inverse demand curve(수량이 주어진 상태에서 가격을 결정하는 곡선 - 옮긴이)을 계산해낸다.

디지털 인재 확보를 위한 전쟁

디지털화는 수많은 기회를 제공하지만, 생산에서 판매까지 전통적인 분업 구조를 갖추고 있는 대기업들은 이런 기회를 잡기가 어렵다. 디지털 인재가 충분하지 않은 대기업들이 한정된 IT와 소프트웨어 전문가를 찾기 위해 노동시장에서 경쟁해야 한다는 사실은 문제의 일부일 뿐이다. 디지털 인재들을 확보했다고 해도 고립된 부서 하나로는 큰 성과를 거둘 수 없다. 경영진 전반에 걸쳐 디지털화의 가능성과 한계에 대한 이해가 필요하기 때문이다.

여기에는 전통적인 부서 차원의 사고방식으로는 아무것도 성취할 수 없고, 여러 기능을 포괄하는 팀들이 프로젝트를 통제해야 한다는 개념이 포함돼 있다. 디지털 인재 확보 전쟁에서 승리하고 싶은 사람은 누구나 이런 개념에서 출발해야 한다. 이는 오랫동안 전문화와 분업을 성공 요인으로 생각해온 전통적인 기업들에게는 특히 어려운 일이다.

변화의 속도는 기하급수적으로 증가한다

기업의 디지털화를 방해하는 더 큰 장애물은 인간의 근본적인 약점에 있다. 우리는 선형적 사고에 익숙하다. 매우 혁신적인 변화는 우리를 불안하게 만든다. 미래학자이자 구글 엔지니어링 이사인 레이 커즈와일Ray Kurzweil에 따르면, 이런 특성 때문에 우리는 로그눈금에 맞춰 지수함수를 선형으로 완화시키는 경향이 있다. 하지만 디지털화와 관련된 변화는 지수함수에 따라 점점 더 급격해지기 때문에 이런 경향은 디지털화와 관련된 변화를 이해하려 할 때 치명적일 수 있다.

레이 커즈와일은 논문 〈수확 가속의 법칙The Law of Accelerating Returns〉에서 인간 역사를 관통하는 기술 발전의 기하급수적 성격을 왜곡적인 로그눈금이 아니라 선형눈금에 맞춰 설명했다. 그는 사람들이 직관적으로 이런 왜곡적인 관점에 끌리고, 그 결과 무심코 미래의 발전 수준과 속도를 상당히 과소평가한다고 추정했다. 또한 우리가 현재 기하급수 곡선의 후반부에 있기 때문에 21세기에는 발전이 매우 급격할 것으로 예측했다.

커즈와일은 한 인터뷰에서 기하급수적 성장의 기본 역학을 이렇게 설명했다. "내가 선형 방식으로 서른 걸음을 걷는다면 1, 2, 3, 4, 5······ 30에 도달한다. 기하급수적 방식으로 서른 걸음을 걷는다면 2, 4, 8, 16으로 늘어나 10억에 도달한다." 이는 대단히 흥미롭고 동시에 반박이 불가능

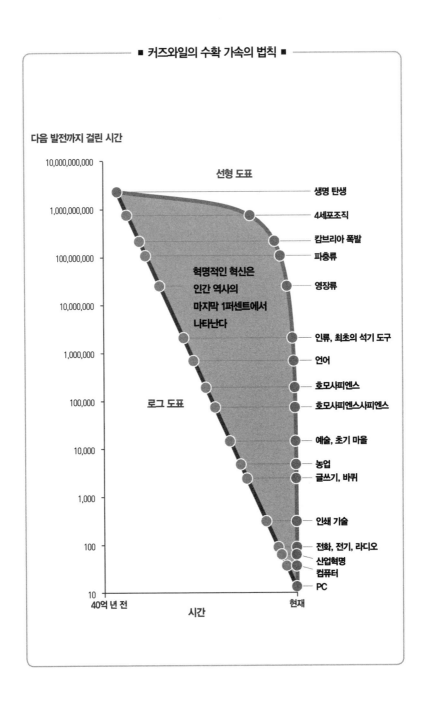

■ 커즈와일의 수확 가속의 법칙 ■

다음 발전까지 걸린 시간

선형 도표

10,000,000,000 ─ 생명 탄생
1,000,000,000 ─ 4세포조직
─ 캄브리아 폭발
100,000,000 ─ 파충류
─ 영장류

혁명적인 혁신은
인간 역사의
마지막 1퍼센트에서
나타난다

10,000,000 ─ 인류, 최초의 석기 도구
1,000,000 ─ 언어
─ 호모사피엔스
100,000 ─ 호모사피엔스사피엔스
─ 예술, 초기 마을
10,000 ─ 농업
─ 글쓰기, 바퀴
1,000 ─ 인쇄 기술
100 ─ 전화, 전기, 라디오
─ 산업혁명
─ 컴퓨터
10 ─ PC

로그 도표

40억 년 전   현재
시간

한 논리다. 그런데도 믿기 어렵다. 우리 생각이 막고 있기 때문이다. 커즈와일은 "오늘날 모두가 기술적 진보에서 연속적인 선형 발전을 기대한다. 하지만 미래가 되면 생각보다 더 극적인 변화에 대부분 사람들이 놀랄 것"이라며 "변화의 속도가 더욱 빨라지는 것이 어떤 의미인지 이해하는 사람은 거의 없다"고 말했다.

발전과 무어의 법칙

두 가지 사례가 커즈와일의 로그 발전 이론을 입증해준다. 가장 잘 알려진 것은 무어의 법칙Moore's Law이다. 인텔Intel의 공동 설립자 고든 무어Gordon Moore는 1965년, 〈일레트로닉스Electronics〉에 논문을 게재했다. 그는 이 논문에서 집적회로에 들어가는 반도체소자가 해마다 두 배로 증가하고, 이런 현상은 계속될 것이라고 주장했다. 반도체의 처리 능력이 매년 배로 증가하면서 지금까지 그의 법칙은 유지되고 있다. 반도체들은 점점 더 작아지고 있다. 오늘날 표준 사양의 스마트폰은 아폴로 달 착륙 프로그램에 사용된 나사의 컴퓨터보다 처리 능력이 120배나 좋다. IBM의 1998년 메인프레임 컴퓨터와 비교해도 네 배나 좋다. 만약 아이패드 2가 1994년에 출시됐다면 세계에서 가장 빠른 슈퍼컴퓨터 중 하나였을 것이다.

커즈와일의 이론을 뒷받침하는 또 다른 증거는 새로운 기술들이 점점 더 빨리 채택되고 있다는 점이다. 라디오가 발명돼 전 세계에서 5,000만 대가 팔릴 때까지 38년이 걸렸다. 텔레비전은 5,000만 가정에 보급되는 데 13년이 걸렸다. 인터넷은 3년 만에 사용자가 5,000만 명에 도달했다. 페이스북Facebook과 트위터는 각각 1년과 9개월 만에 사용자 5,000만 명

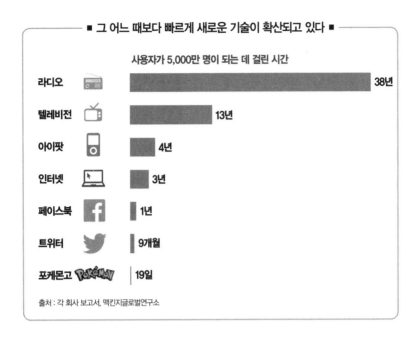

■ 그 어느 때보다 빠르게 새로운 기술이 확산되고 있다 ■

사용자가 5,000만 명이 되는 데 걸린 시간

라디오	38년
텔레비전	13년
아이팟	4년
인터넷	3년
페이스북	1년
트위터	9개월
포케몬고	19일

출처 : 각 회사 보고서, 맥킨지글로벌연구소

을 확보했다. 2016년에는 포케몬고의 열풍이 신기록을 세웠다. 스마트폰을 통한 다운로드 수가 5,000만 건을 기록하기까지 불과 19일밖에 걸리지 않았다. 새로운 상품과 서비스는 예측할 수 없을 만큼 빠른 속도로 계속 개발돼 보급되고 있다. 전 세계 관리자들은 여전히 이런 급속한 변화를 예측하는 데 어려움을 겪는다.

디지털을 외면하는 기업에게 미래는 없다

어느 누구도 관리자들이 초자연적인 능력을 발휘하리라 기대하지 않지만, 과거 세계적인 상표였던 코닥의 사례는 경영진이 디지털 변화를 거부하면 어떤 일이 벌어질지를 잘 보여준다. 창의적인 개발자가 많았던 코닥연구소는 1975년에 세계 최초로 디지털카메라를 선보였다. 하지만 경영진은 수익성이 높은 코닥의 필름 사업에 나쁜 영향을 미칠지도 모른다는 두려움에 디지털카메라 프로젝트를 중단시켰다. 대신 일본의 경쟁사들이 1980년대에 디지털카메라를 개발했다. 마침내 코닥도 디지털카메라를 만들기 시작했지만 너무 늦었고, 초창기의 기술적 우위도 모두 사라졌다. 코닥은 2012년에 파산했고, 350억 달러에 이르는 시장가치도 사라졌다.

이제는 디지털카메라 시장도 틈새시장으로 변했다. 코닥이 1975년에 과감하게 디지털 시대에 뛰어들었다면 애플과 같은 학습곡선learning curve(실패에서 얻은 교훈을 통해 기술을 개발하는 과정을 나타낸 그래프 – 옮긴이)이 가능했을지도 모른다. 그렇게 됐다면 첫 번째 아이폰iPhone은 컴퓨터 회사인 애플이 아니라 카메라 회사인 코닥에서 만들어졌을지도 모를 일이다.

■ 관리자가 자문해야 하는 질문 ■

– 당신이 속한 산업의 디지털화 단계와 수준은 어느 정도인가?

– 당신의 비즈니스 모델에서 가장 취약한 부분은 어디인가?

– 변화가 얼마나 빠르게, 얼마나 거대하게 일어나고 있는가?

– 이런 변화에 어떻게 대응하고 있는가? 작고 단기적인 많은 계획으로 대응하는가,
아니면 더 큰 장기적인 계획으로 대응하는가?

– 당신이 속한 산업에서 어떤 디지털 투자가 가장 큰 혜택을 가져오는지 알고 있는가?

– 생존하는 데 얼마나 많은 변화가 필요한가?

– 당신은 뭘 하고 있는가? 협력이나 인수가 필요한 곳은 어디인가?

제2장

근본적인 쇄신이 필요하다

디지털 기업으로의 전환에 성공하기 위해서는 지금까지와는 다른 새로운 개념이 필요하다. 이 개념은 다음 세 가지 질문에 기초해 세워질 수 있다. "왜 변해야 하는가", "무엇을 바꿔야 하는가", "어떻게 바꿀 것인가"가 그것이다.

지난 100년 동안에는 헨리 포드Henry Ford가 기업의 정의를 대변했다. 즉 명확한 분업 체계에 따라 대량생산을 하는 매우 전문화된 조립 생산 라인이 그것이다. 전문화와 효율성에 집중한 테일러시스템 덕분에 우리는 합리적인 가격으로 자동차와 세탁기를 살 수 있었고, 휴일에 여행도 갈 수 있었다.

하지만 기업의 성공적인 디지털 전환을 가로막는 장애물 역시 바로 이 20세기의 성공 모델인 테일러시스템이다. 실제로 효율성을 중요시하는 조직들은 변화가 무질서를 초래할 것이라고 두려워한다. 대신 기업이라는 기계가 작동을 멈추지 않도록 명확하게 규정된 프로젝트들을 통해 점진적으로 혁신을 수용하려는 경향이 있다. 경제학자라면 연구와 개발에 투입된 자금의 함수로 기술의 성과를 규정하는 S곡선을 안다. 기술 발전의 S곡선에 따르면 새로운 우월한 기술로 이전하는 초기에

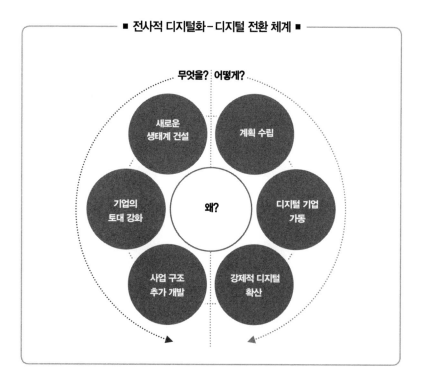

■ 전사적 디지털화-디지털 전환 체계 ■

무엇을? 어떻게?

새로운 생태계 건설

계획 수립

기업의 토대 강화

왜?

디지털 기업 가동

사업 구조 추가 개발

강제적 디지털 확산

는—다음 S곡선으로 넘어가는 전환점—언제나 효율성에서 손실을 볼 수밖에 없다.

불행히 이런 도약을 주저하는 사람은 장기적으로 볼 때 패배자가 될 것이다. 새로운 S곡선은 처음에는 효율성이 느리게 증가하지만, 갑자기 가파르게 상승해 최종적으로는 과거 기술 수준을 넘어선다. 하지만 이런 S곡선의 발전은 궁극적으로 기업의 성공에 도움이 되지 않는다. 기업을 새로운 디지털 시대로 성공적으로 이끌고 싶은 사람은 기업의 구조와 업무 과정 그리고 제품 전체에 대해 다시 생각해야 한다. 이것이 전사적 디지털 전환이다.

응용프로그램을 개발하기는 쉽다. 디지털 전환은 훨씬 더 어려운 과제다. 디지털 전환이 좌초하지 않고, 실패로 돌아가지 않도록 하려면 명확하게 정의된 개념을 따라야 한다. 가장 먼저, 근본적인 혁신을 준비하기 위해 '인더스트리 4.0' 같은 구호를 버려야 한다. 왜? 무엇을? 어떻게? 이 세 가지 단순한 질문이 미래의 방향을 알려줄 것이다.

왜 변해야 하는가

성공적으로 사업을 운영하고 있는 기업은 미래의 매출과 수익을 확보하기 위해 갑자기 스스로 혁신을 추진하는 것을 매우 어려워한다. 초기 변화의 지표들은 종종 간과되거나 중요하지 않은 것처럼 보인다. 블록버스터Blockbuster가 당면했던 디지털 혁명의 사례들을 지금도 여전히 찾아볼 수 있다.

2004년, 블록버스터는 점포 8,000곳에 매출이 60억 달러에 달하는, 미국에서 가장 큰 비디오 대여업체였다. 블록버스터 이사회의 어느 누구도

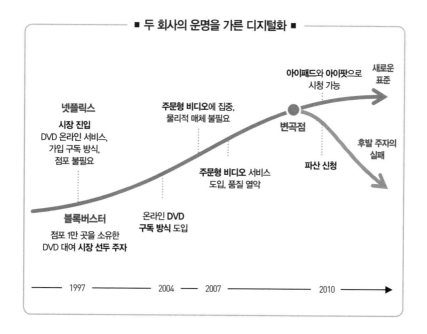

■ 두 회사의 운명을 가른 디지털화 ■

넷플릭스
시장 진입
DVD 온라인 서비스,
가입 구독 방식,
점포 불필요

주문형 비디오에 집중,
물리적 매체 불필요

아이패드와 아이팟으로
시청 가능

새로운
표준

변곡점

후발 주자의
실패

주문형 비디오 서비스
도입, 품질 열악

파산 신청

블록버스터
점포 1만 곳을 소유한
DVD 대여 **시장 선두 주자**

온라인 **DVD**
구독 방식 도입

1997 ———— 2004 — 2007 ———————— 2010

불과 몇 년 전에 생긴 넷플릭스를 심각하게 생각하지 않았다. 넷플릭스는 고객들이 온라인으로 신청하면 우편으로 DVD를 보내주는 매력적인 정기 구독 시스템을 운영했다. 블록버스터의 엔지니어들은 아무런 긴장감 없이 느긋하게 온라인 주문 시스템을 개발했다. 2007년, 넷플릭스는 인터넷으로 동영상을 실시간 재생하는 주문형 비디오 시스템을 개발해 비약적으로 발전했다. 이제 DVD는 구시대의 유물이 됐다. 고객들은 우편물을 기다릴 필요도, 돌려줄 필요도 없는 데다 즉시 감상할 수 있는 넷플릭스의 매력적인 서비스로 구름처럼 몰려들었다.

블록버스터는 그제야 대응에 나섰고, 자체적으로 주문형 비디오 시스템을 개발했다. 하지만 너무 늦은 데다 서비스 품질도 좋지 않았다. 넷플릭스는 이미 상당한 시장점유율을 확보했고, 블록버스터는 고객들을 다시 붙잡을 수 있는 혁신적인 서비스를 제공하지 못했다. 설상가상으로 블록버스터의 서비스 수준은 넷플릭스보다 훨씬 열악했다. 넷플릭스는 인터넷을 잘 사용하는 대체로 젊은 고객 기반을 단기간에 구축하는 데 성공했다. 그리고 불과 몇 년 사이에 영화 팬 대부분이 넷플릭스로 영화를 보면서 즐거운 저녁 시간을 보내는 것이 얼마나 쉬운지 깨달았다. 오늘날 넷플릭스는 시장의 선도자가 된 반면 블록버스터는 2010년에 파산을 신청했다.

블록버스터의 교훈은 명확하다. 기업이 아무리 확고한 위치를 차지하고 있어도 경영진이 디지털화가 기업에 미치는 변화의 잠재력을 과소평가하면 결정적인 위험에 노출된다. 그리고 변화는 이해하지만 현재 수익 구조를 위험에 빠뜨리지 않으려고 대응을 지연시키는 사람은 사실상 자살하는 것과 마찬가지다.

핵심 도전 과제 찾기

근본적인 개혁에는 강인함, 확신, 그리고 대부분의 경우 계기가 필요하다. 약간의 두려움, 심지어 실존적인 두려움도 디지털화에 큰 도움이 된다. 두려움이 당신을 자극하기 때문이다. 기존의 기업에서 두려움은 행동에 나서도록 압박하고, 혁신을 받아들이려는 의지를 만들어낸다. 결국 디지털화는 매력적인 가격을 가능하게 만드는 새로운 상품, 서비스, 업무 과정 개발, 즉 완전히 새로운 가치제안이다. 전사적 디지털 전환을 이루지 못한다면 곧 경쟁에서 뒤처질 것이다. 임박한 변화의 심각성을 과소평가하는 것은 불행을 초래하는 것이다.

보쉬Bosch의 CEO 폴크마 덴너Volkmar Denner는 다음과 같이 말했다. "피자 주문이나 택시 호출을 더 쉽게 만들어줄 방법은 많다. 하지만 이런 방법들이 사회에 미치는 영향력을 과소평가해서는 안 된다. 소비자 행태는 변한다. 갑자기 다른 사람들이 돈을 벌고 있을 것이다." 절박하지 않다면 아무것도 이룰 수 없다. 눈앞의 변화를 행복하게 외면할 뿐이다.

변화 요구의 본질 규정하기

디지털화는 모두에게 영향을 미친다. 하지만 영향력의 정도가 반드시 같지는 않다. CEO들이 자문해야 하는 질문은 바로 이것이다. 우리의 비즈니스 모델이 시대에 뒤떨어졌는가? 아니면 잘 짜인 몇몇 변화만으로 계속 생존할 수 있겠는가? 일반적으로 변화 요구 수준이 높으면 변화 후의 비즈니스 모델은 완전히 다른 모습일 것이다. GE의 CEO 제프리 이멀트Jeffrey Immelt는 2016년 여름에 "모든 부서를 통틀어 회사 전체가 소프트웨어 기업이 되어야 한다"고 말했다. 기계와 장비를 판매하고 유지관리하는 것에 더해 IoT 시대에 대비한 소프트웨어는 GE의 새로운 사업 분야가 될 것이기 때문이었다.

급격한 변화도 진행되고 있다. 예를 들면 중국의 거대 철강 기업인 바오스틸Baosteel은 구야운상Ouyeel이라는 온라인 시장을 개설했다. 이 사이트에서 처음에는 자사 제품만 판매하다가 나중에는 경쟁사 제품은 물론 금융, 물류, 데이터 그리고 기술 서비스 같은 관련 서비스 제공으로까지 영역을 확장했다. 또 가격 책정과 분석적 통찰을 제공하는 거대한 분석 엔진의 도움을 받고 있다. 2013~2015년에 디지털 영업 활동에서 발생한 바오스틸의 매출은 연간 300퍼센트 이상 성장했다. 2015년 말에 바오스틸의 디지털 영업은 8억 달러 이상의 매출을 달성했다.[1]

디지털화는 육체노동을 하는 직업에도 영향을 미쳤다. 예를 들면 승강기 제조사인 쉰들러Schindler에서는 직원의 50퍼센트 이상이 현장 서비스 분야에서 근무한다. 현장 서비스 직원들은 전문 기술과 육체노동이 동시에 필요한 업무를 수행한다. 과거에는 서비스 직원들이 현장을 방문하기 전에 문제에 대한 정보를 충분히 얻지 못해 필요한 도구나 부품을 준비하지 못하는 사례가 종종 발생했다. 이것이 문제를 해결하는 데 걸리는 시간에 큰 영향을 미쳤다. 부품을 재주문하는 데 따른 추가 비용이 발생하고, 번거롭게 현장을 다시 찾아야 했다. 쉰들러는 자동화된 진단과 사전에 문제를 진단하고 부품을 주문하는 예측 분석 시스템을 적용해 이 모든 과정을 단순화시켰다. 현장 서비스 직원들에게 아이폰을 지급하고, 현장 활동을 단순화하기 위한 앱을 지원했다. 이 모든 것이 서비스의 효율성을 획기적으로 개선하는 데 도움이 됐을 뿐 아니라 고객과 직원의 만족도를 높였다.[2]

조기에 변화를 막는 장벽 찾아내기

전통적인 조직들은 관성이 상당히 심하다. 사업이 잘될 경우, 관리자들과 직원들은 일반적으로 말로만 변화를 요구한다. 따라서 기업의 변화를 원하는 관리자는 장애물을 분석하고 제거해야 한다.

특히 효율적인 조직은 변화를 거부하는 경향이 있다. 이들은 자신들만의 논리를 따른다. 기존 시스템을 바꾸는 데는 어떤 것이든 효율 비용이 발생하기 때문에 피해야 한다는 것이다. 가장 성공적인 관리자들도 종종 보이지 않는 곳에서 변화의 노력을 늦추려 한다. 이들은 개인적으로 얻을 것은 거의 없고, 잃을 것은 많다고 생각한다. 이들은 종종 의견을 주도하며 핵심 그룹에 속해 있다. 그래서 변화를 훨씬 어렵게 만든다. 변화를 주도하는 팀에 이런 관리자들이 계속 필요할까? 아마도 그렇지 않을 것이다.

관련 자산을 찾아내 기대 수준 정하기

기업을 현재의 아날로그에서 디지털 미래로 이끌고 싶다면 강점에 집중해야 한다. 경쟁에서 기업을 차별화시키는 것이 무엇인가? 상품이나 서비스의 기술력? 고객의 강력한 충성도? 브랜드의 매력? 디지털 세계에서도 이런 강점들이 필요하다. 차이가 있을지 모르지만, 이런 강점들을 가진 기업들이 우위를 점하게 될 것이다.

명확하게 정의된 목표가 없다면, 디지털 세계로 향하는 여행은 긴 방황이 될 수 있다. 따라서 경영진은 정성적 또는 정량적 목표를 세우고, 이를 직원들에게 알려야 한다. 중간 목표들도—성취 여부와 방법에 따라 다르지만—프로젝트가 제대로 진행되고 있는지 아닌지를 결정하는 데 도움이 된다.

행동할 필요성을 일깨우는 것부터 변화의 요구를 파악하는 것, 가장 큰 장애물과 강점을 찾아내고 목표를 세우는 것에 이르기까지 모든 과정의 책임은 경영진에게 있다. 3장에서 변화의 필요성에 의문을 제기하는 직원들을 상대하는 방법과 그들이 기꺼이 디지털 전환에 나서도록 만드는 방법을 설명할 것이다.

가장 먼저 바꿔야 할 것은 무엇인가

디지털화는 사람마다 의미가 다르다. 그래서 체계와 계획이 필요하다.

전략적 과제와 운영상 과제에 대한 우선순위를 정하는 데 활용되는 세 단계 구조를 구축하는 것이 '무엇'이란 질문에 답하는 데 도움이 될 것이다.

새로운 생태계 구축

첫 번째 단계인 새로운 생태계 구축에서는 전략적 사고가 필요하다. 혁신은 산업의 경계에서 발생한다. 새로운 생태계는 기술적 가능성의 결과로 등장하는 새로운 시장과 관련이 있다. 이 책에서는 새로운 생태계 가운데 가장 중요한 아홉 가지를 설명할 것이다. 4장에서 디지털화가 이동성을 어떻게 향상시키고, 집이 얼마나 스마트해지고, 상거래에서 어떤 일이 벌어지고, 은행들은 무엇에 집중해야 하는지 논의할 것이다. 또 행정 분야에서는 어떤 변화가 일어나고, 디지털 헬스케어는 어떻게 될지, 통신에 대한 위협, 물류가 얼마나 급격히 변하고 있는지, 전기 공급망 같은 구세대 기술도 디지털화에 의해 얼마나 혁신적으로 변하고 있는지 이야기할 것이다.

모든 관리자가 자문해야 하는 질문은 다음과 같다. 경쟁자들이 새로운 기술로 우리 사업을 공격하는가? 우리가 디지털화에 따른 기회를 잡고 적극적으로 새로운 가치를 개발하고 있는가? 새로운 수입원들이 전통적인 산업의 경계에서 나타나고 있는가? 대답이 불안할수록 현재의 비즈니스 모델을 개선하고 일정 부분 수익을 포기하려는 의지도 커진다. 변화의 파괴력을 고려한 설득력 있는 가치제안과 함께 회사의 새로운 미래상이 필요하다.

사업 구조 개발

두 번째 단계인 사업 구조는 기업 경영과 관련된 문제를 다룬다. 디지털 세계의 기회를 활용하고, 새로운 접점에서 고객과 접촉하는가? 디지털화와 새로운 분석법이 제공하는 모든 이점을 활용하는가? 디지털화가 경영과 관리 업무를 어떻게 변화시키고 있는가?

5장에서 고객경험, 상품 혁신, 부가가치, 이 세 분야를 중심으로 디지털화가 사업 구조를 어떻게 변화시키는지 설명할 것이다. 디지털화의 도전은 매우 주목할 만하다. 신생 디지털 기업들은 고객경험과 관련된 분야에서 특히 강력한 힘을 발휘하고 있다. 이들은 단순하지만 믿을 수 있는 방식으로 고객과의 첫 접촉부터 주문에 이르기까지 모든 과정을 끊임없이 매끄럽게 연결시키고, 종종 전통적인 기업들을 구시대 기업처럼 보이게 만든다. 또 많은 신생 디지털 기업들이 개발을 위한 개방형 플랫폼을 활용해 상품의 혁신 속도를 높인다. 최고의 신생 디지털 기업들은 요금 청구, 고객 지원, 데이터 분석 등 전체 가치사슬 과정을 디지털화했다. 하지만 디지털화는 상품의 영역에만 영향을 미치는 것이 아니다. 경영과 관리 기능도 근본적으로 변화시킨다. 이런 신생 디지털 기업들은 도전에 대응하려는 모든 기업들의 본보기가 될 것이다.

디지털 전환을 위한 토대 강화하기

세 번째 단계인 토대는 기술적이고 조직적인 기틀을 다룬다. 일반적인 질문은 다음과 같다. 우리 회사는 첨단 기술을 활용하는가? 어떻게 하면 많은 위험을 감수하지 않고 회사를 기민하게 만들 수 있을까? 어떻게 디지털 분야의 인재를 확보하고 목표한 협력 관계를 달성할 수 있을까?

6장에서 디지털 전환의 토대에 대한 도전 과제들을 논의하면서 기업의 기술뿐 아니라 문화와 조직에 초점을 맞출 것이다. 디지털 프로젝트에 완전히 새로운 기술이 필요한 경우, 기존 IT 시스템을 하룻밤 사이에 대체할 수는 없다는 현실적인 문제를 먼저 다룰 것이다. 따라서 기업은 기민하고 신속한 분리된 IT 시스템이 필요하다. 이런 시스템을 운영하기 위해서는 최고의 디지털 인재들을 새로 고용해야 한다. 디지털 인재들은 수평적 조직과 다양한 분야에 걸친 협업을 기대한다. 간단히 요약하면 문화와 조직 모두 개편돼야 한다.

어떻게 문제를 관리할 것인가

'무엇'에 대한 답변들은 디지털 전환 과정에서 다뤄야 하는 사안들의 우선순위 문제로 귀결된다. 이제 '어떻게'와 관련된 문제들을 짚어보자. 디지털 전환에서 성공하려면 구조, 업무 과정, 경영 기법과 IT를 근본적으로 바꿔야 한다. 여기서도 역시 우선순위에 따라 관련 문제들을 분류하는 세 단계 구조가 필요하다.

계획 세우기

가장 먼저 해야 할 일은 디지털 미래로 가기 위한 추진 계획을 세우는 것이다. 디지털 세계에 맞게 사람들과 업무를 조정하라. 둘째, 디지털 전환은 언제나 고객과 관련이 있다. 중요도에 따라 고객들과 회사 사이의 모든 접점을 디지털화하라. 그리고 디지털 전환에 대한 해결책을 확실하게 찾을 수 있도록 부서 간의 기능적 장벽을 허물고, 디지털 인재들로 보강된 중심 역할을 하는 팀들을 구성해야 한다.

계획은 디지털 전환의 방향과 우선순위를 대략적으로 보여주며, 종종 수년 동안 지속되는 디지털 전환 프로그램의 토대가 된다. 7장에서 기업들이 디지털 전환 계획의 요건들을 어떻게 충족시킬 수 있는지를 설명할 것이다.

디지털 기업의 구성 요인

다음 단계는 디지털 기업의 구성 요인들을 규정하는 것이다. 이 단계에서는 실험과 학습test and learn을 거듭하는 문화 속에서 '완벽보다 속도Pace before perfection'라는 구호에 따라 상품과 서비스 개발을 최적화해야 한다.

새로운 상품과 서비스를 시장에서 신속하게 검증하고 결과를 측정한 다음 필요하다면 추가적으로 최적화를 실행해야 한다. 예산은 중간 목표 달성과 연계돼 있고, 발전 상황은 정기적으로 분석되며, 프로젝트는 필요할 경우에 즉시 폐지될 수도 있다. 간단히 말하면 이것이 디지털 운영 방식이다. 8장에서 이런 과정이 어떻게 작동하는지를 설명할 것이다.

지속적인 디지털 전환 확대

지속적인 디지털화를 실행하는 세 번째 단계는 회사 전체와 생태계로 디지털 전환을 확산시키는 데 초점이 맞추어져 있다. 세 번째 단계는 두 가지 IT 구조를 필요로 한다. 모든 민감한 데이터를 안정적으로 처리하는 일상적인 IT 시스템, 그리고 새로운 프로젝트를 신속하게 개발하는 데 필요한 애자일agile IT 시스템이다. 하지만 3단계에서 가장 큰 도전은 9장에서 설명하겠지만, 시범 프로젝트에서 검증된 해결책을 회사 전체에 빠르게 도입하는 것이다.

디지털화는 기업의 강점에서 시작한다. 탁월한 고객 서비스와 관련된 비즈니스 모델을 구축한 기업들은 디지털 기술로 어떤 새로운 고객 서비스를 개발할 수 있을지 생각해봐야 한다. 매일 막대한 규모의 데이터를 처리하는 기업들은 고객들에게 새로운 서비스를 제공하는 빅데이터 상품을 우선적으로 찾아봐야 한다. 예를 들면 네트워크로 연결된 의료 비즈니스 모델은 검증된 통신기술과 새로운 IT 개념을 결합한 것이다. 이는 이미 잠재력을 입증해 보이고 있는 기술 결합이다. 빅데이터 덕분에 치료법을 개인화할 수 있고, 동시에 데이터에 대한 지능적 분석을 통해 예방적인 진단이 가능해 의사와 환자 모두에게 도움이 된다.

업무 과정의 효율성에 초점을 맞추는 할인점 같은 기업들은 공급망의 디지털화로 얻을 수 있는 혜택이 많다. 예를 들면 운송되는 상품에 센서를 부착하고, 여기서 생성된 데이터를 배송 경로 개선과 더 효율적인 공급망 개발을 위한 분석에 활용할 수 있다.

화물숭배는 더 이상 효과가 없다

간단한 문제처럼 보이지만, 현실에는 화물숭배cargo cult 사례를 잘 보여주는 함정이 곳곳에 있다. '화물숭배'는 1965년 노벨물리학상 수상자 리처드 파인만Richard Feynman이 어설픈 과학적 방법을 설명하기 위해 만든 용어다. 그는 학생들에게 사모아섬 일화를 소개했다.

2차 세계대전 동안 미국 공군은 정기적으로 사모아섬에 착륙했다. 조종사들은 코카콜라, 카멜 담배, 캐드버리 초콜릿 같은 서구 문명의 선물들을 원주민들에게 나눠줬다. 전쟁이 끝나자 비행기는 더 이상 오지 않왔고, 실망한 사모아 원주민들은 비행기와 자신들이 바라는 화물이 다시 오기를 바라는 마음을 숭배 사상으로 발전시켰다. 나무 비행기를 만들고, 대나무로 만든 헤드폰을 쓰고, 무선통신을 하는 모습을 모방한 것이다. 하지만 이 모든 노력은 헛수고로 돌아갔고, 코카콜라 같은 화물을 실은 비행기는 다시 오지 않았다. 원주민들은 비행기가 화물을 싣고 온다는 현상은 인식했지만, 잘못된 결론을 유추한 것이다.

많은 기업이 디지털의 도전에 비슷한 방식으로 대응한다. 즉 현상은 인식하지만 잘못된 방식으로 반응한다. 디지털 세계에서 가장 중요한 세 가지 화물숭배 현상은 다음과 같다.

1. **디지털 스타트업** : 흔한 보여주기식 프로젝트다. 디지털 스타트업은 본사에서 멀리 떨어진 곳에서 젊은 직원 몇 명과 적은 예산으로 설립된다. 하지만 이런 무성의한 노력은 기존 비즈니스 모델에 거의 영향을 미치지 못한다. 이런 시도를 통해 새로운 구조를 배우고, 이를 적극적으로 활용해선 안 된다는 말이 아니다. 단지 이런 스타트업들이 디지털화라는 도전 과제를 해결해주리라 기대하지 말라는 것이다.

2. **디지털 사탕발림** : 또 다른 부적절한 방식은 눈에 띄는 모든 기회를 디지털과 연결시키는 것이다. 인턴으로 이루어진 팀들에게 소셜미디어 관리를 맡기는 경우가 흔하다. 기업들이 고객이든 공급 업체든 가치사슬 데이터든 자신들이 가진 데이터의 가치를 이해하고, 체계적으로 수집하기 시작하는 것도 또 다른 디지털 사탕발림의 사례다. 모든 업무 과정에서 활용할 의지가 없다 보니 수집한 데이터가 활용되지 않고 그대로 쌓이는 빅데이터 섬들big-data islands이 생겨나고 있다.

3. **효율성의 함정** : 또 다른 함정은 효율성을 추구하는 테일러 시스템의 잔재에서 나타난다. 예를 들면 디지털화와 관련해 경영진이 전사 차원에서 생각하고, 모든 업무 과정에 걸쳐 가치를 높이는 기회를 찾지 않고 전적으로 자동화에만 집중하는 식이다.

CEO가 이끌어야 한다

모든 것이 CEO에게 달려 있다. 고위 경영진들이 변화를 보여줄 경우에만 체계, 절차, 경영 도구뿐 아니라 새로운 기술과 IT 시스템 도입 같은 필수적인 변화들이 성공적으로 이루어질 것이다. 이것이 쉽다고 말하는 사람은 아무도 없다. 이와 관련해 GE의 CEO 제프리 이멀트는 이렇게 말했다. "우리는 어느 날 밤에 잠자리에 들면서 '눈을 떴을 때 더 이상 산업 기업이고 싶지 않다. 대신 오라클Oracle이나 MS처럼 일하고 싶다'고 말하지 않는다."

6년 전, 이멀트는 120년 역사를 자랑하는 전통적인 산업 기업에 디지털 전환을 도입했다. 그 과정은 매우 힘들었다. 이 기간 동안 GE는 서열과 관료주의 철폐 등 디지털 경제를 구성하는 요소들을 연구했다. 동시에 린 생산방식과 효율적인 개발 등 검증된 생산방식을 재가동했다. 또 수천 명에 달하는 디지털 인재를 고용했고, 현재는 인더스트리 4.0 공정을 통제하기 위한 개방형 플랫폼인 프레딕스를 제공하고 있다. 프레딕스에서는 GE의 앱뿐 아니라 외부 개발자들의 앱도 가동시킬 수 있다. 소프트웨어는 현재 GE의 중요한 부서가 됐고, GE의 디지털 전환은 아직 끝나지 않았다. 디지털 전환은 결코 끝나지 않는 여정이다.

전통적인 기업의 운명은 CEO의 태도에 달려 있다. CEO가 디지털화와 관련된 징조를 감지하고, 이멀트처럼 초기에 디지털화를 위한 계획을 세울까? 아니면 자동차의 등장을 일시적 유행으로 인식한 독일의 마지막 황제처럼 디지털화를 생각할까? (빌헬름 2세는 "나는 말 horse을 믿는다"고 말했다.)

제3장

지금 디지털 전환을 시작해야 하는 이유

리더십이 필요하다. CEO만이 직원들에게 디지털 변화의 필요성을 설명할 수 있고, 범위와 방향을 정해 회사 내부의 타성을 극복할 수 있다. 이 경우에만 미래의 디지털 시대를 향한 행진을 시작할 수 있다.

2012년, 스프링어Springer 출판 그룹은 〈빌트Bild〉의 편집장과 마케팅국장을 9개월 동안 실리콘밸리에 파견했다. 당시 독일의 경영진들은 이를 매우 재미있게 생각했다. 특히 〈빌트〉의 발행인 카이 디크만Kai Diekmann이 미국 문화에 즉시 동화되어 힙스터 스타일의 구레나룻을 기르고, 미

▪ 경영진을 위한 핵심 질문 ▪

절박감	1. 디지털화의 잠재력과 위협을 발견했는가?	2. 솔직하게 현재 상황을 파악했는가?	3. 디지털화를 직접 경험했는가?
변화 유형	4. 디지털 세계에서 현재 사업이 생존할 수 있는가?	5. 목표 중심적인 개입으로 충분한가?	6. 디지털 변화를 위한 새로운 인재를 확보하고 있는가?
장애물	7. 기업주, 직원, 관리자가 극심한 스트레스를 경험하고 있는가?	8. 가장 성공적인 관리자들이 변화를 지지하고 있는가?	9. 조직 간 장벽이 변화를 방해하고 있는가?
관련 자산	10. 핵심 자산이 무엇인가? 고객, 상품, 기술?	11. 이중에서 디지털 시대에 유효한 자산은 무엇인가?	12. 어떻게 이런 자산들을 디지털 시대에 맞게 변화시킬 것인가?
야심	13. CEO가 개인적으로 변화를 주도하고 있는가?	14. 목표를 얼마나 높게 정하고, 얼마나 빠르게 행동해야 하는가?	15. 직원들이 함께하고 있는가?

국 서부 사람들처럼 후드티를 입기 시작했을 때는 더더욱 그랬다. 하지만 그 뒤로 스프링어의 파견은 전형이 됐다. 스프링어는 독일 기업계에서 디지털 전환의 개척자 가운데 하나다. 이후 전 세계 CEO들이 실리콘밸리로 현장학습을 떠나기 시작했고, 종종 경영진 모두를 데리고 출장을 가기도 한다.

실리콘밸리의 거대한 기술 기업들은 오랫동안 방문객들로 북적여왔다. 모두가 실리콘밸리의 빅파이브 기업인 애플, 페이스북, 구글, 아마존, 우버의 비밀을 알고 싶어 한다. 사람들은 혁신의 세계에서 영감을 얻길 바라며 지적인 자극과 아이디어를 찾아 나선다. 구글 본사 로비에는

"큰 것은 아무것도 아니다. 멸종될 수 있다Big is nothing. You can still die out"라는 문구와 함께 공룡 뼈가 전시돼 있다. CEO들이 직원들에게 디지털 전환의 필요성을 설명하고, 절박감을 불러일으킬 때 이런 위기감이 가장 강조돼야 한다.

지금 상황이 얼마나 위험한가? 필요한 변화들이 얼마나 광범위한 영향을 미칠까? 무엇이 변화를 가로막는가? 어떤 강점을 키워야 하는가? 디지털 전환이 우리를 어디로 이끌까?

이 다섯 가지 주제와 관련된 15가지 질문에 대한 대답을 통해 우리는 회사의 현재 위치와 어떻게 디지털화를 추진할지에 관한 좋은 영감을 얻게 될 것이다.

긴박감은 꼭 필요하다

변화가 필요하다는 생각은 중요하다. 하지만 변화를 시작하는 실질적인 계기는 회의와 다양한 경험 이후 감정적으로 북받치는 순간에 찾아오는 경우가 많다. 탈리아의 CEO 미하엘 부슈도 그런 순간을 경험했다. 그는 전자책에 대한 협력 가능성을 논의하기 위해 애플을 찾아갔을 때 푸대접을 받았고, 이것이 변화의 계기가 됐다. 부슈에게 답은 분명했다. 탈리아에게는 자체적인 해결 방안이 필요했다. 그는 곧 톨리노 시스템의 협력사들을 불러 모으기 시작했다.

스와로브스키Swarovski의 CEO 마커스 랑게스 스와로브스키Markus Langes-Swarovski는 2012년에 스와로브스키보다 7년 앞선 1888년에 설립된 코닥의 파산 사례에서 유사점을 찾아냄으로써 가족 경영진들에게 자극을 줬다. 코닥이 디지털화에 의해 무너지기 진까지 두 회사는 수십 년 동안 성

공적인 시장 선두 주자들이었다. 랑게스 스와로브스키는 가족 식사 자리
와 가족 모임뿐 아니라 이사회에서도 친척 경영진들에게 언제나 같은 메
시지를 전달했다. 스와로브스키가 계속 성공하려면 기술 기업으로 변해
야 한다는 것이었다. 유능한 엔지니어로, 유리 가공에 관한 아이디어에
서 시작해 최고의 기업을 키워낸 증조할아버지의 후손과 그 회사의 유전
자에 발전의 실마리가 내재돼 있다고 그는 주장했다. 결국 동업자들은
납득했고, 스와로브스키는 온라인 매출을 성공적으로 유지하는 것은 물
론 최신 로봇 기술과 3D 프린팅 기술을 활용한 현대적 생산 기술을 자랑
하게 됐다. 오스트리아의 인밸리Inn valley에 스타트업 연구소를 설립해 수
많은 혁신적인 상품을 만들었다. 소규모의 비용 효율적 생산 능력과 긴
밀하고 전문적인 고객 지원 체계는 시장에 쏟아져 들어오는 중국산 저가
제품의 공세에 맞서는 중요하고 효율적인 도구라는 것이 입증됐다.

구글은 2014년에 자기학습self-learning 기능이 있는 지능형 자동 온도
조절 장치를 개발한 스타트업 네스트Nest를 인수했다. 그러자 독일 냉난
방 에너지 시스템 회사 비스만의 CEO 마틴 비스만Martin Viessmann은 경각
심을 느꼈다. 그는 "세계 최대의 인터넷 기업이 작은 자동 온도조절 장치
제조사에 눈독을 들였다면 어디로 가야 하는지는 분명하다. 미국의 거대
기술 기업들의 조립 도구로 전락하지 않으려면 플랫폼, 소프트웨어, 데
이터를 차지하기 위한 전쟁에 뛰어들어야 한다"고 말했다. 이후 비스만
은 100년 전통을 가진 가족회사를 변화시켰다. 장비 판매에 집중하는 대
신 스마트폰 앱을 통한 원격 냉난방 조절부터 원격 검침, 자동 조절 시스
템에 이르기까지 점점 더 많은 소프트웨어를 개발했다. 비스만은 디지털
화를 심각하게 받아들이지 않는 기업들은 도태될 위험에 처해 있다고 말

했다. 2016년 중반, 그는 경영 일선에서 물러나 이사회 의장이 됐다. 그의 뒤를 이어 CEO가 된 사람이 전 최고디지털책임자Chief Digital Officer, CDO였다.

GE의 제프리 이멀트는 개발자들이 비행 데이터를 보내는 센서들이 달린 새로운 제트터빈을 보여준 2009년 6월의 어느 날을 똑똑히 기억한다. 이멀트는 두 가지에 주목했다. 첫째는 제트터빈이 전송한 데이터가 제트터빈만큼 가치가 있을 수도 있다는 점이었다. 두 번째는 GE는 소프트웨어에 관한 전문 지식이 없어 그 데이터를 활용할 수 없으리란 점이었다. 이멀트는 디지털 전환에 자신의 에너지를 쏟아부었다. 여기에는 직원들의 사고방식을 전환하는 것도 포함돼 있었다. GE는 지멘스Siemens 같은 기업들이 아니라 아마존과 IBM을 중요한 경쟁자로 생각했다. 이멀트는 2015년 연말 보고서에서 "우리는 실천하고, 배우고, 더 좋아지고 있다"고 중간 평가를 내렸다.

GE의 사례에서 보듯 성공적인 디지털 전환의 시작은 CEO가 단순히 뭔가를 깨닫는 순간보다 더 많은 것을 요구한다. CEO는 깨달음을 행동으로 구체화하고, 적어도 최고경영진들에게는 회사가 미래의 디지털 시대를 향해 나아가야 한다는 사실을 분명하게 밝혀야 한다.

상장 대기업의 이사들보다 작은 기업의 이사들을 설득하기가 더 쉽다. 성공한 작은 기업들은 생존 본능을 타고나는 경향이 있다. 반면 대기업에서는 지배 구조가 종종 브레이크로 작용한다. 근로자들의 협의체나 이사회는 큰 변화를 환영하지 않는 경향이 있고, 협의체의 구성원들 가운데 디지털에 익숙한 사람은 거의 없다. 최고경영진은 새로운 것을 깨달았다면 디지털 전환이 반드시 필요하다는 메시지를 회사 전체에 진파

하는 전도사 역할을 해야 한다. 전 직원에게 동기를 부여하고, 디지털화라는 개념을 일깨워주기 위해 경영진이 실행해야 하는 가장 중요한 과제들은 다음과 같다.

지도력 갖추기

최고경영진은 "우리와 상관없다"나 "오랫동안 그렇게 해왔다" 같은 회사 내부의 정신적 장벽을 극복해야 한다. 이를 위해 모든 이해 당사자들에게 정보를 제공하고, 설득하고, 격려하고, 동기를 부여하는 기업가적 비전이 강력한 주장과 결합돼야 한다. 언제나 특정 단체들이 저항하고 우려하기 마련이다. 기업주(특히 가족회사일 경우)나 적극적인 투자자, 직원, 관리자뿐 아니라 판매나 공급과 관련된 협력사도 현재 출발점에서 참여해야 한다. 각 집단은 디지털 전환의 촉매가 되거나 아니면 방해물이 될 수 있다. 지성과 감성을 사로잡는 것이 중요하다. 설득력 있는 사업 논리, 새로운 모범 사례, 도구와 방법을 통해 지성을 사로잡고 성공담, 영웅적 이야기, 개인적 경험을 통해 감성을 건드려야 한다.

현재 상황 평가를 위해 벤치마킹하기

디지털화가 얼마나 긴박한지를 결정하기 위해 실질적이고 객관적으로 상황을 파악해야 한다. 이를 위해 경영진은 현재 회사 전략에 관한 다음 10가지 질문에 답해야 한다.

1. 디지털 혁명이 비즈니스 모델과 매출에 얼마나 영향을 미칠지 예측하고 있는가?

2. 디지털 세계에서도 이어질 협력사, 고객, 공급 업체의 생태계를 적극적으로 만들고 있는가?

3. 디지털 전략이 현재 매출을 잠식할 수도 있다는 사실을 감안하고 있는가?

4. 현재 규칙 안에서 완전히 새로운 산업에 진출하기 위해 자신의 강점과 새로운 비즈니스 모델을 활용할 수 있는지 평가하고 있는가?

5. 지금은 가치가 있지만, 미래 디지털 시대에는 잠재력이 적은 사업들을 분리할 생각이 있는가?

6. 지금의 전략이 디지털 시대의 빠른 변화 속도와 불확실성을 반영하고 있는가?

7. 미래의 기술 발전이 기업에 미칠 영향력을 생각하고 있는가?

8. 디지털화를 추진하는 팀에서 최고의 인재들을 활용하고 있는가?

9. 디지털 전략에 따라 자본, 인재, 경영 능력을 우선적으로 배분하고 있는가?

10. 성공과 실패를 확실하게 측정하기 위한 의미 있는 핵심성과지표와 실행 가능한 시간 기준을 결정했는가?

맥킨지의 디지털지수Digital Quotient 진단법을 기준으로 작성한 위의 질문들에 답변하는 동안 기업의 현재 상태에 대한 믿을 만한 진단을 내릴 수 있을 것이다. 당신 기업의 현재 상태를 알고 싶고, 벤치마킹 방법에 관심이 있다면 다음 URL www.mckinsey.com/business-functions/digital-mckinsey/how-we-help-clients/digital-quotient에서 더 많은 정보를 얻을 수 있다.

생생한 디지털 현장 경험하기

성경은 "보지 않고 믿는 자가 복되다"고 말한다. 하지만 현실에서는 실제 경험만이 중요하다. 현재 상황은 25년 전의 중요한 순간을 상기시켜준다. 도요타는 신문 두 면에 걸쳐 광고를 실었다. 왼쪽 면에는 메르세데스 S클래스 한 대, 오른쪽 면에는 렉서스 S400 두 대와 뉴욕행 콩코드 여객기 항공권이 있었다. 양쪽의 가격이 같았다. 1990년대 초에는 비용이 중요했다. 세계의 선두 기업들이 일본으로 성지순례를 떠나 린 생산과 식스 시그마Six Sigma를 배우고 돌아왔다. 이들 기업들은 도요타, 혼다Honda, 소니Sony에게 자극을 받아 국제적인 경쟁력을 회복하려 노력했다.

이 책의 서두에서 설명한 사례들처럼 디지털 전환에 관해서도 똑같은 일이 벌어지고 있다. 하지만 언제나 실리콘밸리가 성지인 것은 아니다. 예를 들면 뉴욕의 실리콘앨리Silicon Alley와 오스틴Austin, 런던, 싱가포르 등 스타트업이 있는 현장을 둘러보면서도 통찰력을 얻을 수 있다. 현장학습에 들어가는 돈은 많지 않고, 여기서 얻는 혜택은 막대하다. 하지만 정말로 놀라고 싶다면 중국의 상하이, 항저우, 베이징에 있는 디지털 현장을 방문해보길 바란다.

해커톤을 통해 디지털 체험하기

해커톤Hackathon에서 검증된 방법을 차용하는 것도 직원들에게 디지털 변화에 대한 절박감을 강조하는 데 도움이 된다. 해커톤은 해킹과 마라톤의 합성어로, 기술에 밝은 혁신가들이 모여 특별한 문제에 대한 기발한 해법을 찾을 때까지 함께 일하는 창의적인 모임을 말한다. 각 팀은 "만들고, 검증하고, 수정한다build, test, refine"는 원칙에 따라 속도와 실용성에 집중한다. 예를 들어 페이스북은 이런 방법을 통해 '좋아요' 버튼을 개발했다. 다양한 산업 분야에 있는 기업들이 신속하면서도 비용을 절감할 수 있는 방식으로 해커톤을 활용한다.

해커톤으로 얻는 혜택은 분명하다. 즉시 시장 판매가 가능한 상품과 서비스를 출시하는 데 더 이상 지루한 회의, 운영 위원회, 실무 그룹 등이 필요하지 않다.

대기업들은 해커톤을 활용해 외부 전문가들이 문제를 분석하도록 한다. 예를 들면 소비재 상품 기업인 유니레버는 소비자들이 슈퍼마켓에 가기 전에 유니레버 제품을 사도록 결정하는 데 영향을 미칠 수 있는 방법에 관한 독창적인 아이디어를 개발하는 해커톤 행사를 개최했다. 우승 팀에게는 상금 3만 파운드 및 유니레버와 장기 협력 계약을 체결할 수 있는 기회가 주어졌다.

2015년에 슈퍼마켓 기업인 세인즈버리Sainsbury's는 직원 16만 1,000명을 초대해 기술이 고객들과 직원들의 삶을 얼마나 더 편하게 만들 수 있는지에 관한 아이디어를 공모했다. 가장 훌륭한 아이디어 여섯 개는 런던에 있는 세인즈버리 디지털 연구소에서 해커톤을 통해 24시간 만에 시제품으로 만들어졌다. 이 주제는 최고경영진들에게 매우 중요한 문제였기 때문에 CEO와 회장도 참석했다.

지금은 기업들이 해커톤을 혁신의 원천으로 활용할 수 있도록 전문가를 발굴하는 행사들도 등장했다. 예를 들면 해커리그Hacker League는 2011년 이후 창의적인 해커톤 행사를 600회 이상 개최했고, 2013년에 인텔에 인수됐다. 2011년에 설립된 엔젤핵AngelHack은 9만 7,000명의 개발자, 디자이너, 기업가로 이루어진 네트워크를 자랑한다. 엔젤핵은 전 세계에 있는 개발자 수천 명이 참여하는 공개 해커톤을 개최하고 있다. 동시에 컴캐스트Comcast, 마스터카드MasterCard, 허스트Hearst, HP, 해즈브로 Hasbro, UBS 같은 고객들을 위한 해커톤 행사를 운영해준다.

직원을 통해 약점 밝혀내기

하지만 CEO 대부분은 직원들에게 의존한다. 예를 들어 보쉬의 CEO 폴크마 덴너는 직원들에게 '약점 발견 팀Disruption Discovery Team'을 구성하도록 요청했다. 이 팀들은 "다른 사람들보다 우리가 우리의 약점을 발견하는 것이 더 좋다"는 방침에 따라, 보쉬의 비즈니스 모델을 공격하기 위해 어떤 디지털 전략이 활용될 수 있는지를 연구했다. 그리고 6주 만에 1,800가지 아이디어를 제출했다. 덴너와 경영진들은 가장 흥미로운 아이디어를 선택하고, 아이디어를 낸 팀들을 8주 동안 일상 업무에서 제외시켰다. 이 기간 동안 팀원들은 새로운 비즈니스 모델에 대한 아이디어를 개발하거나 현재 비즈니스 모델의 약점을 밝혀냈다.

디지털 전환은 회사를 근본적으로 바꾸는 모든 프로젝트들과 마찬가지로 CEO나 기업주처럼 책임이 있는 사람이 시작해야 한다. 직원에게는 본보기가 필요하다. 기업의 지도자들은 케네디 대통령이 1962년 9월에 한 전설적인 연설처럼 영감을 발견할 수 있어야 한다. 케네디 대통령은 연설에서 1960년대가 끝나기 전에 인간을 달에 착륙시키겠다고 선언했다. 이렇게 야심 찬 목표를 세운 이유는 매우 흥미로웠다. "달에 가는 것이 쉬워서가 아니라 어렵기 때문에 목표로 정했다. 이 목표는 우리의 에너지 기술과 과학기술의 정수를 보여주고 평가하는 데 도움이 될 것이다." 불가능한 목표를 달성하려는 시도는 능력을 최대치로 끌어낸다. 이

것이 기업의 리더들을 위한 최고의 조언이다.

필요한 변화의 종류를 정한다

모든 기업이 행동에 나서야 하지만, 반드시 동일한 방식일 필요는 없다. 핵심은 상황의 긴급성을 이해하는 것이다. 자신의 기업이 속한 산업계에서 디지털 확산이 어느 정도 이루어졌는지 살펴보는 것에서 최초의 통찰력을 얻을 수 있다. 예를 들면 B2C 산업은 B2B보다 더 큰 영향을 받고 있다. 또 다른 중요한 측면은 자산 활용 정도다. 소매 산업은 필요한 자산이 상대적으로 거의 없는asset light 반면 화학과 광업은 대규모 투자asset heavy가 필요하다.

산업계에서의 기업 위치가 대응의 본질과 속도를 결정한다. 예를 들면 석유, 가스, 화학 산업처럼 현재까지 디지털화의 영향을 상대적으로 거의 받지 않은 기업들은 대체로 몇 가지 기능적 개입으로 잘 관리할 수 있다. 디지털화의 침투 범위가 클수록 변화도 시급해진다. 일단 전환점을 넘은 다음에는 일반적으로 비즈니스 모델을 완전히 바꾸는 기업들만이 생존하게 될 것이다.

완전히 새로운 비즈니스 모델이 필요한 기업들

새로운 비즈니스 모델의 사례로 과거 출판사였던 악셀스프링어Axel Springer를 들 수 있다. CEO 마티아스 되프너Mathias Döpfner는 취임 초기부터 신문 사업의 수익 기반이 무너지고 있다는 사실을 깨달았다. 그 시작은 자동차, 부동산, 취업 안내 광고였다. 그는 디지털화가 고객들의 신문 읽는 습관을 바꾸는 한편 매력적인 광고 매체로 성장해, 결국에는 신문과

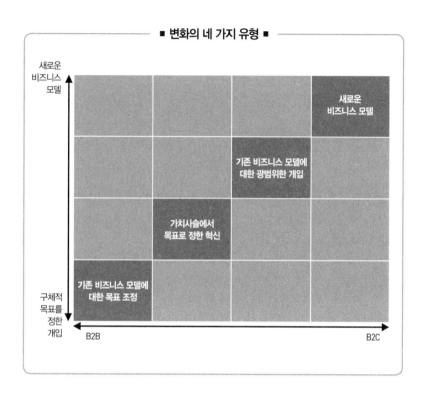

■ 변화의 네 가지 유형 ■

새로운
비즈니스
모델

새로운
비즈니스 모델

기존 비즈니스 모델에
대한 광범위한 개입

가치사슬에서
목표로 정한 혁신

기존 비즈니스 모델에
대한 목표 조정

구체적
목표를
정한
개입

B2B

B2C

잡지 분야에서 전통적인 비즈니스 모델의 토대를 잠식하리라 생각했다.

악셀스프링어는 당시까지 높은 수익을 유지하고 있었다. 되프너는 21세기 초에 이 돈을 디지털 분야에 투자하기 시작했다. 일부는 부동산 광고(임모벨트Immowelt)와 일자리 게시판(스텝스톤StepStone)으로 수익을 내는 온라인 포털을 인수하는 데 쓰였다. 스프링어는 야심 찬 계획을 꾸준히 추진하면서 자체적으로 디지털 기업을 설립했다. 비록 CEO는 언제나 넥타이를 맨 정장 차림이었지만, 디지털 문화가 회사 전반에 정착되기를 바랐다. 인수하거나 최근에 설립한 기업에서 수평적 관계와 신속한 의사 결정을 통해 스타트업의 사고방식이 강력하게 유지될 수 있도록 만들었다.

되프너는 디지털 전환을 촉진하기 위해 기존 전통 산업을 희생시켰다. 2014년에 인쇄물 사업 전체를 매각한 것이다. 여기에는 유럽에서 가장 영향력 있는 신문 기업으로 성장하는 발판이 됐던 텔레비전 프로그램 안내 책자인 〈회르츠Hörzu〉뿐만 아니라 악셀스프링어가 설립한 최초의 일간신문 〈함부르거 아벤트블라트Hamburger Abendblatt〉도 포함됐다. 풍케 메디엔그루페Funke Mediengruppe 출판 그룹이 여전히 수익을 창출하고 있던 인쇄물 사업을 인수했다. 현재 악셀스프링어는 그 어느 때보다 많은 수익을 올리고 있다. 2015년 회계연도에 악셀스프링어의 이자, 세금, 감가상각비, 무형자산상각비 차감 전 이익EBITDA의 70퍼센트가 디지털 분야에서 나왔다.

기존 비즈니스 모델에 대한 광범위한 개입

패션 산업도 성장이 정체되는 디지털 확산 곡선의 오른쪽 윗부분에 있다. 1901년에 세워진 유서 깊은 미국 패션 기업 노드스트롬Nordstrom의 변화는 지난 2003년 "패션 산업에서의 성장 대부분이 미래의 전자상거래에서 발생할 것"이라는 노드스트롬 CEO 블레이크 노드스트롬Blake Nordstrom의 깨달음에서 시작됐다. 그는 "우리가 전쟁에서 이길지 질지는 전자상거래 시장에 달려 있다"고 했다. 그 결과, 노드스트롬은 과거의 비즈니스 모델에서 대규모 변화를 추진했다.

노드스트롬은 점진적으로 온라인 점포를 도입했고, 서로 다른 유통경로 간 교차 판매를 즉각 허용했다. 곧 고객들은 온라인으로 주문한 상품을 실제 매장에서 찾아갈 수 있게 됐다. 이와 반대로 오프라인 매장들은 온라인으로 창고와 연결, 고객이 원하는 사이즈와 색상의 상품이 매장에 없을 경우 즉시 재고를 확인해 배송받을 수 있도록 했다.

이 모든 과정은 고객경험을 중심으로 이루어져야 한다. 예를 들면 매장 점원들이 비밀스러운 재고관리 시스템에서 상품을 확인하기 위해 매장 뒤편 사무실로 황급히 들어가지 않는 것이 중요했다. 대신 주문한 상품을 아이패드로 고객들에게 보여줬다.

노드스트롬은 온라인 영업만 하는 경쟁사에는 없는, 실제 매장에서의 쇼핑 경험이라는 확실한 이점을 갖고 있다. 고객들은 실제 매장에서 보고 만지고 입어보는 특별한 대우를 받는다. 노드스트롬은 의도적으로 구매자의 요구를 파악했다. '노드스트롬 트렁크 클럽Trunk Club'이란 서비스를 제공했는데, 이는 온라인 조사를 통해 고객들의 선호를 파악하여 패션 취향이 불확실한 고객들에게 적합한 상품을 제안하거나 보내주는 서비스다. '노드스트롬 랙Rack'은 온라인과 오프라인에서 할인을 제공한다.

노드스트롬의 모든 판매 방식은 동일한 기술로 운영되지만, 고객들에게는 완전히 다른 서비스와 상품이 제공된다. 이 전략은 다양한 유통경로를 통해 구매하는 사람들을 목표로 한다. 한 시장조사에 따르면, 여러 유통경로에서 구매하는 사람들이 온라인이나 오프라인 매장만 이용하는 사람들보다 돈을 서너 배 정도 많이 쓴다. 온라인과 오프라인이라는 두 세계에서 원활한 서비스를 제공하는 비용은 결코 적지 않다. 노드스트롬은 2020년까지 기술 플랫폼에 15억 달러를 투자할 계획이다.

가치사슬에서의 혁신 목표

미국 항공사들은 노드스트롬과 달리 디지털화와 관련한 새로운 비즈니스 모델을 도입하지 않고, 가치사슬에서 몇 가지 대규모 조정을 실시했다. 기본적으로는 고객 정보, 예약, 탑승 수속 관련 업무였다. 이 분야에는 디지털화가 이미 상당히 보급돼 있었다. 항공사 웹사이트와 앱이 여행사들을 대체한 지 오래다. 스마트폰에 전자 탑승권을 내려받지 못한 승객들은 혼자 탑승권을 인쇄할 수 있다. 더 이상 직원들이 탑승 수속을 도울 필요가 없다. 출입구에 놓인 스캐너가 탑승권이나 스마트폰의 QR코드를 판독해 승객들을 통과시킨다. 읽을거리도 모두 디지털화됐다. 승객은 이륙하기 전에 최신판 신문과 잡지를 다운로드할 수 있다. 이륙한 뒤에는 다시 아날로그로 돌아간다. 영화처럼 광선으로 승객을 목적지까지 보내는 장치는 없다. 여전히 항공기와 조종사가 필요하다.

기존 비즈니스 모델에 추가하기

B2B 비즈니스를 주력으로 하는 기업들과 특허, 상표, 고객 관계, 시장에 대한 이해 같은 핵심 자산이 성공에 중요한 영향을 미치는 기업들은 비즈니스 모델이 상대적으로 안정적이다. 하지만 디지털화는 비용 면에서 안정성을 파괴하는 데 상당한 압박을 가하고 있다. 한 다국적 석유 회사의 사례가 보여주듯 비용 압박을 느끼는 기업들이 효율성을 개선하기 위해 일반적으로 디지털화를 활용하는 것도 이 때문이다.

석유 회사의 구매부는 시추 장비 부품부터 모든 대륙에서의 유전 용역 서비스에 이르기까지 매년 수천 건을 계약한다. 하지만 구매자들은 언제나 가격 투명성을 확보할 수 없었다. 국가도, 변수도 너무 많기 때문이었다. 예를 들면 한 프로젝트 안에서도 셰일층까지 시추하는 비용이 큰 차이를 보였다. 이 회사는 데이터 팀을 구성해 회사 내부의 재무부, 영업부, 경쟁사와 투자 제안서, 공개된 보고서를 통해 모든 정보를 수집했다. 그리고 소프트웨어 프로그램으로 수백만 건의 데이터를 처리해 가격 상관관계와 다양한 가능성을 찾았다. 엔지니어와 구매부 직원으로 구성된 팀이 결과를 분석하고, 시추용 관의 설계를 어떻게 변경해야 하는지, 장비 조달과 시추 팀 선발을 어떻게 바꿔야 하는지 제안했다. 그 결과, 이 회사는 시추공당 70만 달러를 절약할 수 있었다. 빅데이터를 지능적으로 분석한 덕에 1,300개 시추공에서 거의 10억 달러를 절감한 것이다.

훨씬 단순한 사례도 있다. 리오틴토Rio Tinto는 호주 광산에서 일하는 운전기사를 무인화물차로 대체하고 있다. 캐터필러Caterpillar는 장비들이 전송하는 가동 데이터에 기반을 둔 예방적 관리 시스템을 도입, 장비 활용도를 높이고 있다. 그 결과 캐터필러는 가동률을 30~40퍼센트 정도 끌어올렸다. 상대적으로 적은 비용으로 상당히 큰 효과를 얻은 것이다.

장애물을 알면 더 쉽게 극복한다

기업이 뭔가를 바꿔야 한다는 사실을 깨닫고, 경영진이 필요한 변화의 수준을 결정한 뒤에도 한 가지 절차가 더 남아 있다. 어떤 장애물이 디지털화 프로젝트를 실패하게 만들 수 있는지를 빠른 시간 안에 찾아내야 한다. 다음 세 가지 통찰을 통해 가장 큰 장애물을 발견할 수 있다. 장애물을 예측하는 기업들이 디지털 전환에 성공할 확률이 가장 높다.

1. **효율적인 조직은 종종 필요한 변화를 늦춘다** : 기업은 사업이 순조로우면 절박하지 않다. 전문화와 분업은 디지털 전환에 필요한 프로젝트 중심의 다기능적Cross-Functional 접근법에 장벽이 된다.

2. 아이러니하게도 가장 능력 있고 가장 효율적인 관리자들이 디지털 프로젝트를 가로막는 경우가 흔하다 : 그리 놀라운 일도 아니다. 이들이 자신과 회사를 성공으로 이끈 많은 것을 포기하도록 요구받기 때문이다. 디지털 전환은 CEO와 함께 시작해야 하고, 성공에 익숙한 사람들이 변화가 가장 어렵다고 생각하는 경우가 많다.

3. 기능적 장벽에 갇힌 근무 방식과 뿌리 깊은 사고방식도 장애물이다 : 성공적인 디지털 전환은 전 직원의 관심을 고객, 고객을 위한 혜택, 고객여정 Customer Journey에 집중시키는 것이다. 이런 관점은 고객과의 첫 접촉부터 구매 이후 수리와 예비 부품 서비스에 이르는 고객과의 모든 접점으로 확장된다.

디지털 전환에 대한 반대와 견제를 해결하는 방법은 뭘까? 바로 설득력 있는 리더십과 소통이다. 시스코시스템즈Cisco Systems 회장 존 챔버스John Chambers는 "새로운 기술을 수용하기 위해 회사 전체를 변화시키는 방법을 찾아내지 못한다면 …… 전체 기업 가운데 최소한 40퍼센트가 10년 안에 사라질 것"이라고 말했다.[3]

관련 자산을 찾아낸다

어디서 시작해야 할까? 다른 무엇보다 기업의 핵심 역량, 즉 고객에게 제공되는 혜택이 중요하다. 디지털 세계로 이전돼야 하는 관련 자산, 즉 기업의 강점은 무엇인가? 뭘 남겨둘 수 있는가? 자체 개발한 기술인가 아니면 기술적 전문성인가? 고객 관계인가 아니면 강력한 상표인가? 상품? 서비스? 상세한 고객 데이터인가 아니면 상품 데이터인가? 정말로 중요한 것은 무엇인가? 일단 이런 것들이 분명해지면 위협은 기회가 된다. 결과적으로 성공한 기존 기업들이 스타트업이나 외부 기업보다 성공 가능성이 반드시 더 낮은 것은 아니다. 사실은 그 반대다. 어떤 경우든 모든 것을 버려서는 안 된다. 강점을 디지털 세계로 그대로 가져간 기업들은 선도적 지위를 유지하게 될 것이다. 디지털 전환이란 신기술이 회사의 어느 부분에 가장 도움이 되고, 회사를 혁신하는 데 어떻게 도움을 줄지에 관한 것이다.

디지털화는 기업들이 연상하는 땜질식 프로젝트가 아니다. 보쉬의 CEO 폴크마 덴너는 "우리는 단순히 앱을 개발하는 것이 아니라 고객들이 우리 제품과 관련해 원하는 해결책을 제시한다"고 말했다. 보쉬는 이를 점점 더 성공적으로 해내고 있다.

강력한 상표

오스트리아의 크리스털 전문 회사인 스와로브스키의 CEO 마커스 랑게스 스와로브스키도 디지털 세계의 미래를 회사가 가진 가장 강력한 힘인 상표의 영향력에 의존하고 있다. 그는 웹사이트에 더해 스와로브스키 크리스털로 만든 타사 상품을 판매하는 플랫폼을 만들었다. 스와로브스키 상표의 매력이 고객들을 이 사이트로 끌어들이고 있다. 오스카 드 라 렌타Oscar de la Renta, 스튜어트 와이츠먼Stuart Weitzman, 에스카다Escada는 주문을 받을 때마다 스와로브스키에 수수료를 낸다.

강력한 고객 관계

디즈니Disney도 디지털 시대의 미래를 자신들의 가장 큰 장점에 의존하고 있다. "일생 동안 남는 추억 만들기"라는 놀이공원의 메시지처럼, 고객들이 정말로 원하는 것이 뭔지 알아내고, 이를 제공하는 능력이 있기 때문이다. 디즈니는 고객의 첫 접촉부터 추억을 만드는 일까지—여행을 계획하고 놀이공원에 머무는 것부터 놀이공원을 떠나고 그 이후까지—모든 것을 쉽고 즐겁게 할 수 있도록 하는 데 디지털 기술을 활용한다. 고객들은 '나의 디즈니 경험My Disney Experience' 사이트와 앱으로 여행 계획을 세우고, 특정 놀이 기구와 식당을 예약하고, 정보를 확인하고, 놀이공원에 다녀온 뒤에도 사진을 살 수 있다.

방수 플라스틱 팔찌 매직밴드MagicBand는 '나의 디즈니 경험' 앱으로 예약한 모든 것에 접근할 수 있다. 놀이공원에서는 입장권이 됐다가, 디즈니 리조트 호텔에서는 방 열쇠가 된다. 모든 식당 예약에 대한 정보를 담고 있고, 인기 있는 놀이 기구를 탈 때 줄을 설 필요가 없는 패스트레인fast lane 티켓 역할도 한다. 동시에 디즈니는 고객 행동에 관한 데이터를 수집한다. 이 정보는 고객에게 맞는 서비스를 추천해 고객 만족도를 높이는 데 활용된다.

광범위한 설치 기반

건설 장비와 다른 중장비 분야에서 세계 시장을 선도하는 캐터필러는 다른 기계 장비 제조사들도 가진 이점을 활용해 새로운 수입원을 개발하고 싶어 한다. 즉 전 세계 고객들이 사용하는 장비를 활용하는 것이다. 캐터필러 장비 300만 대 중 약 40만 대에 수많은 센서들이 내장돼 있다. 이 센서들은 캐터필러의 필수정보관리시스템Vital Information Management System에 방대한 데이터를 전송한다. 이 데이터들을 이용하면 모니터링(절도 방

지), **통제**(장비 배치 계획), **최적화**(기어박스, 엔진 같은 핵심 부품을 관찰해 갑작스러운 가동 중단 사태 예방)가 가능하다.

중요한 것은 데이터의 양이다. 방대한 설치 기반을 고려할 때 이는 캐터필러의 절대적 강점이다. 구형 모델, 다른 제조사 장비에도 값싼 센서들을 달 수 있다. 캐터필러는 장비를 관리하고 생산성을 높이기 위해 고객들에게 서비스형 소프트웨어Software-as-a-Service, SaaS를 임대해주고 있다.

고객에 대한 깊은 통찰력

농기계 제조사인 존디어는 한발 더 나갔다. 캐터필러처럼 장비를 더 오래 쓰게 해줄 뿐 아니라 과거의 장점을 디지털 세계로 확장한 것이다. 존디어는 언제나 고객들이 더 많이 수확할 수 있도록 도왔다. 그 연장 선상에서 지금은 존디어 앱을 통해 파종과 비료에 관한 추천 정보를 트랙터로 직접 전송해준다. 이런 정보는 구체적인 토양 데이터와 매우 정교한 기상예보를 근거로 한다.

정서적 유대

레고Lego의 고객들은 레고 상표와 정서적 관계를 형성하고, 레고는 이 관계를 활용한 다양한 채널들로 고객들과 교감한다. 레고 아이디어Lego Ideas에서는 아이, 어른 할 것 없이 새로운 조립 세트에 대한 아이디어를 제안할 수 있다. 레고는 회원들에게 가장 좋은 평가를 받은 아이디어를 제품으로 만들어 시장에 출시했다.

맥주 애호가들도 자신들이 좋아하는 상표와 정서적 관계를 맺는다. 하이네켄Heineken은 이런 관계에 의존하고 있다. 쌍방향 게임과 다양한 오락 덕분에 페이스북에서 2,000만 건 이상의 '좋아요'를 얻은 것이다. 이는 경쟁사보다 몇 배나 많은 숫자다.

2,000년 전통을 자랑하는 가톨릭교회는 세계적인 상표의 매력을 소셜미디어로 끌어왔다. 레고나 하이네켄보다 훨씬 더 성공적이었다. 프란체스코 교황이 짧은 메시지를 올려놓는 트위터 계정을 전 세계에서 1,000만 명 이상이 팔로우한다.

디지털 전환을 위한 목표 수준을 정한다

확인하고 소통하라. 우선 경영진은 디지털 전환의 목표를 분명히 밝히고, 명확하게 표현해야 한다. 그런 다음 변화의 범위와 영향력을 고려해 설명해야 한다. 다음 단계가 어려운 부분이다. 변화의 목표가 각 팀들에게 전달돼야 하고, 동시에 다가올 변화에 대해 열정과 즐거움을 만들어내야 한다.

구체적인 사례가 도움이 될 것이다. 2009년, 악셀스프링어의 CEO 마티아스 되프너는 앞으로 10년 안에 회사 매출과 이익의 절반이 디지털 분야에서 나올 것이라고 선언했다. 실제로 2015년에 매출의 62퍼센트, EBITDA의 70퍼센트를 디지털 분야에서 발생시켜 자신의 약속을 지켜냈다.

다른 한편으로 GE의 제프리 이멀트는 목표를 수치로 표현하는 대신 매우 야심 찬 선언을 했다. 그는 GE가 세계 최고의 디지털 산업 기업이 돼야 한다고 했다. 기업 보고서를 보면 GE는 이미 스스로를 디지털 산업 기업Digital Industrial으로 묘사하고 있다.

■ 관리자가 자문해야 하는 질문 ■

교황조차 디지털화를 받아들였다면 더 이상 의심의 여지가 없다. 시간이 없다. CEO들과 관리자들은 디지털화의 도전에 맞서 싸워야 한다. 늘 그랬던 것처럼 변화는 솔직한 자기 평가에서 시작한다.

우리는 지금 어디쯤 있는가?
어떤 강점을 개발할 수 있는가?
어떤 장애물들이 예상되는가?

이처럼 현재 상황을 파악하는 훈련이 이번 장 서두의 핵심 질문에 대한 답을 구하는 데 도움을 줄 것이다.

		동의 수준 매우 낮다 ——▶ 매우 높다 1 2 3 4 5
절박감	1. 디지털화의 위협과 잠재력을 발견했는가?	□ □ □ □ □
	2. 솔직하고 공정하게 현재 위치를 파악한 적이 있는가?	□ □ □ □ □
	3. 직접적으로 디지털화를 경험했는가?	□ □ □ □ □
변화 유형	4. 현재 사업이 디지털 세계에서도 생존할 수 있는가?	□ □ □ □ □
	5. 목표를 정한 개입만으로 충분한가?	□ □ □ □ □
	6. 디지털 변화를 위해 새로운 인재를 확보했는가?	□ □ □ □ □
장애물	7. 기업주, 직원, 관리자가 극심한 스트레스로 괴로워하는가?	□ □ □ □ □
	8. 가장 성공한 관리자들이 변화를 지지하는가?	□ □ □ □ □
	9. 조직 간 장벽이 디지털 전환에 방해가 되는가?	□ □ □ □ □
관련 자산	10. 핵심 자산이 무엇인가? 고객, 상품, 기술?	□ □ □ □ □
	11. 핵심 자산 가운데 디지털 시대에도 적합한 자산은 무엇인가?	□ □ □ □ □
	12. 어떻게 이런 자산들을 디지털 시대에 맞게 변환시킬 것인가?	□ □ □ □ □
야심	13. CEO가 개인적으로 변화를 주도하고 있는가?	□ □ □ □ □
	14. 목표를 얼마나 높게 정하고 얼마나 빠르게 실천해야 하는가?	□ □ □ □ □
	15. 직원들이 동참하고 있는가?	□ □ □ □ □

새로운 생태계를 육성하라

지금까지 기업들이 디지털 세계로 나아가야 하는 이유들을 설명했다. 다음 장에서는 기업들이 새로운 길을 찾을 수 있는 새로운 산업과 생태계는 무엇인지, 디지털화가 기업의 모든 기능을 어떻게 변화시키는지 그리고 새로운 시대를 위한 기술과 조직의 토대를 어떻게 건설해야 하는지 설명할 것이다. 새로운 생태계는 자동차에서 은행, 유통, 건설에 이르기까지 모든 산업에 걸쳐 경계를 허물고, 관련이 없었던 기업들 간에 경쟁을 유발시키고 있다.

Digital@Scale : The Playbook You Need to Transform Your Company

2부 ——— 무엇을 바꿔야 하는가

제4장

디지털이 바꾸는 산업의 미래

디지털화가 가지는 의미는 광범위하다. 따라서 디지털화를 추진하는 계획은 체계적이어야 한다. 기업의 디지털화는 새로운 생태계, 추가적인 비즈니스 모델 개발, 기본적인 기술 습득과 큰 관련이 있다.

오늘날 기업의 관리자들은 디지털화의 도전을 이야기할 때 수많은 정의, 완전히 다른 세계관, 비즈니스 모델 채택이 얽힌 갈등과 마주하게 된다. 관리자들은 미래에도 시장이 존재할지 아니면 자신들도 코닥과 같은 길을 갈 운명인지 궁금해한다. 어떤 관리자들은 비즈니스 시스템에 집중하면서 IT가 어떻게 공급망을 개선할 수 있는지와 고객들을 더 잘 이해할 수 있도록 도와주는지 궁금해한다. 또 다른 관리자들은 IT가 데이터 흐름을 처리할 수 있는 새로운 방법을 고안해낼 수 있을지 알고 싶어 한다. 실행 가능한 전략을 개발하기 위해서는 공동의 언어, 공동의 이해, 모든 이의 지지를 받는 체계적인 구조가 필요하다.

이를 위해 세 단계 해법을 소개하고자 한다. 첫 번째 단계는 미래의 시장에 관한 것이다. 새로운 경쟁자들이 혁신적 기술로 우리의 시장을 파괴하고 있는가? 그들이 한때 확실했던 이론적 체계를 완전히 뒤바꿔 놓고 있는가?

두 번째 단계는 디지털화의 도전에 대응할 능력이 있는 비즈니스 모델에 관한 것이다. 고객경험을 근본적으로 개선하기 위해 디지털 기회를 잡고 있는가? 디지털 역량과 첨단분석을 통해 잠재된 효율성을 활용하고 있는가?

세 번째 단계는 IT와 조직의 토대와 관련이 있다. 첨단 기술을 활용하고 있는가? 새로운 디지털 인재들에게 매력적인 회사인가? 목표로 정한 협력 관계를 구축하고 있는가?

기업들은 디지털 미래로 향하는 각 단계마다 구체적인 도전들에 직면할 것이다. 새로운 생태계와 관련해 기업들이 직면하게 될 도전은 새롭게 등장하는 시장에서 자신들의 위치를 확보하는 것이다. 새로운 생태계에서 성공하려면 사업 구조를 재구축해야 하고, 기술과 조직과 문화의 토대가 새로운 사업 구조가 작동할 수 있는 환경을 조성해줘야 한다.

경영진은 각 단계에서 핵심 질문에 직면하게 된다. 새로운 생태계 구축 단계에서는 비즈니스 모델에 대한 첨단 기술을 갖춘 경쟁자의 위협을 평가해야 하고, 다른 한편으로 똑같은 기술이 제공하는 기회에 대해 생각해야 한다. 사업 구조를 평가하는 과정에서는 마케팅, 혁신, 부가가치의 측면에서 디지털화가 제공하는 잠재력을 얼마나 활용하는지 분석해야 한다. 그리고 기업의 기술, 업무 과정, 조직 문화가 디지털 세계의 도전에 얼마나 적합한지 끊임없이 질문해야 한다.

새로운 생태계, 사업 구조, 토대란

산업의 경계는 과거 경제의 유물이다. 디지털 혁명이 그 경계를 무너뜨렸다. 수요를 충족시키기 위해 완전히 새로운 기업 생태계가 등장하고 있다. 미래의 커넥티드 자율주행차를 누가 개발할 것인가? 미래의 금융 거래에 은행이 필요할까? 지금의 난방업체들이 스마트홈에 필요한 장비들을 만들까? 아니면 완전히 다른 기업들이 스마트홈의 부가가치를 이용하게 될까? 디지털화는 시장점유율을 재편하는 완전히 새로운 생태계

■ 새로운 생태계, 사업 구조, 토대 ■

새로운 생태계 구축

주제

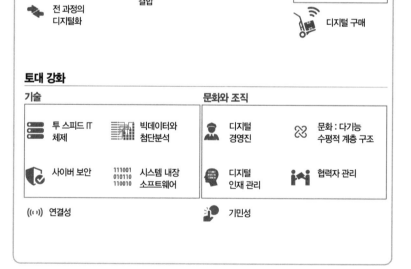

커넥티드카

디지털 유통

핀테크

디지털 농업

디지털 헬스케어

스마트빌딩

디지털 에너지

스마트 인프라

디지털 미디어와 통신

디지털 물류

전자정부와 가상 교육

사업 구조 개발

고객경험

다채널 유통

디지털 마케팅과 소셜미디어

가격 결정

전 과정의 디지털화

고객 관련 업무의 디지털화

고객 관계와 수명 주기 관리

물리적 고객경험과 디지털 고객경험의 결합

상품 혁신

개방형 개발 환경

상품 디자인

부가가치

디지털 가치사슬

디지털 생산

지원 기능의 디지털화

디지털 구매

토대 강화

기술

투 스피드 IT 체제

빅데이터와 첨단분석

사이버 보안

시스템 내장 소프트웨어

((•)) 연결성

문화와 조직

디지털 경영진

문화 : 다기능 수평적 계층 구조

디지털 인재 관리

협력자 관리

기민성

를 만들어낸다. 이것이 가장 흥미로운 발전에 대해 이야기할 4장의 핵심이다.

디지털화는 마케팅 방식에서 가치사슬 조직에 이르기까지 기업 내부의 사업 구조도 변화시키고 있다. 5장에서는 기업의 기능들이 어떻게 변해야 하는지 이야기할 것이다. 6장에서는 IT 체계에서 디지털 문화에 이르기까지 기업이 가동되는 토대와 관련해 디지털화가 가져오는 새로운 요구 사항을 살펴볼 것이다.

새로운 생태계의 특징

가장 큰 변화는 전통적인 시장 지배자에게 모든 것이 위협적인 새로운 생태계에서 발생한다. 산업의 경계가 다시 그려지고, 과거의 강점들이 갑자기 중요하지 않게 되고, 예상하지 못한 공생 관계가 형성된다. 이번 장에서는 현재 등장하고 있는 가장 흥미로운 생태계들을 살펴볼 것이다. 새로운 생태계들은 이동성, 스마트빌딩, 온라인 소매, 디지털 방식의 에너지 서비스, 물류, 금융, 의료, 미디어, 공공행정 분야와 관련이 있다.

연결성이 좌우하는 자동차의 미래 – 아머 바이그Amer Baig, 잔루카 캄플로네Gianluca Camplone

공공 도로를 달리는 첫 대량생산 자율주행(무인)차에 관한 언론 보도의 주인공은 제너럴모터스General Motors, GM나 메르세데스 또는 도요타나 아우디Audi가 아닌 실리콘밸리의 전기차 회사인 테슬라Tesla였다. 테슬라의 자율주행차는 몇 차례 사고를 일으켰는데, 이는 자율주행 기술을 홍보하는 수단이 되기도 했다. 테슬라는 자율주행 레벨3 시스템을 내장하고 있다. 레벨3은 몇몇 특정 상황에서만 자율주행이 가능하며, 지속적인 감시가 필요하다. 레벨5에서만 운전자가 주행에 신경 쓰지 않고 다른 일을 해도 된다.

이런 사고에도 불구하고 테슬라는 2018년 4월 기준으로 시가총액이 510억 달러에 달해 포드, 크라이슬러Chrysler, GM을 제치고 미국에서 가장 가치 있는 자동차 회사가 됐다. 하지만 2016년에 테슬라는 7억 달러 이상의 적자를 낸 반면, 포드는 110억 달러의 흑자를 기록했다. 자율주행차 경쟁은 아직도 진행 중인 것이다. 테슬라 같은 실리콘밸리의 거대 기업들이 열심히 연구하고 있다고 해도 나머지 세계 자동차업계가 사양길에 들어섰다는 것은 섣부른 예측이다. 그러나 투자자들은 아마존이 유통 분야를 지배한 방식과 비슷하게 테슬라가 새로운 자율주행 시장을 지배하리라 예상한다. 게다가 테슬라는 태양광과 배터리 기술에 투자하면서 관련 생태계를 만들어가고 있다.

누가 자동차 미래 시장을 선점할 것인가에 대한 의견은 분분하지만, 모두가 자동차 산업이 근본적으로 바뀔 것이라는 데에는 동의한다. 전문가들은 스마트폰이 우리의 일상생활을 바꿔놓은 것 같은 혁명이 수년 안에 자동차 산업에서 일어날 것이라고 예상한다. 머지않아 자동차는 전기로 움직이고, 운전자도 필요 없어질 것이다. 그리고 사람들은 자동차를 소유하는 것이 아니라 필요할 때만 이용하게 될 것이다. 우리가 사용하지 않을 때는 다른 사람들이 활용하게 될 것이다. 이런 혁명은 아직 답하지 못한 수많은 의문을 제기한다.

첫째, 내연기관 엔진과 변속기를 만드는 수십만 노동자는 어떻게 될까? 특히 전기 동력전달장치는 만들기 쉽고 변속기도 필요 없다. 둘째, 조금 더 먼 미래에 자동차 공급망에서 어떤 일이 벌어질까? 전체 공급망과 제조 과정이 디지털화되고 주문에 따라 자동차를 자동으로 생산하는 불 꺼진 공장을 예상하는 것도 어렵지 않다. 셋째, 부품과 수리 시장, 서비스 산업은 어떻게 될까? 지금의 생태계가 사라지지는 않겠지만, 전기차들은 현재 내연기관 자동차처럼 수리를 자주 할 필요가 없기 때문에 수요가 상당히 줄어들 것이다. 넷째, 도시화의 종말이 찾아올까? 자동차를 운전하는 대신 사무실로 오는 길에 일할 수 있다면 다들 시골로 돌아가고 싶어 할까? 미래의 대중교통수단은 어떤 모습일까? 일반 버스와 기차는 앱에 비슷한 목적지를 입력한 사람들을 태워 집 앞에서 내려주는 무인 미니버스로 대체될까? 이 밖에 다른 기술적인 문제들도 남아 있다. 예를 들면 단순한 데이터 손실뿐 아니라 실제로 운전 중 자동차에 대한 통제권을 상실하는 것 같은 사이버 보안 위험에는 어떻게 대응해야 할까?

자동차 회사의 고위 경영진들은 이미 변화에 대비하고 있다. 포드의 빌 포드Bill Ford 회장은 이미 2014년에 비즈니스 모델 붕괴를 언급하면서 자동차 동력전달장치부터 소유권과 공유에 이르기까지 모든 측면에서 비즈니스 모델 혁명이 일어나고 있다고 말했다. 다임러Daimler의 CEO 디터 체체Dieter Zetsche는 앞으로 몇 년 안에 자동차 산업이 재탄생하리라 예상한다. 맥킨지의 설문 조사 결과, 관리자들 가운데 88퍼센트가 2030년이 되면 현재의 자동차 회사와 협력사 가운데 일부는 존재하지 않을 것으로 예상했다. 응답자의 75퍼센트는 구글이나 우버 같은 새로운 경쟁자들이 자동차 산업 분야의 전체 수입에서 상당 부분을 차지하리라 확신했다.

전통적인 자동차 회사들은 디지털 전환의 가장 중요한 전제 조건인 절박감을 충분히 인식하고 있다. 맥킨지의 연구에 따르면, 전 세계 자동차

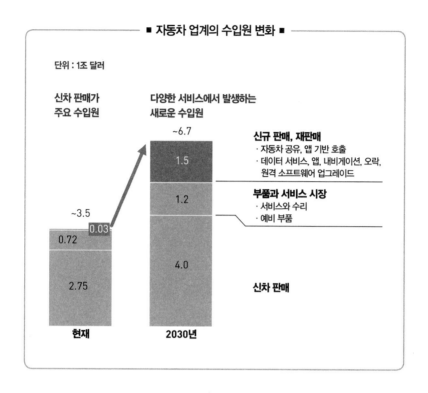

■ 자동차 업계의 수입원 변화 ■

단위 : 1조 달러

신차 판매가
주요 수입원

다양한 서비스에서 발생하는
새로운 수입원

~6.7

1.5

신규 판매, 재판매
· 자동차 공유, 앱 기반 호출
· 데이터 서비스, 앱, 내비게이션, 오락,
  원격 소프트웨어 업그레이드

~3.5

0.03

1.2

부품과 서비스 시장
· 서비스와 수리
· 예비 부품

0.72

2.75

4.0

신차 판매

현재

2030년

산업 매출 규모는 해마다 4.4퍼센트씩 증가해 2030년에는 6조 7,000억
달러에 이를 것으로 추정된다. 전통적인 차량 판매는 유럽과 북미 등 기
존 시장에서는 정체돼 있지만, 아시아에서는 연간 7,500만 대까지 늘어
났다. 이는 2015년보다 2,800만 대 증가한 것이다. 자동차 판매 수익과
고객 서비스 수입 외에 정기적으로 발생하는 수입도 빠르게 성장하고 있
다. 고객들은 매년 자동차와 관련된 디지털 서비스에 1조 5,000억 달러
를 쓰고 있다.

자동차 산업이 직면한 것은 디지털 혁명만이 아니다. 아날로그 세계
에서도 많은 것이 변할 것이다. 맥킨지의 연구에 따르면, 2030년이 되면

하이브리드카의 수요가 급증해 전기모터차의 비중이 현재 2퍼센트에서 65퍼센트로 증가할 것으로 예상된다.

자동차 회사들은 전기 구동장치를 토대로 한 완전히 새로운 생태계를 구축해야 한다. 누가 완전한 전기차에 필요한 강력하고 고속 충전이 가능한 배터리를 생산할까? 이런 배터리는 미래 자동차의 부가가치에서 상당 부분을 차지한다. 누가 전기차에 사용될 충전 기반을 제공할까? 테슬라는 이미 미국 전역에 5,000곳 이상의 충전 네트워크를 갖췄다. 고객들이 강력한 엔진의 특별한 소리를 갈망하는 스포츠카 제조사들은 엔진 소리가 거의 없는 전기모터에 어떻게 대응할까?

자동차 산업의 운명, 연결성에 달렸다

기존 자동차 회사와 부품 회사의 운명은 디지털 전쟁터에서 결정될 것이다. 자동차가 지속적으로 일련의 데이터를 측정하고 전송하는 연결성은 고객들에게 점점 더 중요한 문제가 되고 있다. 2014년에 실시한 한 조사에 따르면, 자동차 구매자의 20퍼센트가 연결성이 더 좋다면 다른 회사의 새로운 자동차로 바꿀 의사가 있는 것으로 나타났다. 2015년에는 이 수치가 37퍼센트로 증가했다. 데이터 보호를 주장하는 사람들은 소비자들이 데이터가 전송되면서 남긴 흔적을 걱정할지도 모른다고 예측했지만, 운전자들의 76퍼센트는 자신의 데이터가 공유돼도 문제없다고 답했다.

그렇다면 미래에는 소프트웨어가 자동차를 차별화하는 요소가 될 것이다. 현재도 자동차에 사용되는 각종 제어 소프트웨어는 명령 행lines of code 1억 개로 이루어져 있다. 2030년에는 3억 행으로 늘어날 것으로 예상된다. 이는 전통적인 자동차 회사들이 막강한 소프트웨어 능력을 개발해야 함을 의미한다. 일반적으로 자동차 회사들은 자동차에 내장된 소프트웨어의 가치 중 30퍼센트 정도만 활용한다. 테슬라와 구글 같은 경쟁사들은 모든 소프트웨어를 자체적으로 개발한다. 모든 전통적인 자동차 회사가 차량용 앱스토어를 구축하기 위해서는 외부 개발업체들의 생태계를 구축해야 하는 과제에 직면해 있다.

미래의 완벽한 커넥티드카는 차량 내부의 각종 센서와 반도체를 인터넷에 직접 연결시켜 원활한 사용자경험User Experience, UX을 제공하는 전체적인 생태계를 자체적으로 만들 것이다. 이런 과제 가운데 일부는 미래의 자동차를 구매자와 승객의 디지털 생태계에 완전히 통합시키는 것이다. 이를 위해서는 안드로이드와 iOS와의 긴밀한 통합이 필요하다.

이렇게 되면 생태계 시스템 협력사들은 지속적인 데이터 흐름을 기초로 다양한 서비스를 제공할 것이다. 지금도 일부 운전자 보조 시스템이 비상 상황에서 차선 유지나 급제동 같은 기능을 수행한다. 미래에는 자동차가 알아서 운전하는 동안 운전자는 뒷자리에 가만히 앉아 있을지도 모른다. 미래의 시스템은 가까이에 있는 주차 공간을 찾아주고, 도난 사고가 발생하면 자동차의 위치를 알려줄 것이다. 또 안내 서비스와 식당이나 호텔 예약 서비스를 제공할 수도 있다. 각종 센서가 차량 내부 기계장치들을 지속적으로 관찰, 부품이 낡았거나 수리가 필요할 경우 운전자에게 알려준다. 보험사들도 주행거리, 운전 보조 시스템의 개입 및 회수, 자동차 제동 유형 등 운행 데이터에 기초해 운전자 맞춤형 위험 분석표를 개발하는 기회를 놓치지 않았다. 이런 데이터는 보험료를 책정하는 기초 자료로 활용된다.

미래에는 운전자가 터치스크린이 아닌 음성 명령으로 디지털 서비스에 접속할 것이다. 자동차 내부의 디지털 보조 장치들은 집에 있는 디지털 시스템과 연결될 것이다. 예를 들면 아침에 샤워하는 중에 애플의 시리Siri나 아마존의 알렉사Alexa에게 이탈리아 식당 예약을 명령하면 자동차가 알아서 예약 시간에 식당으로 데려다줄 것이다. 자동차가 어디로 가야 하는지를 이미 알기 때문이다. 이중 상당 부분은 현재도 기술적으로는 실현 가능하다. 하지만 인터넷 연결이 안 되는 지역이나 데이터 저장 장치에 접근하는 문제 등 몇 가지 문제가 남아 있다.

트럭 제조사들은 네트워크 연결성에서 가장 앞서 있다. 많은 상업용 차량이 이미 자신의 위치와 속도를 실시간 알릴 수 있을 정도로 디지털 환경과 연결돼 있다. 최근 한 연구에 의하면, 연결성이 새로운 비즈니스 모델 개발에 중요한 출발점이 될 것이다. 예를 들면 트럭 제조사들의 경우, 연결성은 서비스 능력, 유연한 수송 능력, 직접적인 차량 관리 능력을 의미할 수도 있다. 지금도 자동차 회사의 의사 결정권자 가운데 49퍼센트가 연결성 관련 사업들이 차량 판매보다 더 매력적일 수 있다고 생각한다.

커넥티드 주행connected driving 기술은 자동차업계에서 자율주행차에 대한 관심을 불러일으켰다. 모건 스탠리Morgan Stanley의 보고서에 따르면, 자율주행차는 앞으로 수년 동안 미국 경제에만 약 1조 3,000억 달러에 이르는 비용 절감 효과를 가져다줄 것으로 예상된다. 6,450억 달러의 생산성 증가 효과, 4,880억 달러의 사고 감소 효과, 1,690억 달러의 연료 절감 효과가 그것이다. 재차 강조하지만, 자율주행 분야에서는 트럭이 가장 앞서고 있다. 맥킨지 보고서는 2025년이 되면 유럽에서 판매되는 상업

■ 해결이 필요한 차량 탑재 기술 ■

차량 내부 센서
· 센서를 활용해 운전자의 안전을 어떻게 개선할 것인가?
· 센서의 데이터 형식을 어떻게 표준화할 것인가?

소프트웨어 플랫폼
· 어떻게 차량 소프트웨어를 안전하고 쉽게 업데이트할 것인가?
· 기능적 소프트웨어 업데이트에 대한 구매 의사를 어떻게 촉진시킬 것인가?

환경 센서
· 운전자가 주변 환경과 탑승들에 대한 가시성을 어떻게 유지할 것인가?
· 어떤 제한 규정들이 적용돼야 하는가?

연결성
· 와이파이가 끊길 경우, 어떻게 지속적인 작동을 보장할 것인가?
· 어떤 데이터를 클라우드로 보내고 어떤 데이터를 차에 남겨둘 것인가?

고성능 컴퓨터
· 고성능 컴퓨터의 보안과 신뢰도를 어떻게 확보할 것인가?
· 어떤 일이 클라우드보다 차량에 내장된 컴퓨터에서 더 잘 실행될까?
· 차량에 내장된 컴퓨터의 보안을 어떻게 확보할 것인가?

차량 내 데이터 저장소
· 어떤 데이터를 지속적으로 저장하고, 어떻게 데이터 손실과 해킹을 방지할 것인가?
· 누가 차량에 있는 데이터에 대한 접근권을 가질 것인가?(경찰, 보험사 등)

새롭게 설계된 휴먼 머신 인터페이스*
· HMI를 어떻게 다시 개발할 것인가?
· 시리, 알렉사, 증강현실(Augmented Reality, AR)이 자동차 제어에 어떤 방식으로 영향을 미칠까?
· 새로운 표준이 나타날 것인가?

위치 측정, 내비게이션
· 원활한 교통 관리를 보장하려면 데이터 측정 지점이 얼마나 필요한가?

*Human-Machine Interface, HMI, 시각이나 청각과 관련된 인간의 아날로그적 인지 세계와 컴퓨터나 통신의 디지털을 처리하는 기계 세계를 연결하는 인터페이스-옮긴이

용 차량 세 대 중 한 대는 특정 환경, 특히 고속도로에서 운전자 없는 자율주행을 할 수 있을 것으로 예측했다. 이는 곧 비용 절감으로 이어진다.

현재 수송 차량 운용비의 30~40퍼센트가 운전자 인건비다. 자율주행 기능은 각종 비용을 절반으로 줄이고, 동시에 가동 중단 시간을 줄여 활용도를 높여준다.

우버도 자율주행차를 실험하고 있다. 자율주행 실험은 주로 비용과 관련돼 있다. 우버가 무인차 운영에 성공한다면 비용이 30퍼센트 정도 낮아질 것이다. 현재는 우버가 일자리를 만들고 있다. 2015년에는 120만 명의 새로운 운전자를 우버의 네트워크에 편입시켰다.

자율주행차는 노동시장에 엄청난 충격을 줄 것이다. 미국 중서부에서만 앞으로 수년 동안 운송, 물류, 유통 관련 일자리 수백만 개가 사라질 위험에 놓여 있다. 자동화의 혜택을 누리고 동시에 자동화의 영향을 받는 사람들을 재교육하기 위해서는 정책 입안자들과의 신중한 협력도 반드시 필요하다.

안전한 자율주행을 위한 시스템 개발은 자동차 산업의 가장 야심 찬 프로젝트다. 무엇보다 자율주행 시스템은 정확한 내비게이션 기술과 지도를 바탕으로 해야 한다. 구글 같은 새로운 경쟁자들에게 지지 않기 위해 다임러, BMW, 아우디 같은 독일 자동차 회사들은 노키아Nokia에게 28억 유로를 주고 히어Here 지도 서비스 사업을 공동 인수했다. 자율주행 중인 자동차가 측정하는 좌표와 데이터는 지도 데이터와 지속적으로 일치해야 하며, 이는 센티미터 단위의 정확성이 요구된다. 예를 들어 자율주행 시스템에서 일반적 거리 측정값은 경계석에서 자동차까지의 거리다. 이는 지도가 전장급Automotive Grade(차량용 사용 가능 수준 - 옮긴이)이 돼야 한다는 의미다. 구글은 아직 이 수준에 도달하지 못했다. 노키아가 소유권을 갖고 있었을 당시, 히어 서비스는 세계 시장의 80퍼센트를 차지하면서 30

억 유로의 매출을 기록했다. 새로운 주인인 독일 자동차 회사들은 자동차업계 전체에 히어 지도를 공급할 계획이다.

히어 지도 서비스는 고객과 공급 업체 사이의 일방적 관계가 어떻게 해체되고 있는지를 보여주는 좋은 사례다. 히어는 자동차 회사들에게 지도를 공급하고, 자동차 회사들은 자동차가 운행될 때마다 생성되는 막대한 데이터를 히어에게 판다. 히어는 이 데이터를 활용해 지도의 성능을 개선한다.

디지털로 이동하는 다임러

현재의 자동차가 엔진 성능이나 안락함을 기준으로 차별화되는 것처럼 미래의 자동차들이 디지털 능력으로 차별화된다면 자동차 회사들은 실리콘밸리 기업들로부터 몇 가지 사례를 배우는 것이 좋을 것이다.

예를 들면 다임러는 스웜조직Swarm Organization을 도입했다. 스웜조직이란 특정 프로젝트를 수행하기 위해 여러 부서에서 온 직원들이 서열을 정하지 않고 자율적으로 연계해서 일하는 것이다. 다임러의 CEO 디터 체체는 전 직원의 약 20퍼센트―5만 명 이상―가 스웜조직을 구성해 다양한 프로젝트를 추진하길 바란다. 모든 프로젝트는 이동 수단의 미래에 초점을 맞추고 있다. 다임러는 이를 위해 CASE Connected, Autonomous, Shared and Electric라는 신조어를 만들었다.

도요타는 최근에 자동차 회사에서 이동 서비스를 위한 플랫폼으로 전환하는 계획을 발표하고, 이를 위해 커넥티드컴퍼니Connected Company를 설립했다. 개인 간 자동차 공유를 가능하게 만드는 첫 번째 상품인 겟어라운드Getaround 서비스는 2017년 초부터 샌프란시스코에서 실험을 진행하고 있다. 스마트키박스Smart Key Box와 소프트웨어를 통해 도요타의 차들이—구형 모델을 포함해—커넥티드 렌터카로 변하고 있다. 커넥티드 렌터카는 스마트폰으로 예약하고, 디지털 열쇠로 시동을 걸 수 있다. 중기적인 목표는 더욱 대담하다. 도요타는 이동 수단 생태계 전체를 제어하는 디지털 운영 시스템을 개발하고 싶어 한다. 도요타는 이를 통해 새로운 생태계에서 창출되는 부가가치의 가장 많은 부분을 가져갈 수 있다.

하지만 모든 것을 혼자 해결하는 방식이 유일한 전략은 아니다. 피아트Fiat 같은 자동차 회사들은 오히려 반대 방향으로 가고 있다. 개발 예산이 충분하지 않은 관계로 자율주행과 연결성 부분을 구글 같은 거대 소프트웨어 기업들과 협력하고 있는 것이다. 개별 부품이 아닌 전체 시스템을 공급하는 전통적인 자동차 부품 회사들은 전체적인 소프트웨어 제어 시스템으로까지 공급을 확대하고 있다. 예를 들면 콘티넨털Continental은 더 이상 단순한 타이어 회사가 아니다. 차체와 다른 부품을 공급한다. 또 자동차 시스템에 대한 예측제어Predictive Control를 제공하는 이호라이즌eHorizon 같은 커넥티드카와 관련된 상품들을 개발하고 있다. 이호라이즌은 자동차 센서들이 인식한 위치 데이터를 클라우드에 전송한다. 이 데이터를 이용해 자동차의 내장 컴퓨터는 도로 지형을 예측하고, 가파른 경사가 나타날 경우 엔진과 동력전달장치를 최적화한다.

ZF프리드리히스하펜Friedrichshafen은 또 다른 사례다. ZF는 전기차의 등장으로 위협받고 있는 단순 동력 전달 시스템 제조에서 벗어나 차체, 동력전달장치 부품, 운전자 보조 시스템, 제동과 조향 시스템을 판매하고 있다. 또 전기차의 동력전달장치와 자율주행을 위한 시스템도 개발

중이다.

부품 회사들은 자동차 회사의 개발 부담을 상당 부분 줄여주고 있다. 기본적으로 부품을 조립하고, 최종 고객과의 연계를 핵심 경쟁력으로 간주하는 새로운 형태의 제조 회사들이 등장할지도 모른다. 자동차 산업이 변하고 있다. 디지털화가 힘의 균형을 무너뜨리고 있다. 하지만 자동차 회사들은 아직도 유리한 출발점에 서 있다. 상표, 고객, 마케팅, 서비스 기반을 가졌기 때문이다. 자동차 회사들이 실리콘밸리의 기업가 정신을 사업에 불어넣고, 현명한 협력 체제를 구축한다면 미래의 전투에서 생존할 확률이 높다.

판매경로의 다양성을 추구하는 유통의 미래 – 켈리 운게르만Kelly Ungerman

모든 사업은 지역적인 특성을 띤다. 약국 체인 월그린Walgreens의 관리자들은 이를 잘 알았다. 월그린은 2010년에 디지털화를 시작, 지금은 단순한 포인트 적립 이상의 기능을 가진 여러 앱을 고객들에게 제공하고 있다. 거래가 온라인으로 진행되는 디지털 세계에서 8,000개 이상의 오프라인 점포들이 방해가 된다고 생각할지도 모르겠다. 하지만 월그린은 웹, 모바일 그리고 매장들 사이에서 시너지를 창출해 판매 채널의 통합이라는 디지털 가치를 분명하게 제시했다.

옴니채널 통합에 집중한 결과, 일주일에 1,400만 명이 다양한 디지털 채널을 통해 월그린을 방문하고 있다. 놀랍게도 디지털 경로를 통한 방문자 가운데 48퍼센트가 온라인 접속 이후 실제 월그린 매장을 찾는다. 게다가 온라인과 오프라인 매장을 모두 방문하는 고객들은 점포만 방문하는 고객들보다 3.5배를 더 소비하는 것으로 나타났다. 특히 모바일 앱 사용의 50퍼센트가 매장에서 발생하고 있어, 모바일이 매장을 대체하는 것이 아니라 매장 방문 경험을 향상시키는 것으로 확인됐다. 또 판매 채널 통합 전략은 일찍이 없었던 수입원을 찾아내도록 도와주고 있다. 월그린의 여러 앱 가운데 하나는 고객들이 소셜네트워크에서 사진 인화를 주문하고, 매장에서 사진을 찾아가거나 배달 서비스를 요청할 수 있도록 돕는다.

월그린은 디지털 채널과 오프라인 점포에서 수집되는 엄청난 데이터를 활용, 지역에 맞게 유동적으로 제품을 구성할 수 있다. 데이터를 활용해 기존 상품 진열 성과를 분석, 특정 제품군의 최근 실적을 파악한다. 상품 진열 관련 데이터는 전자상거래, 가격 책정, 가격 인하, 영업 팀을 포함한 모든 조직에 공유된다. 또 각 매장의 비디오 화면, 비품, 재고를 기초로 인력 수요를 예측할 수 있다.[4]

전통적인 소매점들이 급격한 변화에 직면했다는 것에는 의문의 여지가 없다. 딜리버리히어로Delivery Hero와 홈24Home24가 속한 로켓인터넷Rocket Internet의 공동 설립자 올리버 샘워Oliver Samwer는 "앞으로 10년 안에 소매점 수입의 10퍼센트만 오프라인에서 발생할 것"이라고 예측했다. 새로운 온라인 경쟁자들이 광범위한 분야에 걸쳐 침투하고 있다. 이들은 책, 소비자가전, 패션, 가구만 집중적으로 파고드는 것이 아니라 오프라인 판매에서 최후의 보루인 슈퍼마켓과도 대결을 준비하고 있다.

동시에 오프라인 소매점들은 최고의 온라인 매장에서 경험한 것과 동일한 수준의 계산과 배달 서비스를 바라는 고객들의 높아진 기대에 직면했다. 고객들은 더 다양한 선택권을 갖고 있고, 가능한 서비스를 그 어느 때보다 잘 알기 때문에 구매에 앞서 더 많이 조사한다. 그 결과, 구매 과

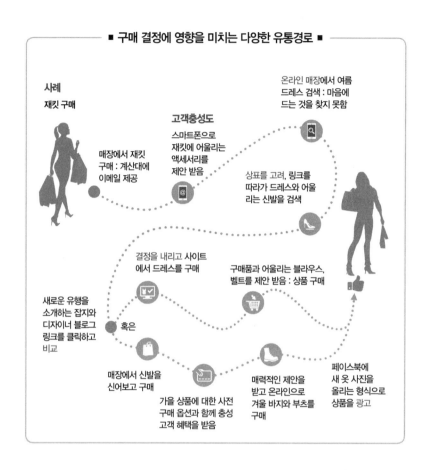

■ 구매 결정에 영향을 미치는 다양한 유통경로 ■

사례
재킷 구매

매장에서 재킷
구매 : 계산대에
이메일 제공

고객충성도
스마트폰으로
재킷에 어울리는
액세서리를
제안 받음

온라인 매장에서 여름
드레스 검색 : 마음에
드는 것을 찾지 못함

상표를 고려, 링크를
따라가 드레스와 어울
리는 신발을 검색

결정을 내리고 사이트
에서 드레스를 구매

구매품과 어울리는 블라우스,
벨트를 제안 받음 : 상품 구매

새로운 유행을
소개하는 잡지와
디자이너 블로그
링크를 클릭하고
비교

혹은

매장에서 신발을
신어보고 구매

가을 상품에 대한 사전
구매 옵션과 함께 충성
고객 혜택을 받음

매력적인 제안을
받고 온라인으로
겨울 바지와 부츠를
구매

페이스북에
새 옷 사진을
올리는 형식으로
상품을 광고

정에서 경로를 바꾸는 경우도 흔하다. 오프라인 매장을 단순한 전시장으로 활용하고, 주문은 온라인으로 하는 것을 선호할 수도 있다. 또 매장에 가기 전에 자신이 원하는 상품의 재고가 있는지를 확인하고 싶어 할지도 모른다. 또 매장에서 상품을 사기 전에 스마트폰으로 상품에 관한 추천, 주의점, 혹평을 확인할 수도 있다. 패션업계 사례에서 증명된 것처럼, 고객 대부분은 여러 유통 채널에서 구매한다.

맥킨지가 2014년에 실시한 조사에 따르면, 소비자의 94퍼센트가 구매 전 적극적으로 상품과 가격을 조사하는 것으로 나타났다. 70퍼센트가 상품에 대한 평가와 점수를 읽어보고, 87퍼센트가 지속적으로 나쁜 평가를 받은 상품을 구매하지 않을 것이라고 답했다. 이 조사에서 유통산업에 영향을 미치는 가장 중요한 두 가지 트렌드가 드러났다. 바로 정보 주권을 획득한 '영향력이 커진 소비자들'과 스마트폰으로 계속 온라인에 머무는 '인터넷에 상시 접속된 소비자들'이다.

맞춤형 상품 제안을 위한 첨단분석

세 번째 중요한 트렌드는 상품과 서비스의 개인화다. 아마존은 막대한 데이터를 자동으로 분석하는 첨단분석 기법을 활용해 이 분야에서 탁월한 기준을 제시한다. 아마존은 첫 방문 고객에게 그 주에 가장 많이 팔린 상품을 추천한다. 고객 분석을 완성하면, 구매 이력과 검색 기록을 기초로 다양한 제안을 한다. 고객은 책이나 상품을 검색하는 동안, 검색 내용과 관련된 제안을 받는다. 고객이 카트에 상품을 담으면 아마존은 관련 상품을 추천한다. 예를 들면 프린터에 맞는 종이나 운동 기계에 어울리는 피트니스밴드를 제안하는 식이다. 아마존은 전체 매출 중 3분의 1을 이런 상품 제안으로 달성하고, 다른 유통사들도 아마존의 방식을 따라 하고 있다.

아마존과 다른 온라인 유통사들은 광범위한 이점을 가지고 오프라인 소매점들을 공략하고 있다. 일반적으로 온라인 유통사들은 기존 유통사들보다 훨씬 기민하다. 직원들이 수평적 조직 구조에 잘 훈련돼 있어 변화가 필요할 때 "우리는 늘 그런 방식으로 일해왔다" 같은 사고방식과 씨름할 필요가 없다. 또 다른 이점은 기술 분야다. 온라인 유통사들의 IT는 온라인 판매를 위해 개발됐다. 이와 반대로 기존 유통사들은 수십 년 동안 사용했던 데이터 처리 시스템을 어렵게 활용해야 하고, 새로운 변화에 직면할 경우 곧 과부하가 걸린다. 하지만 온라인 유통사들의 가장 큰 경쟁력은 모든 것이 고객 중심이라는 점이다. 즉 고객과의 첫 번째 접촉부터 마지막 구매 시점까지 모든 고객여정이 방문객을 더욱 편하게 만들고, 최상의 지원을 제공하도록 계획돼 있다. 고객경험이 이 모든 과정의 핵심이다.

전통적인 유통사들은 일부 분야에서 여전히 우위를 차지하고 있다. 가장 좋은 점은 강력한 상표, 신뢰도가 높은 고객들, 물리적인 매장이 있다는 것이다. 이들은 이미 다양한 유통경로를 위한 이상적인 플랫폼을 갖고 있다.

전통적인 유통사들의 반격

가장 현명한 유통사들은 자신들의 무기로 인터넷 경쟁사들에 반격하면서 온라인 쇼핑 경험의 강점들을 오프라인 매장으로 가져오는 기술을 활용하고 있다. 영국의 패션 기업 버버리Burberry는 매장 직원들에게 아이패드를 지급했다. 매장 직원들은 아이패드로 트렌치코트 같은 상품을 고객 맞춤형으로 제안하기도 하고, 매장에 고객이 원하는 치수나 색상의 상품이 없을 때 직접 주문해주기도 한다. 고객은 그다음 날 매장에서 주문한 상품을 찾아가거나 집으로 배달시키는 것 가운데 하나를 선택할 수 있다. 매장 거울에는 옷에 달린 RFID 태그가 전송하는 정보를 읽을 수 있는 센서가 달려 있다. 고객이 버버리의 트렌치코트나 다른 상품을 들고 그 앞에 서면 재질, 스타일, 컬렉션 등 상품 관련 정보가 거울에 표시된다.

영국의 고급 백화점 하우스 오브 프레이저House of Fraser는 특수한 단말기를 통해 하우스 오프 프레이저 온라인 매장에서 상품을 주문하고, 원하면 매장에서 찾아갈 수 있는 더 작은 온라인 전용 매장을 실험하고 있다. 미국의 체인스토어 호인터Hointer도 매장에 상품을 전시하고 있다. 옷을 입어보고 싶은 고객이 스마트폰으로 원하는 사이즈를 주문하면 로봇이 창고에서 상품을 찾아 탈의실로 가져다준다. 캘리포니아의 오차드 서플라이 하드웨어Orchard Supply Hardware, OSH도 로봇을 서비스 분야에 실험적으로 활용하고 있다. 로봇들은 고객의 요청 내용을 알아듣고, 해당 상품이 있는 전시대로 찾아가 상품을 찾아올 수 있다. 아디다스Adidas도 몇몇 대표적인 플래그십스토어에서 디지털 기술을 실험하고 있다.

휴대전화는 고객을 붙잡기 위한 전쟁에서 하나의 무기가 됐다. 몇몇 유통사는 고객들이 가장 최근 광고에서 봤을 수도 있는 상품들을 찾을 수 있도록 돕기 위해 매장 안내 앱을 활용하고 있다. 의류 회사인 아메리칸 이글 아웃피터American Eagle Outfitters는 구매 이력과 검색 기록을 기초로 알고리즘이 제안하는 상품을 고객들에게 안내하는 데 앱을 사용한다. 과테말라의 미트팩Meat Pack 신발 같은 일부 업체는 자신들의 앱으로 근처를 지나가거나 경쟁 점포를 둘러보는 잠재 고객의 위치를 파악, 그들에게 단 몇 분 동안만 유효한 할인 쿠폰이나 특별 상품 안내를 전송한다.

기업들은 고객과 스마트폰 사이의 깊은 관계를 활용하는 것을 목표로 하고 있다. 모토로라Motorola가 전 세계를 대상으로 실시한 조사에 따르면, 응답자의 60퍼센트가 스마트폰을 가지고 잠자리에 들며, 54퍼센트가 불이 났을 때 고양이보다 스마트폰을 먼저 챙길 것이라고 대답했다. 스마트폰은 고객들이 상품을 조사하고 구매를 결정하는 과정에서 핵심적인 역할을 한다. 고객들은 매장에 와서도 가격을 비교하고, 상품 정보를 검색하는 데 스마트폰을 활발하게 사용한다. 2015년에 전문가들은 오프라인 매장에서 발생하는 매출의 70퍼센트가 디지털의 영향을 받았다고 추정했다. 이는 매우 흥미로운 결과다. 마스터카드의 연구에 따르면, 2010년 이후 오프라인 매장을 찾는 고객은 절반 이상 줄어들었지만, 매장 매출은 17퍼센트 늘어났다. 고객은 이제 둘러보기 위해서가 아니라 특정 제품을 사기 위해 매장을 찾는다.

고객은 원활한 판매 경로 전환을 원한다

고객들이 여러 판매 경로를 거치는 과정에서 떨어져 나가길 원치 않는 유통사들은 모든 경로를 포괄하는 원활한 쇼핑 경험을 제공해야만 한다. 다양한 유통망을 이용하는 고객들에 대한 투자는 그만한 가치가 있다. 예를 들면 미국의 메이시Macy's 백화점은 다양한 유통경로를 잇는 서비스를 확대하기 위해 최근에 막대한 비용을 투자했다. 월그린의 사례와 마찬가지로, 메이시는 자사의 모든 유통망에서 상품을 구매하는 고객들이 하나의 유통망을 이용하는 고객들보다 훨씬 많은 돈을 지출한다는 사실을 발견했다. 영국의 유통사 존 루이스John Lewis의 성공도 이와 유사하다. 존 루이스에서 온라인으로 상품을 주문하는 고객의 60퍼센트가 가장 가까운 존 루이스 매장에서 찾아가는 클릭 앤드 콜렉트Click and Collect 서비스를 이용한다. 이런 고객 가운데 절반 이상이 추가로 상품을 구매하기 위해 매장을 방문한다. 그 결과 치열한 경쟁에도 불구하고, 존 루이스는 지난 수년 동안 온라인과 오프라인 매장 매출을 모두 증가시키는

■ 빠르게 변하고 있는 기술과 고객의 행동 ■

디지털 채널과 다채널에서 가장 중요한 소비자 동향

🛍	**모든 유통경로가 정답**	옴니채널 쇼핑은 더 이상 새롭지 않다. 일반적인 것이다
$	**너무 많은 정보를 가진 고객**	가격, 옵션, 평가 등에 관한 정보를 언제든 얻을 수 있다
🌐	**손끝에 있는 세계**	스마트폰은 매우 개인적인 기기고, 일상생활의 중심이다
📱	**온라인과 매장 구매의 통합**	더 똑똑한 기기와 개인 맞춤형 위치 기반 서비스
👤	**매장에서의 쇼핑 경험 양극화**	편리한 형식에 대한 선택, 플래그십스토어로의 이동
👩	**언제나 이용할 수 있는 서비스**	고객들은 24시간 서비스, 정보, 쌍방향 소통을 기대한다

데 성공했고, 온라인 매출이 오프라인 매출을 잠식할 것이라는 많은 유통사들의 우려를 불식시켰다.

오프라인 업체들의 반격이 진행되는 동안 전자상거래 업체들도 물리적 점포의 중요성을 깨달았다. 예를 들면 미국 온라인 의류 회사인 보노보스Bonobos는 고객들이 옷을 입어보고, 사이즈가 맞는지 확인할 수 있는 쇼룸 매장을 개설했다. 매장에서는 구매할 수 없고, 온라인으로 주문해야 한다. 심지어 아마존도 최근에 첫 번째 오프라인 매장을 미국에 개설하고, 역설적으로 책을 팔고 있다. 고객이 왕이다. 고객들이 다양한 유통경로를 받아들이고 있기 때문에 단일 유통망을 고집하는 기업들은 경쟁에서 밀려나게 될 것이다.

고객 접촉을 위한 중개자와 소매상의 경쟁

앞으로 디지털 혁명이 유통 산업을 어떻게 변화시킬까? 경쟁이 더욱 치열해질 것이라는 다양한 신호들이 보인다. 택시업계의 우버, 호텔 산업의 에어비앤비처럼 새로운 중개자들이 소매 유통 분야에도 등장하고 있다. 이들은 판매업체의 가격과 서비스를 비교해 고객들에게 상품을 추천한다. 숍닷컴Shop.com, 주릴리Zulily 등 가격 비교 포털은 이런 편리한 비교 서비스를 제공, 고객들과의 직접적인 접촉을 확보하기 위해 전통적인 유통사들과 경쟁하면서 부가가치 가운데 일부를 가져가고 있다. 위시Wish는 한 걸음 더 나아가, 중국에서 스마트폰 앱으로 고객들을 패션 및 액세서리 회사, 도매상과 직접 연결시켜줌으로써 기존 소매상들을 완전히 대체하고 있다. 고객은 배달까지 몇 주일을 기다려야 하지만, 최고 80퍼센트나 저렴한 가격으로 보상받는다. 위시 앱이 이미 사용자를 1억 5,000만 명이나 확보했다는 사실은 전통적인 유통사들이 우려할 만한 징조다.

하지만 온라인 유통사든 오프라인 유통사든 사업을 유지하려면 고객에게 부가가치를 제공해야 한다. 변화하는 고객 요구에 맞춰 지속적으로 발전하고, 다양한 유통경로의 가능성을 활용하는 유통사만이 장기적으로 치열한 판매 경쟁에서 생존할 수 있을 것이다. 이들은 전체 가치사슬에서 더 효율적으로 움직이기 위해 데이터 분석 기술을 확장하고, 고객들에게 맞춤형 상품과 서비스를 제공해야만 한다. 유통사가 이익을 창출하기 위해 복잡한 판매 환경에서 영업 활동을 하는 방법, 반드시 정해야 하는 전제 조건, 그리고 구축해야 하는 기술은 5장의 옴니채널 전략을 다루는 부분에 잘 설명돼 있다.

디지털 플랫폼을 꿈꾸는 금융의 미래

– 소메시 카나Somesh Khanna, 비크 소호니Vik Sohoni, 마이클 벤더Michael Bender

"당신의 대출 신청이 거부됐다는 사실을 알려드려 유감입니다."

산탄데르Santander로부터 이런 통보를 받은 기업주들에게도 희망이 없는 것은 아니다. 산탄데르는 대출을 거부당한 고객들을 핀테크 기업인 펀딩서클Funding Circle에 소개시켜준다. 펀딩서클은 스스로를 중소기업을 위한 대출 시장이라고 설명한다. 2010년 이후 24억 달러를 투자한 개인 투자자 5만 6,000명과 기관들이 5개국 1만 9,000개 기업들에게 돈을 빌려주고 있다. 엄격한 규정을 적용하는 은행권에서 대출받지 못한 사람들에게 자금을 대출해주는 것이다.

펀딩서클은 자금 출자자들에게 매력적인 위험·수익 구조와 대출 신청자들에 대한 전문적인 신용도 확인을 약속한다. 펀딩서클은 사이트에 최근 허가된 대출 항목들을 올려놓는다. 한 제조업체에게 2년 동안 11만 달러를 대출해줄 경우, 투자자는 연간 약 6.5퍼센트의 이자를 받는다. 주식 대금으로 5만 달러를 대출해주면 3년 동안 해마다 10.8퍼센트의 수익을 얻고, 3만 달러는 1년에 16.6퍼센트라는 막대한 수익을 돌려준다. 제로금리 시대에 매력적인 수익이 아닐 수 없다. "우리는 구시대적 은행 시스템을 혁신하고 싶다"가 펀딩서클의 야심 찬 사명 선언문이다.

은행 시스템 혁신은 세계 1만 2,000개 핀테크 기업 대부분이 공유하는 철학이다. 투자자들은 특히 금융 스타트업을 선호해, 2015년에만 210억 달러를 투자했다. 펀딩서클, 소피SoFi(학자금과 주택 대출 전문), 렌딩클럽Lending Club 같은 일부 핀테크 기업은 현재 기업 가치가 10억 달러 이상으로 평가받는다.

위태로운 전통적 금융기관

전통적인 금융기관들은 새로운 시장 참여자들에 비해 분명한 약점을 가지고 있다. 은행들은 오랫동안 가치사슬에 대한 디지털화를 무시해왔다. 과부하가 걸린 IT 시스템, 과거의 습관, 새로운 규제가 은행들의 노력을 더디게 한다. 게다가 은행 대부분이 아직까지 2007~2009년의 금융위기에서 회복하지 못했고, 낮은 금리 때문에 이익이 크지 않다. 비용 절감은 은행권 전체에 가장 중요한 화두다.

소비자금융 분야도 울상이다. 예금은 거의 손실을 보는 사업으로 변했고, 동시에 고객들은 온라인뱅킹이나 입출금 계좌에 수수료 내기를 꺼린다. 이제 많은 사람이 은행 서비스도 가격을 중심으로 평가하는 상품으로 생각한다.

이것이 핀테크 기업이 은행 사업에 진출하는 배경이다. 핀테크 기업은 더 빠르게 더 적은 비용으로 일하고, 더 많은 혁신을 자부한다. 이들은 젊은 인력과 고성능 IT 시스템을 갖고 있고, 규제 압력에서 자유롭다. 또한 고객들이 뭘 원하는지 알아서, 디지털 방식으로 효율적으로 처리할 수 있는 간단한 앱을 제공한다. 예를 들면 스마트폰으로 계좌를 관리할 수 있는 핀테크 서비스로 은행업 허가를 받은 N26을 이용하면 계좌 개설에 10분도 걸리지 않는다. 사용자들은 개인 정보를 입력하고 영상 통화로 신원을 증명하면 신용카드 번호와 함께 모든 서비스를 사용할 수 있는 계좌를 받는다. 기존 은행 지점에서 계좌를 개설하려면 거의 하루가 걸린다.

또 핀테크 기업은 완전히 새로운 상품과 서비스를 제공한다. 예를 들어 렌딩클럽에는 개인이 다른 개인에게 돈을 빌려주는 플랫폼이 있다.

키바Kiva는 대출을 매개로 사람들을 연결, 가난을 해소하고자 하는 비영리 핀테크 서비스다. 기부금 25달러는 개발도상국에서 사업을 시작하는 기업가를 돕거나 아이들을 학교에 보내거나 가정에 에너지를 공급하는 데 사용된다.[5]

하지만 이런 새로운 시장 참여자들은 전통적인 금융기관들을 대체하지 못할 것이고, 그럴 의도도 없다. 이들은 언제나 가치사슬의 개인적 요소에 초점을 맞춘다. 기본적으로 핀테크 서비스는 기존 은행들의 소비자 금융 분야를 공략한다. 지속적으로 변하는 사람들의 습관과 새로운 기술의 가능성을 활용한다. 예를 들어 소비자 대부분이 모바일 거래의 핵심 요소인 스마트폰을 갖고 있다. 그 결과, 고객들이 지역 은행에서 벗어나고 있다. 인접성은 더 이상 가장 중요한 고려 요인이 아니다. 예를 들면 핀테크 스타트업인 레이즌Raisin은 유럽 전역에서 투자 시장 기능을 하고 있다. 고객은 모든 유럽 국가에 예금하고, 더 높은 고정금리를 받을 수 있다.[6]

펀딩서클이 기업 고객에게 제공하는 금융은 아직 일반화되지 않았다. 핀테크 서비스들은 저렴하고 편리하고 사용자 친화적이다. 이는 분명 기업 금융 분야에서 중요한 장점들이지만, 기업들의 요구 사항과 규제에 대한 구체적인 이해 역시 필요하다. 이 때문에 고객에 대한 조언이 반드시 필요하다. 그리고 이 분야는 핀테크 회사들이 노력해볼 만한 가치가 있다. 여러 조사에 따르면 기업 고객, 특히 중소기업 고객은 온라인으로 금융 조언을 받는 것에 긍정적이다.

저금리 시대에 새로운 비즈니스 모델을 찾는 기존 은행들도 핀테크의 도전을 받고 있다. 맥킨지의 한 연구에 따르면, 은행들이 핀테크 서비스

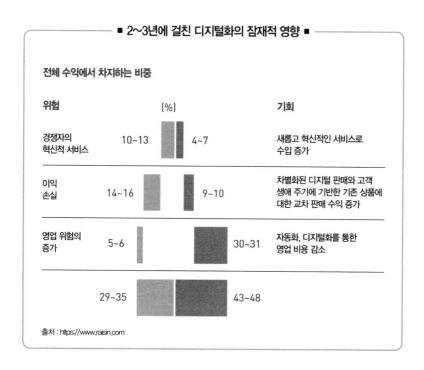

■ 2~3년에 걸친 디지털화의 잠재적 영향 ■

전체 수익에서 차지하는 비중

위험	[%]	기회
경쟁자의 혁신적 서비스	10~13 ┃ ┃ 4~7	새롭고 혁신적인 서비스로 수입 증가
이익 손실	14~16 ┃ ┃ 9~10	차별화된 디지털 판매와 고객 생애 주기에 기반한 기존 상품에 대한 교차 판매 수익 증가
영업 위험의 증가	5~6 ┃ ┃ 30~31	자동화, 디지털화를 통한 영업 비용 감소
	29~35 ┃ ┃ 43~48	

출처 : https://www.raisin.com

에 대응하지 않을 경우 수년 안에 수익의 최고 35퍼센트 정도가 위협받을 것이라고 한다. 하지만 디지털은 위협과 함께 기회도 준다. 은행들이 핀테크 회사로부터 배우고, 이를 자신들의 업무에 적용하는 동시에 새로운 스타트업들과 합작 사업을 추진한다면, 은행업의 쇠락을 막을 뿐만 아니라 수익을 40퍼센트 이상 증가시킬 수도 있다.

미래의 은행

은행들은 기회를 잡고 싶다면 강점에 집중해야 한다. 핀테크와 달리 은행들은 이미 커다란 고객 기반과 폭넓은 상품 포트폴리오를 갖고 있다. 그리고 수십 년에 걸쳐 브랜드에 대한 신뢰를 구축해왔다. 비용이 많이 드는 지점들조차 옴니채널의 일부로 간주한다면 강점으로 바꿀 수 있다. 고객들은 스마트폰으로 잔고를 확인하고, 노트북으로 주식을 사고, 개인적으로 조언을 받기 위해 지점을 방문하는 일을 자유롭게 선택할 수 있다.

무엇보다 은행은 고객 거래 내역과 대출 연체율에서 금리 변화에 대한 투자자들의 대응 방법에 이르기까지 다양한 분야에서 아직까지 활용되지 않은 데이터 보물 창고를 갖고 있다. 전통적인 데이터 처리 기법은 막대한 규모, 복잡성, 형편없는 데이터의 구조화 때문에 분석 능력이 부족했다. 하지만 강력한 컴퓨터, 효율적인 로그함수, 지능적인 프로그램 등 첨단분석 기법은 이런 데이터를 분석해 미래 상황을 예측하는 데 도움을 줄 수 있다.

이런 첨단분석 기법 덕분에 은행들은 고객들의 요구를 더 잘 이해할 수 있고, 맞춤형 투자 상품을 통해 특정 고객 집단에 직접적으로 대응할 수 있다. 또 빅데이터 분석은 신용 위험을 추정하고, 완전히 새로운 상품과 서비스 기반을 만드는 데 도움이 된다. 페이스북과 구글은 빅데이터 분석이 어떤 방식으로 도움이 되는지를 잘 보여준다. 가령 은행들은 대출 신청에 대해 즉각적인 결정을 내릴 수 있도록 기존 거래 내역뿐 아니라 페이팔PayPal을 통한 지불 등 외부 자료들을 분석하는 소프트웨어를 개발할 수 있다. 빅데이터를 지능적으로 분석하는 은행이 데이터 기반 생태계에서 중심 기업으로서 지배력을 행사할 가능성이 매우 높다. 당연히 은행은 미래에도 금융거래에 관여하지만, 지금보다 훨씬 넓은 범위로 서비스 능력을 확대하고 고객들의 일상적인 요구를 충족시키는 서비스 공급자로 발전할 것이다.

미래의 은행은 디지털 플랫폼을 중심으로 자체 서비스와 협력사를 통한 서비스 생태계를 구축할 것이다. 예를 들면 어떤 고객이 은행 사이트에 주택 담보대출 조건을 조사하면 은행의 보험 협력사가 주택 보험 상품을 동시에 제안할 수 있다. 또 집에 어울리는 멋진 수도꼭지를 만드는 욕실용품 회사를 협력사에 포함시킬 수도 있다. 쇼핑하고 있는 은행 고객의 위치 정보가 스마트폰을 통해 수집될 수도 있고, 이들에게 가까운 매장에서 쓸 수 있는 특별 쿠폰이 전송될 수도 있다.

전통적인 은행들이 순수한 금융기관에서 벗어나 고객들에게 일상생활에서 다양한 선택을 제공하고, 협력사들에게 수수료를 받는 디지털 플랫폼이 되려면 아직도 갈 길이 멀다. 하지만 적어도 기술적 토대와 관련해 독자적으로 일할 필요는 없다. 다양한 수준에서 핀테크 기업들과 협력할 수 있기 때문이다.

가장 느슨한 형태의 협력은 업무 제휴다. 예를 들면 런던의 메트로은행Metro Bank은 핀테크 기업 조파Zopa와 모두에게 이득이 되는 협약을 체결했다. 메트로은행은 저금리 시대를 맞아 고객의 예금에서 수익을 얻는 데 어려움을 겪고 있다. 한편 개인 대 개인 대출 플랫폼인 조파는 투자금보다 대출 신청을 더 많이 받는다. 그래서 메트로은행은 조파에게 현금을 제공하고 대신 더 높은 금리를 받고 있다. 양쪽 모두에게 이익이 되는 윈윈win-win 상황이다.

조금 더 긴밀한 협력은 참여다. 예를 들면 2015년에 크레디트스위스은행Credit Suisse은 지분 10퍼센트를 주고 1억 6,500만 달러 상당의 프로스퍼 지분을 매입했다. 개인 대 개인 대출 플랫폼인 프로스퍼는 투자 유치 설명회에서 기업 가치가 19억 달러로 평가받았다.

■ 디지털 허브가 될 미래 은행 ■

고객 특성에 따른
추천과 평가에 기초한
검색, 예약, 지불

매장에서 쇼핑하는
고객에게 위치 기반
할인 쿠폰 제공

전문가와의
화상 상담으로
소득세와 법인세 환급

실시간 조언을
통한 부동산
(근저당 보험 등
포함) 검색과
구매

팔찌를 분석해 DNA
기반 혈압 치료 및
지역 약국과 연결

특정 고객을
대상으로 온라인
시장에서 실시간
표적 마케팅

원격 화상 상담으로
최적화한 투자 전략

무엇?	모든 가능한 영역에서 서비스를 제공하는 하나의 생태계
누가?	다양한 범주의 적합한 협력자들로부터
어디서?	매우 지능적인 B2C, B2B 플랫폼을 통해
어떻게?	모든 채널에 걸쳐 완전히 개인 맞춤으로
언제?	일상생활 중 개인 스케줄에 연동되는 동안

B2C 플랫폼 　　중앙은행 플랫폼　　 B2B 플랫폼

개인 단말기에 있는 챗봇, 앱 　 전화 상담 센터의 AI 　 거래 　 기계 대 기계 (M2M)

오전 6시　　오후 10시

빌바오은행Banco Bilbao은 훨씬 더 과감하게 디지털 미래에 투자하고 있다. 150년 역사를 자랑하는 이 스페인 은행은 여러 핀테크 기업을 인수했다. 2016년에는 중소기업들에 대한 온라인 대출을 전문으로 하는 캘리포니아의 핀테크 기업 홀비Holvi를 인수했다. 또 2015년에는 고객 접촉 전략이 휴대전화에 최적화된 영국 최초의 온라인 은행 아톰Atom의 지분 30퍼센트를 사들였다. 이보다 앞서 미국의 온라인 은행 심플Simple, 스페인의 빅데이터 스타트업 마디바 솔루시오네스Madiva Soluciones, 캘리포니아의 디자인 기업 스프링스튜디오Spring Studio를 인수했다.

이런 사례들은 기존 은행의 또 다른 장점을 잘 보여준다. 은행들이 자본이 부족한 상황에도 흥미로운 아이디어와 능력을 가진 기업을 인수할 돈은 있다는 것이다. 하지만 핀테크 기업 인수에도 불구하고 성공적인 디지털 미래로 향하는 은행들의 행보는 여전히 불투명하다. 성공을 보장받으려면 금융기관과 모든 직원이 사고방식을 바꾸고, 핀테크 기업이 공통적으로 가진 생각을 받아들여야 한다. 즉 모든 거래를 고객의 요구와 경험이라는 측면에서 생각해야 한다.

기술이 여는 의료의 미래 — 스리 벨라무어Sri Velamoor, 바젤 카이얄리Basel Kayyali

스마트폰은 걸음 수를 세고, 핏비트 피트니스밴드는 소모된 열량, 심장 박동 수, 운동 과정을 기록하며, 혈당 추적 앱 마이슈거mySugr는 당뇨 환자들을 위한 혈당곡선을 예측하기 위해 운동 데이터와 음식 열량을 활용한다. 티니트랙스Tinnitracks는 이명이 있는 사람들에게 특정 주파수를 걸러낸 음악을 들려줘 청각 장애를 완화시킨다. 오래전에 환자와 건강한 사람 모두를 위한 디지털 기기와 프로그램이 도입됐고, 많은 사람들이 다양한 앱을 열심히 내려받고 있다. 미국의 유명한 e-헬스 업체에 따르면, 미국 스마트폰 사용자 중 50퍼센트 이상이 건강 관련 앱을 내려받은 적이 있다.[7]

의료 기관들은 환자들보다 디지털화의 가능성을 받아들이는 속도가 느렸다. 하지만 의료 기관들도 큰 혜택을 받을 수 있다. 예를 들면 스웨덴에서 의료 가치사슬에 대한 열정적인 디지털화는 의료 시스템의 상당한 비용 절감을 의미한다. 10년 안에 최고 25퍼센트를 절감할 수 있다. 비용 전체를 줄이기에는 충분하지 않지만 디지털화는 예상된 비용 증가를 크게 감소시킬 것이다.

디지털화는 의료 분야에서 상당히 높은 잠재력을 가지고 있다. 인간 중심적 설계를 강조하는 앱, 시스템에 결합된 센서, 누적된 데이터를 분석하는 첨단분석 기법은 의료와 건강관리를 혁신할 수 있다.

예를 들면 환자들이 처방받은 약을—어떤 약을, 얼마나 많이, 언제 얼마나 자주—먹는 데 도움을 주는 앱 마이테라피MyTherapy를 생각해보라. 여러 가지 질병을 앓는 나이 든 환자들은 동시에 다양한 약을 먹어야 한다. 많은 연구들에 따르면, 여러 가지 약을 언제 어떻게 먹어야 하는지 아는 사람은 많지 않다. 세계보건기구는 선진국에서 장기 치료를 받는 경우, 약물을 규정대로 복용하는 비율이 50퍼센트 정도인 것으로 추정하고 있다. 이로 인해 미국에서는 연간 3,000억 달러의 추가적인 의료 비용이 발생한다.[8]

디지털 세계에서는 이런 문제를 휴대전화로 해결할 수 있다. 환자들이 마이테라피 앱으로 약 포장지의 바코드를 간단히 스캔해 복용 시간을 입력해놓으면 해당 시간에 알람이 울린다. 앱에 포함된 게임적인 요소들

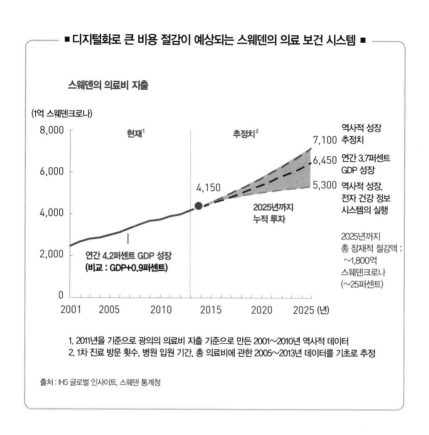

■ 디지털화로 큰 비용 절감이 예상되는 스웨덴의 의료 보건 시스템 ■

스웨덴의 의료비 지출

(1억 스웨덴크로나)

현재[1]   추정치[2]

역사적 성장
추정치
7,100

연간 3.7퍼센트
6,450   GDP 성장

4,150   5,300   역사적 성장,
전자 건강 정보
시스템의 실행

2025년까지
누적 투자

연간 4.2퍼센트 GDP 성장
(비교 : GDP+0.9퍼센트)

2025년까지
총 잠재적 절감액 :
~1,800억
스웨덴크로나
(~25퍼센트)

2001 2005 2010 2015 2020 2025 (년)

1. 2011년을 기준으로 광의의 의료비 지출 기준으로 만든 2001~2010년 역사적 데이터
2. 1차 진료 방문 횟수, 병원 입원 기간, 총 의료비에 관한 2005~2013년 데이터를 기초로 추정

출처 : IHS 글로벌 인사이트, 스웨덴 통계청

도 사용자가 시간을 지켜 약을 먹을 수 있도록 돕는다. 환자가 규정대로 약을 잘 먹으면 환자에게 이익일 뿐만 아니라 의료 시스템도 잘못된 복용으로 발생하는 후속 문제들에 대처할 필요가 없어진다.

적절한 비즈니스 모델이 없다

이런 앱들은 아이디어가 훌륭하지만, 아이디어에 어울리는 비즈니스 모델이 없다. 많은 국가가 기본적인 의료 서비스를 무료로 제공한다. 그리고 사람들은 기껏해야 99센트 정도인 건강 관련 앱을 기꺼이 살 의향이 있다. 보험회사들은 서비스에 투자하거나 구매하기 전에 효능에 대한 임상 연구를 요구한다. 제약회사들은 임상 연구에 수백만 달러를 투자하지만, 스타트업들은 불가능하다. 의사들은 환자들에게 이런 앱을 추천할 이유가 없다. 이는 의사들이 다양한 앱과 친숙하지 않거나 앱의 품질이나 임상 효과에 대한 신뢰도가 낮다는 사실과 상관있을 수도 있다. 그러나 신뢰도나 데이터 보호는 거의 언제나 부수적인 문제다. 의사는 이런 앱을 추천해도 금전적 이익이 없는 데다 시간을 들여 사용법을 설명해줘야 한다. 이는 시스템 수준에서 디지털 의료의 부가가치는 입증됐지만, 아무도 돈을 내려 하지 않는다는 어려운 문제로 이어진다. 환자는 의료보험료를 냈고 의료보험회사는 검증된 부가가치에 대해서만 비용을 지급하려 한다. 의사는 보상 없이는 자신의 시간을 할애하고 싶어 하지 않는다.

이처럼 많은 국가에서 의료 시장의 기본 구조가 국가적 차원의 의료 분야의 디지털화를 가로막고 있다. 급여는 개별 의료 서비스에 대해 청구서가 발행되는 진료별 수가fee for service 모델에 기초를 두고 있다. 진료의 품질과 성공적 결과는 의료비 수가 구성 요소에 포함돼 있지 않다. 심각한 의료비 문제를 겪어온 미국은 현재 다른 방식을 제시하고 있다. 정부의 의료보험 기관인 메디케이드Medicaid와 메디케어Medicare가 의료비 수가 모델에 병원들의 진료 품질 요소를 포함시키는 방식으로 의료보험을 개혁하고 있다. 예를 들면 메디케어는 재진 비용이 너무 높은 병원들에게 벌금을 부과한다. 이런 결과 지향적 모델은 병원들이 진료 품질에 더 집중하도록 금전적 보상을 한다.

미국의 일부 주는 의료비 수가에 훨씬 큰 영향을 미치는 변화를 추진

중이다. 예를 들어 주 정부들은 여러 가지 품질 기준을 근거로 치료 성과를 측정한다. 평균 이상의 서비스를 제공하는 병원들은 금전적 보너스를 받는다. 가령 출산에 대한 평가에는 합병증, 엄마와 아기의 재진료 빈도, 고가의 제왕절개수술 비율 등이 포함된다. 병원은 기준을 웃돌거나 충족시킬 경우에 한해 모든 비용을 받는다. 그렇지 않으면 비용이 공제된다.

이는 위험 부담을 보험회사에서 병원과 의료진에게로 이전시키는 혁명적인 조치다. 또 이 제도는 전체적으로 더 좋은 진료 성과를 달성하기 위해 의사가 의료 관련 앱을 추천하는 등 더 효율적이고 수준 높은 의료 서비스를 제공하면 보상금을 지급한다. 델라웨어주에서 온라인 상담 비용이 어떻게 상환되는지를 예로 들어보자. 건강보험회사 에트나Aetna는 가입자가 평소에 다니는 의원이 문을 닫았거나 시간이 촉박해 진료를 받을 수 없거나 건강을 되찾아 다시 일할 수 있게 되면 온라인 진료 의사에게 비용을 지급한다.

하지만 디지털 의료에 대한 모든 전제 조건이 갖추어진 것은 아니다. 의료 산업 종사자 간 협력이 최적화되려면 필요한 데이터가 원활하게 교환돼야 할 뿐 아니라 디지털 혁신을 위한 지속 가능한 비즈니스 모델(의료 서비스 성과에 따른 보상 제안 등)이 필요하고, 책임 있고 정보에 밝은 시민들이 의료에 대한 선택과 행동을 바꿀 수 있어야 한다.

디지털 의료 서비스 제공자의 기본 철학은 무료 제공이다. 각 환자들의 데이터를 검토한 결과, 앱을 활용한 덕분에 비용이 절감됐다는 것이 확인될 경우에만 보험회사가 의료 서비스 제공자에게 보상을 해준다. 이는 충분한 사용자와 세부 데이터가 있다면 복합적인 수학적 모델을 통해 가능하다. 대부분의 경우, 이런 형태의 데이터가 이미 의료보험 시스템에 존재하지만 이런 목적으로는 아직 활용할 수가 없다.

동시에 디지털 의료 혁신 기업의 진입을 차단하는 장벽도 낮춰야 한다. 유용한 서비스를 제공하는 개발자들이 환자 데이터 보호에 관한 법을 어기거나 의도와 달리 규제 조건을 따르지 못해 소송에 휘말릴 가능성을 두려워하게 해서는 안 된다. 환자들이 제3자가 자신의 의료 정보를 활용하길 바란다면 법이 이를 막아서는 안 된다. 환자에게는 제3자가 자신의 정보를 활용하도록 할 권리가 있다. 기존 데이터에 대한 안전하고 쉬운 접근을 확보하는 것이 의료보험 제도의 역할이다.

누가 중앙 집중 방식의 개방형 혁신 플랫폼을 개발할 것인가

디지털 의료 시스템이 가능하려면, 의료보험회사들의 표준화된 요금 자료에 접근할 수 있고, 디지털 시스템을 개발하는 협력자들에게도 이 정보를 활용할 수 있게 하는 개방형 혁신 플랫폼이 필수적이다. 이론상, 승인을 받은 제3의 서비스 제공업체들도 의료 시스템에 혁신을 가져올 수 있다. 이들은 미국에서 메디케어 메디케이드 센터Center for Medicare & Medicaid Services, CMS가 주도한 여러 번의 데이터 공개 운동에서 입증됐던 것처럼 혁신 동력의 힘을 증대시킨다. 제3의 서비스 제공자들이 환자들의 의료 정보에 대한 접근 권한을 받기 위해서는 자신들의 데이터도 플랫폼에 공개해 활용될 수 있도록 해야 한다. 그러면 사용자들이 한 시스템에 고착되는 것을 피할 수 있을 뿐 아니라 개별 디지털 서비스의 활용이 눈에 띄는 성과 향상으로 이어졌는지를 측정할 수 있다. 의료 정보는 민감하기 때문에 보건사회복지부 등 믿을 수 있는 정부 기관이 아이디, 접근권, 정보 공개에 대한 강력한 관리 시스템을 활용해 불법적인 접근을 확실하게 막아야 한다.

영국 국민보건서비스British National Health Services, NHS는 다른 국가들보다 앞서 디지털 의료 시스템을 도입했다. 몇 차례의 실패 끝에 지금은 전체 의료비의 8~11퍼센트 절감을 목표로 하는 디지털화에 필요한 자금 47억 파운드를 확보했다. 영국 정부는 개업의와 병원이 온라인 예약, 환자 알림 서비스, 온라인 상담 서비스를 최대로 활용하도록 도울 뿐 아니라 수요 측면 문제에도 대응해 생산성을 높이는 것을 목표로 하고 있다. NHS는 사람들의 건강 유지에 도움이 되는 만보기와 건강 관련 앱, 금연을 돕고 건강상의 위험을 줄여주는 앱, 당뇨 관리에 도움이 되는 마이슈거 같은 앱 등 디지털 보조 도구들의 사용을 적극 권장한다.

영국 정부는 건강보험 시스템이 자체적으로 중앙 집중적인 플랫폼을 구축하지 못하면 다른 기관들이 만들 것이라는 사실을 깨달았다. 하지만 이런 플랫폼 구축은 충분한 자금과 지구력이 있는 기업들만 가능하고, 결국 애플이나 구글처럼 자금력이 풍부한 기술 기업이 할 수밖에 없다.

애플은 리서치키트ResearchKit와 케어키트CareKit라는 투 트랙 접근법을 취하고 있다. 리서치키트는 의사와 연구원이 앱을 개발하도록 하는 개방형 소프트웨어 플랫폼이다. 사람들은 이 개발 도구들을 아이폰에 내려받아 자신의 정보가 의학적 연구를 위해 수집되도록 할 수 있다. 이 도구들은 사용자의 허가를 받아 스마트폰에 있는 다른 앱들의 건강 정보에 접근할 수 있다. 애플은 이를 통해 아이폰이 의학 연구의 도구가 되기를 바란다. 리서치키트는 의학 연구자들이 천식, 유방암, 파킨슨병 등 다양한 질병의 상태를 연구할 수 있도록 해준다. 미국의 유명 대학들과 연구 기관들이 이 프로젝트에 참여하고 있다.

케어키트는 환자들을 대상으로 한다. 이 플랫폼은 환자들이 자신의 상태를 잘 관리하도록 설계돼 있다. 동시에 환자들의 활력징후vital sign를 주치의와 공유할 수 있도록 도와준다. 2016년 초에 애플은 자체 개발 프로그램 네 개를 출시했다. 케어카드Care Card는 사용자들에게 운동이나 약 복용 시간을 알려준다. 인사이트대시보드Insight Dashboard는 증상을 기록하고, 이를 케어카드의 기준과 비교한다. 정신 건강을 추적하는 앱도 있다. 커넥트Connect는 건강 정보를 주치의와 가족들에게 전송한다. 애플은 자체적으로 개인 정보에 접근할 수 없고, 개인 정보를 보호하고 존중하겠다고 선언했다. 케어키트도 서비스 범위를 확대하기 위해 협력자들이 앱을 개발하는 개방형 플랫폼이다. 애플은 2016년에 개인 건강 정보 수집 및 보급 플랫폼인 글림프스Gliimpse를 인수하면서 환자들이 보다 직접적으로 건강과 관련된 결정에 영향을 미치고, 방향을 정할 수 있도록 도와주는 핵심 기업으로 위치를 굳혔다.

당연히 의료 기술 분야에서 활동해온 기존 기업들도 새로운 의료 생태계에서 새로운 플랫폼을 개발하고, 유리한 위치를 확보하려고 노력하고 있다. 필립스Philips는 전동 칫솔에서 MRI 장치에 이르는 다양한 상품을 보유한 사업을 필립스헬스케어Philips Healthcare로 묶어 총괄적으로 추진하고 있다. 또 하드웨어에 더해 병원 전체를 관리하는 소프트웨어를 개발하고 있다. GE는 서버 용량을 판매할 뿐 아니라 헬스케어 시스템을 위한 소프트웨어를 임대하는 헬스클라우드Health Cloud를 운영하고 있다. IBM은 지난 수년 동안 막대한 분량의 건강 관련 정보를 수집한 트루벤Truven, 익스플로리스Explorys, 피텔Phytel를 인수해 집단기반건강관리Population Health Management, PHM 분야의 솔루션을 개발하는 토대로 활용하고 있다. MS도 디지털 헬스 솔루션 개발을 위한 주도적인 플랫폼이 되기 위해 독자 개발한 AI 시스템인 코타나Cortana 기반의 헬스 클라우드를 출범했다. 지멘스 헬시니어스Siemens Healthineers는 많은 병원에서 사용하는 디지털 솔루션을 위한 클라우드 기반 플랫폼인 팀플레이Teamplay라는 분명한 디지털화 전략을 보유하고 있다.

사람을 위한 예방적 관리

기업들은 여전히 디지털 헬스 산업 분야를 탐색하고 있지만, 비전이 없는 것은 아니다. 미국에서 디지털 의료 분야의 개척자들은 집단기반 건강관리 분야를 연구하고 있다. 이런 생각은 기계 장비를 만드는 기업들이 이미 디지털화를 통해 구현한 예방적 정비 개념과 유사하다. 예방적 정비란 기계가 고장 나기 전에 부품을 수리하는 것이다. 이런 개념을 사람에게 적용하기 위해서는 참가자들이 건강 관련 앱으로 수집한 정보를 중앙 기관에 전송하고, 중앙 기관이 이를 평가해야 한다. 기준에서 벗어나 우려할 만한 상황이 발생하면—예를 들어 사용자가 혈압도 오르고 체중도 늘어나는 등—예방 프로그램이 운동 목표와 영양 섭취 계획을 추천해준다. 이 모든 것이 앱으로 기록되고, 계획대로 실행되지 않으면 사용자에 다시 상기시킨다. 맞춤형 프로그램은 개인 건강 코치처럼 행동하는 AI를 탑재한 음성 비서 기능을 포함하고 있어 질문에 답할 수도 있다. 이런 예방적 조치를 통해 사용자는 병에 걸리기 전에 건강 상태를 증진시킬 수 있다.

문제는 우리가 미래에 디지털 헬스 서비스를 사용하게 될지가 아니라 언제, 누가 이런 서비스를 제공하고 규제할 것인가다. 미국의 의료보험

회사, 영국의 NHS 등 기존 의료 관련 조직들은 표준화되고 세부적인 환자 정보에 접근할 수 있어 구글이나 애플보다 훨씬 유리하다. 이런 경쟁력은 개방적이고, 기꺼이 혁신을 추진하는 의료 시스템에 의해서만 보호받을 수 있다. 개방적 의료 시스템에 대한 기회는 이미 열려 있고, 기다리는 것은 해결책이 아니다. 개방적 의료 시스템을 구축하지 못하면 디지털 헬스 지지자들이—다른 산업 분야와 마찬가지로— 주류가 되지 못할 위험이 있다.

스스로 관리하는 똑똑한 건물, 스마트빌딩의 미래

– 휴고 사라진Hugo Sarrazin, 카비르 아후자Kabir Ahuja, 마크 파텔Mark Patel

미래의 집은 멋진 신세계다. 아침에 알람이 울리면 갓 내린 커피가 준비돼 있다. 커피머신은 언제 일을 시작해야 하는지 안다. 온수 탱크는 자기학습 기능 덕분에 시간에 맞춰 물을 덥힌다. 자기학습 시스템은 가족들이 주중에는 7시 15분에 샤워한다는 것을 안다. 모두가 외출하면 로봇 진공청소기가 청소를 시작한다. 모두가 집을 떠나 소음이 어느 누구에게도 방해가 되지 않는다는 신호를 받았기 때문이다. 세탁기도 돌아가기 시작한다. 전기 요금이 가장 싼 시간인 데다 더 이상 더운 물이 필요 없기 때문이다. 엄마가 직장에서 자신의 PC로 보안 상태를 확인하다가 경보 시스템이 켜져 있는데 욕실 창문이 열려 있는 것을 발견한다. 그녀는 스마트폰 앱으로 집의 통제 센터에 접속, 전기모터를 작동시켜 창문을 닫는다.

이 모든 것이 단순한 공상일까? 전혀 그렇지 않다. 미래의 가정에서 벌어질 이런 일들에 대한 기술적인 해법은 이미 마련돼 있다. 가정과 차

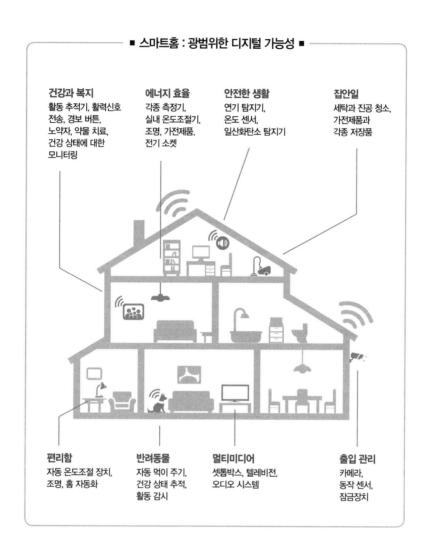

■ 스마트홈 : 광범위한 디지털 가능성 ■

건강과 복지
활동 추적기, 활력신호
전송, 경보 버튼,
노약자, 약물 치료,
건강 상태에 대한
모니터링

에너지 효율
각종 측정기,
실내 온도조절기,
조명, 가전제품,
전기 소켓

안전한 생활
연기 탐지기,
온도 센서,
일산화탄소 탐지기

집안일
세탁과 진공 청소,
가전제품과
각종 저장품

편리함
자동 온도조절 장치,
조명, 홈 자동화

반려동물
자동 먹이 주기,
건강 상태 추적,
활동 감시

멀티미디어
셋톱박스, 텔레비전,
오디오 시스템

출입 관리
카메라,
동작 센서,
잠금장치

고, 사무실, 쇼핑센터, 기차역, 공장, 대학, 학교, 병원 등 모든 종류의 건
물들이 지능형smart으로 변하고 있다. 스마트빌딩은 더 많은 편리함, 강
화된 보안, 에너지 절감, 완전히 새로운 활용성을 제공한다. 가까운 미래
에 냉난방 시스템에서 잠금장치, 영상 감시까지 모든 중요한 시스템에

는 각종 센서가 달리고, 인터넷이나 클라우드, 즉 IoT와 연결될 것이다. IoT는 텔레비전 근처에 있는 미디어 센터에서 스마트오븐, 냉장고, 로봇청소기, 다리미에 이르기까지 모든 기기들로 확대돼 서로 정보를 교환하는 방법을 배우게 될 것이다. IoT가 제공하는 부가가치와 비즈니스 기회는 광범위하다. IoT 덕분에 미래의 건물은 지능을 가지고 스스로를 제어하게 될 것이다. 스마트빌딩의 새로운 생태계는 다음 네 개 분야로 설명할 수 있다. 첫 번째 분야는 다음 네 집단으로 분류되는 '고객'들과 관련이 있다.

1. 스마트홈에 사는 소비자
2. 대학과 공공기관 건물 같은 스마트빌딩이 있는 공공 분야
3. 스마트공장과 스마트 생산 시설을 갖춘 산업 분야 또는 기차역과 공항 등 기반 시설 관련 건물
4. 스마트 상점·쇼핑센터·창고 등 전체 상업 분야

두 번째 분야는 이런 고객들에게 서비스를 제공하는 핵심 산업 내의 기업들과 연관돼 있다. 이들은 바보 같은 건물을 스마트한 건물로 만드는 기반 시설을 제공하기 위해 IoT를 활용한 상품과 서비스를 개발한다. 이중 대다수는 과거에 난방 시스템 등 개별 상품을 공급했다. 그리고 이제는 과거 기술에 센서와 소프트웨어를 적용해 개별 상품이 아닌 스마트폰이나 태블릿으로 제어하는 냉난방 시스템을 제공할 수 있다.

세 번째 분야는 고객들의 어떤 요구를 충족시켜야 하는지에 관한 실제 활용 사례다. 여기에는 보안(접근 통제, 감시, 알림 포함), 홈 자동화, 에너지

관리 등 수많은 가치제안들이 있다.

네 번째 분야는 상품과 서비스 제공의 기초가 되는 기술에 관한 것이다. 센서, 하드웨어, 데이터 플랫폼, IT 보안 등 모든 구성 요소에서 새로운 수요가 발생하고 있다.

상업 : 스마트빌딩에서 쇼핑하고 일하기

일반적인 사무실 건물도 급변하고 있다. 건물이 RFID 센서로 직원들의 신분을 인식하고 자동으로 문을 열어준다. 또 방문객들이 목적하는 곳을 예측, 조명이 들어오는 표지판으로 길을 안내한다. 스마트 사무실은 온라인 달력에 표시된 회의를 근거로 승강기를 조종한다.

당연히 스마트빌딩은 일기예보에 따라 냉난방 시스템을 통제하고, 옥상에 설치된 태양광 패널이나 자체 발전소에서 생산한 여분의 난방 에너지를 공급할 수 있도록 이웃 건물과 연결돼 있다. 머지않아 건물 표면 전체가 태양광 패널로 전기를 생산하게 될 것이다. 심지어 건축 회사가 에너지 회사에게 건물 외벽이나 태양광 지붕을 임대하거나 판매하는 방법도 논의되고 있다.

미래의 빌딩에서는 승강기에서 냉난방 시스템까지 모든 기술 장비가 지속적으로 데이터를 전송하고, 이 데이터는 예방적 관리를 목적으로 분석될 것이다. 기술자는 승강기가 고장 난 뒤가 아니라 중요한 부품이 고장 나기 전에 수리한다.

암스테르담에 있는 디에지The Edge라는 14층짜리 사무용 건물은 보안, 냉난방 조절, 효율성과 관련된 서비스뿐 아니라 입주자들에게 다음 서비스를 제공하는 AI형 소프트웨어 서비스를 자랑한다.

	설명	사례
1. 고객	건물이나 시의 기반 시설에서 IoT 기술을 활용하는 사용자 단체	• 소비자 • 소매 • 산업 • 대중
2. 핵심 산업 내 기업	건물과 시의 기반 시설을 위한 순수한 IoT 외에 일괄 서비스를 제공하는 산업 분야	• 건설 • 에너지와 통신 • 시설 관리
3. 활용 사례	핵심 산업과 상관없이 사용자가 기술을 활용하는 방법을 설명	• 보안 • 공급 관리 • 사람들과 상호 소통 • 스마트 기기 • 정보와 오락
4. 기술 스택*	하드웨어와 소프트웨어 플랫폼에서 응용프로그램까지 IoT 기술의 전 영역을 다루는 기술 스택	• 비즈니스 응용프로그램 • 지원 플랫폼 • 데이터 기반 시설 • 연결성 • 하드웨어 • IT 보안

* technology stack, 응용프로그램 구현에 쓰이는 서로 다른 기술 계층—옮긴이

■ 동작을 감지하고 청소원에게 어떤 부분이 특별히 많이 사용됐는지를 알려주는 센서

■ 사무 공간을 역동적으로 할당하는 시스템. 상대적으로 사람이 적은 날에는 한 개 층을 폐쇄하는 방식으로 사무 공간을 관리한다. 층 전체를 폐쇄하면 난방비와 관리비가 절약된다.

■ 현재 사용하는 책상에 대한 완벽한 조명과 안락한 근무 환경을 확보하기 위한 자동 조명과 온도조절 시스템

■ 산업용 등급의 성능을 가진 로봇청소기의 사무 공간 청소 서비스

디에지는 지금까지 일정 기간 운영돼왔지만, 아직도 디지털 활용 사례가 추가되고 있다. 예를 들면 입주자들을 위한 스마트폰 앱의 수가 지속적으로 늘어나고 있다. 가장 최근에 추가된 앱은 건물 곳곳의 통행량 정보를 담고 있다. 그 구역에 대한 예상 통행량을 활용해 사무실로 오가는 최적의 시간대를 알 수 있게 해준다. 가상의 시설 관리인은 디에지 빌딩과 완벽하게 통합돼 있다. 과거에는 시설 관리인이 난방, 승강기, 그 밖의 설비를 관리하고 검사가 필요한지, 문제가 발생했는지 확인해야 했다. 지금은 모든 중요한 기술적 기능 부분에 장착된 센서들이 통제 센터로 정보를 전송한다. 프로그램 형태의 가상 시설 관리인은 기준에서 벗어난 상황이나 사용 횟수를 관찰한다. 그리고 부품이 고장 날 것 같으면 언제 보수가 필요한지 알아내고 정기 점검 명령을 내린다.

카메라, 센서 등 각종 제어 소프트웨어들은 슈퍼마켓, 백화점, 쇼핑센터로 영역을 넓히고 있다. 카메라와 센서는 통로에서 우리의 움직임을 추적하고, 상품이 매력적으로 보이도록 우리의 시선을 조정하기 위해 조명을 통제하고, 우리가 어디에 관심을 보이고 뭘 만지는지, 어떤 선반에 물건을 다시 채워 넣어야 하는지를 알아낸다. 또 이런 시스템은 매장 직원들을 감시하고, 매장 내부의 보안 문제를 찾아내는 데 활용될 수도 있다. 쇼핑센터에서는 방문객들의 흐름을 확인하고 그 결과에 따라 사람들을 안내할 수도 있다. 예를 들면 1층이 너무 붐비면 방문객들에게 블루투스 신호로 "3층에서 대규모 할인 행사 진행!" 같은 특별 행사를 안내해준다. 이 모든 기술적 발전은 아직도 성숙과 수용의 초기 단계에 있다.

소비자 : 안락하고 안전한 생활

스마트홈의 첫 번째 구성 요소들은 이미 오랫동안 주택을 대상으로 시험 운영을 해왔다. 예를 들면 미국의 경비 보안 회사 ADT는 2010년부터 펄스Pulse라는 상표로 원격조종 보안 서비스를 제공해오고 있다. 펄스는 경보 시스템, 조명, 냉난방 조절, 가전제품 등을 통제하는 데 활용된다. 창문이나 문에 달린 센서가 보안 회사와 직접 연결돼 있어 낯선 자가 침입하면 알려준다.

현재는 머신러닝 능력이 있는 제품들이 주방 같은 데 설치되고 있다. 월풀Whirlpool은 스마트 프렌치도어French door 냉장고를 출시했다. 이 냉장고는 냉장고 문이 자주 열리면 자동으로 파티 모드로 전환, 냉장 성능을 높이고 더 많은 얼음을 만든다. 월풀은 또 원격으로 가동하고, 남은 세탁 시간과 세탁 완료를 알려주는 지능형 세탁기도 출시했다.[9] 삼성은 문을 열지 않고 내장 카메라로 내용물을 볼 수 있는 냉장고를 출시했다. 다양한 요리를 자동으로 만들어주고, 안에 든 음식을 인식하고 스마트폰 화면으로 음식 조리 과정을 관찰할 수 있는 주노Juno 오븐 같은 혁신적인 제품도 있다.

네타트모Netatmo는 숲속에서 움직이는 것이 인간인지 동물인지를 구별하는 보안 카메라를 출시했다. 그래서 상황이 위험한 경우에만 경보를 울린다. 게다가 이 시스템은 사람과 동물이 그 가구의 구성원인지 아닌지를 식별할 수 있을 정도로 똑똑하다. 지능형 잠금장치를 만드는 오거스트홈August Home 같은 다른 기업들은 스마트홈을 한 단계 발전시켜, 소포 배달을 위해 문을 열어주는 것 같은 디지털 서비스를 제공하는 기업들과 통합 서비스를 제공하거나 에어비앤비 손님들이 출입하는 것을 관리한다.

센서 가격이 많이 낮아진 덕에 기술적 전제 조건은 이미 갖춰진 셈이
다. 스마트홈 시장은 스마트 기기가 적어도 하나 이상 있는 가구가 30퍼
센트에 이르고, 연평균 성장률이 30퍼센트에 달할 정도로 빠르게 성장
하고 있다. 앞으로 새로운 소비 가운데 4분의 1은 보안 분야, 20퍼센트는
에너지 시스템, 16퍼센트는 스마트 가전, 14퍼센트는 조명과 홈 엔터테
인먼트에서 각각 발생할 것이다.

가장 중요한 것은 음성 제어와 AI 분야의 발전과 함께 AI 비서가 스마
트홈의 통제 센터가 되리란 점이다. 거대 IT 기업과 스타트업은 이미 기
존 기기(스마트폰)와 새로운 개별 제품(예를 들면 아마존 에코Echo, 구글 홈Home)을 통해
다양한 상품과 서비스를 개발해왔다.

산업 : 직장 동료로서의 로봇

가정, 사무실, 매장과 마찬가지로 앞으로 몇 년 안에 산업용 건물과 물
류 창고, 기차역, 공공장소 전체가 점차 지능화될 것이다.

상품에 특정 위치를 기억하거나 보관 시스템의 필요성을 없애버린 센
서를 부착할 경우, 거대한 창고에서는 로봇들이 대부분의 일을 하게 될
것이다. 대신 상품들은 가장 논리적인 위치에 보관될 것이다. 로봇들은
항상 센서로 가장 쉽게 상품을 찾아낼 수 있다. 아마존은 이미 물류 창고
에서 키바Kiva 로봇으로 이런 기술을 활용하고 있다. 공장들도 같은 변화
를 경험할 것이다. 인더스트리 4.0 시대에 지능형 기계들은 서로 정보를
교환하면서 생산을 최적화할 뿐 아니라 주문과 상품의 처리를 완전히 자
동화할 수 있다.

공항과 기차역은 이동의 중심지가 되고, 다양한 이동성의 개념을 지능적으로 통합해 현재 운송 중인 상품이 정확한 위치에 배달되도록 할 것이다.

공공 분야 : 학교, 대학, 행정기관

공공 분야는 수송 중심지, 학교, 정부 건물 등 부동산을 가장 많이 갖고 있다. 이런 건물들에 대한 지능형 시설 관리는 주택과 사무용 건물과 비슷해, 주로 냉난방 제어, 에너지 소비, 보안과 관련이 있다. 많은 공공 건물이 방학이나 주말 등 특정 기간 동안 비어 있고, 그 밖의 건물들도 빈 공간이 있는 경우가 많다.

이 때문에 막대한 난방비와 건물 관리비를 줄이는 방법을 찾기 위한 심층적인 연구가 진행되고 있다. MIT대학은 독일의 프라운호퍼연구소 Fraunhofer Institute, 에릭슨Ericsson, 필립스, 폭스바겐Volkswagen 등 여러 기업과 함께 센서블시티연구소SenseableCity Laboratory 프로젝트를 추진하고 있다. 이 연구소의 과제 중 하나는 개인 맞춤형 실내 온도조절이다. 연구원들이 '로컬워밍local warming'이라 부르는 이 개념은 사람이 있는 공간에만 냉난방을 공급하는 것이다. 이 시스템은 사람의 움직임을 추적하는 측정 기법을 이용해 사람이 있는 곳에만 빠르게 작동하는 적외선 히터를 가동시킨다. 각자가 다른 방으로 이동할 때마다 따라다니는 개인 온도조절기를 갖게 되는 것이다. 이 시스템을 이용하면 난방비는 줄어들고 개인의 안락함은 커진다.

도로에 적용되는 지능형 디지털 시스템도 개발됐다. 필립스는 로스앤젤레스에 가로등을 지능적으로 감시하고 관리하는 시티터치CityTouch 시스템을 설치했다. 로스앤젤레스는 이 시스템으로 가로등에 사용되는 에너지의 60퍼센트 이상을 절감했고, 동시에 가로등으로 각종 위반 행위를 감지하고 적절하게 반응하도록 도와주는 환경 소음 감시 시스템을 통합시켰다.[10] 이 지능형 가로등에는 더 큰 잠재력이 있다. 가로등 기둥은 공공 와이파이 네트워크 구축에 사용될 수도 있고, 전기차 충전소로 활용될 수도 있다. 따라서 스마트빌딩에서 스마트시티로 자연스러운 전환이 가능하다.

누구의 표준이 지배할 것인가

현재 시장에는 스마트빌딩을 위한 개별 시스템을 제공하는 회사가 많다. 하지만 다음과 같은 질문에 답하는 것이 중요하다. 누가 시스템을 통합할 것인가? 누가 플랫폼을 개발할 것인가? 누가 사용자 친화적으로 개별 시스템을 결합하고, 연결하는 표준을 만들 것인가? 빠르게 성장하는 스마트빌딩 시장에서 한 특정 분야만 목표로 하는 모든 기업이 생각해봐야 할 또 다른 문제가 있다. 다른 기업들은 어떤 새로운 생태계에서 성공할 것인가? 기본적으로 네 가지 선택이 있다.

1. 시스템이 호환되고 소통되도록 공동의 표준을 만들 수 있는 협력자를 찾아라.
2. 각 시스템을 제어하는 자체 개발 앱을 통합하는 데 필요한 연결 시스템을 제공하는 개방형 생태계와 연결하라.
3. 높은 수익을 보장하는 분야에서 자립적인 시스템을 만들고, 생태계와 연결하려는 생각을 버려라.

4. 생태계를 위한 자체 플랫폼을 개발하라.

여러 회사들이 새로 등장하는 생태계에서 중심적인 위치를 차지하기 위해 경쟁을 벌이고 있다. 예를 들면 독일의 텔레포니카Telefonica는 지니 Geeny라는 완전히 새로운 소비자 IoT 플랫폼을 생각해냈다. 지니는 소비자들이 보안과 사생활을 통제하는 동시에 모든 스마트 기기를 위한 허브를 만들 수 있도록 해준다. 전기난로 전원을 감시하고, 반려동물의 위치, 활동, 잠자는 버릇을 추적하고, 노인들에게 도움이 필요한 일이 일어났는지를 확인하는 것이 대표적 활용 사례. 이 모든 일을 하는 데 한 소프트웨어(인터페이스) 하나만 있으면 된다. 지니 덕분에 기업들은 스마트 IoT 제품을 만들 수 있게 됐다. 하드웨어 회사, 개발 회사, 설계 전문가, 연결 서비스 제공 회사, 시스템 전문가로 구성된 지니의 협력사 네트워크는 기업들이 100일 안에 IoT 상품을 만들 수 있도록 도와준다.[11]

미국의 컴캐스트는 엑스피니티Xfinity 홈 솔루션을 강화하고, 호환되는 연결 기기의 네트워크를 구축하기 위해 아이콘트롤iControl 플랫폼을 인수했다. 비빈트Vivint도 유사한 방식을 채택했지만 시스템 통합에 더 많은 선택권과 더 다양한 전용 하드웨어를 제공하고 있다.

애플도 목표가 같은 홈키트HomeKit를 출시했다. 홈키트는 전용 하드웨어를 사용해야 하지만, 장비 회사들이 접속할 수 있는 기본 구조를 제공한다. 장비 회사들이 홈키트 생태계에 합류하면 모든 애플 기기를 통해 하드웨어를 통제할 수 있다. 예를 들면 시리에게 "복도 전등 꺼줘" 같은 명령을 내릴 수 있다. 애플의 비즈니스 모델과 관련해 홈키트는 새로운 수익원을 창출한다기보다 애플 기기의 가치를 강화하는 것에 더 가깝다.

검색엔진의 대명사인 구글도 플랫폼을 연구하고 있다. 2014년에 가정용 원격 온도조절 시스템 전문 스타트업인 네스트를 32억 달러에 인수했다. 2016년에는 구글 홈을 출범시켜 어느 정도 성공을 거뒀다. 이 시스템의 핵심은 사람의 말을 인식하고, 가전제품을 통제하는 명령에 반응하는 스피커다. 경쟁사들과 달리 구글은 이제야 본격적으로 다른 서비스 제공업체들과 시스템을 통합하기 시작했다. 구글은 폭넓게 확장하기 전에 먼저 음성인식 기술을 확립하고, 구글 어시스턴트Assistant의 가치를 입증하고 싶어 한다. 구글의 비즈니스 모델에서 스마트홈은 정보 생태계의 핵심이다.

아마존도 음성 비서 기능인 알렉사를 활용한 스마트빌딩용 플랫폼을 개발했다. 알렉사는 아마존뿐 아니라 다른 수많은 기업의 단말기와 서비스를 위한 연계 시스템 역할을 하고 있다. 알렉사는 가정에서 1차적 정보 전달 통로 역할을 함으로써 아마존의 핵심 사업 능력을 강화하는 것이 목적이다. 다른 기술 기업들도 이 시장을 개척하고 있다. 예를 들면 삼성은 스마트홈 분야에서 중심적인 역할을 하기 위해 스마트싱스SmartThings 플랫폼을 인수, 확장하고 있다. 최근에는 아마존, 구글과 경쟁하기 위해 빅스비Bixby 서비스를 시작했다.

B2B 시장에 대한 초기 단계의 진출 시도들도 있었다. 예를 들어 ABB, 시스코, 보쉬로 이루어진 컨소시엄인 모자이크Mozaiq는 스마트빌딩을 위한 표준 플랫폼을 개발하고 있다. 이것은 미래의 가정에서 사용할 모든 스마트 단말기들이 사용자 친화적인 방식으로 정보를 주고받을 수 있도록 하는 공개형 소프트웨어 플랫폼이다.

하지만 경쟁자들 가운데 어느 누구도 아직까지 시장을 장악하지 못했고, 어떤 표준도 개발되지 않았다. 때문에 스마트홈 제품을 통합시키는 건설사들은 주저하고 있다. 집에 있는 스마트 보안, 난방, 조명 시스템들이 서로 정보를 교환하지 못하기 때문에 고객들은 각각 독립된 서비스를 사용해야 한다. 자격이 있는 전문가가 많지 않은 것도 성공을 늦추는 요인이다. 현재의 일반적인 전기기술자나 난방 설치 기사는 스마트 시스템을 설치할 능력이 없을지도 모른다. 발전을 더디게 만드는 또 다른 요인은 똑똑한 고객들이다. 스마트 에너지 관리 시스템으로 절감하는 비용이 수많은 센서와 조절 장치에 사용되는 모터의 소비 전력 때문에 지속적으로 상쇄된다면 스마트빌딩은 경제성이 없을 것이다. 하지만 이 분야에서 명성을 떨치는 많은 스타트업들이 가능성을 보여주고 있다. 센시보Sensibo, 네타트모, LIFX, 에코비Ecobee 등이 스마트빌딩 시장의 발전을 촉진하고 있다.

스마트빌딩 시장은 활짝 열려 있다. 우리는 과거에 서로 교류가 없었던 분야들이 함께 성장하는 새로운 산업을 목격하고 있다. 이들은 의미 있는 성장을 약속하는 새로운 생태계를 만들고, 집 안팎에서 새로운 기준을 세워가고 있다. 성장은 혼란스럽지만 작은 출발에서 시작된다. 상호 운용성과 지능형 에이전트Intelligent Agent(가상공간 환경에서 특별한 응용프로그램을 다루는 사용자를 도울 목적으로 반복 작업을 자동화시켜주는 컴퓨터 프로그램 – 옮긴이) 같은 촉진 요인들이 모든 건물을 진정한 스마트빌딩으로 만드는 기회를 제공할 것이다.

디지털 침략자를 막아야 하는 전력의 미래 – 에이드리언 부스Adrian Booth, 마크 파텔

지난 150년 동안 전력 산업 분야의 경영은 단순했다. 고객들은 지역의 독점기업 외에 다른 기업을 택할 수 없었고, 수요도 예측 가능하게 꾸준히 증가했다. 전력은 오랫동안 석탄 발전소에서 생산됐고, 이후에 석유와 가스, 수력, 원자력 발전에 의존했다. 전력 가격은 비용을 제외한 후 수익을 감안해 결정됐다. 사실 에너지 회사들은 공공 분야와 비슷했다. 이들 기업 가운데 일부는 예측 가능하고, 위험이 적고, 때로는 의미 있는 방식으로 주주들을 위해 수익을 창출했다는 점이 조금 다를 뿐이다.

하지만 이런 시대는 끝났다. 많은 에너지 회사가 살아남기 위해 싸우고 있다. 원자력 폐지 압박과 재생에너지가 초래한 어려움뿐 아니라 고객 관계와 에너지 산업 기술 전반에서 혁명을 경험하고 있다.

에너지 시장의 자유화와 지역 독점이 끝난 이후, 다양한 에너지 공급 회사가 등장했다. 옐로Yello 같은 기업은 자체 발전소가 없다. 대신 사들인 전력을 거래하는 데 역량을 집중한다. 추즈에너지Choose Energy, 베리복스Verivox 같은 온라인 포털들은 에너지 회사들의 가격을 비교해주고, 심지어 기존 서비스를 종료하고 선호하는 에너지 회사에 등록시켜줄 수도 있다. 구글, 아마존, 애플 같은 거대 디지털 기업들도 원래 있었거나 새로 등장하는 생태계를 더욱 확장함으로써 기존 에너지 회사와 고객 사이를 파고들고 있다. 고객들이 이미 스마트폰으로 난방과 경보 시스템을 제어하는 상황이라면, 논리적으로 생각할 때 다음 단계는 애플 플랫폼으로 에너지 소비를 통제하는 것이다. 그렇게 된다면 에너지 회사들은 고객과 직접 소통할 창구를 잃고, 단순한 상품 공급자로 전락할 수도 있다.

디지털은 경쟁 증가를 의미한다

가치사슬 전체를 관통하는 에너지 회사들의 디지털 혁명은 상황을 더욱 어렵게 만들고 있다. 예를 들면 최종 소비자들이 점차 스마트 계량기로 전환하고 있다. 어떤 면에서는 에너지 회사들에게 좋은 소식이다. 더이상 직원을 보내 계량기 수치를 읽을 필요가 없기 때문이다. 대신 인터넷에 연결된 센서가 장착된 스마트 단말기들이 지속적으로 에너지 소비와 관련된 데이터를 전송해준다. 하지만 관련 데이터가 반드시 에너지 회사들에게 보내지는 것은 아니다. 클라우드와 외부 데이터 센터의 서버에 보내질 수도 있다.

예를 들면 2020년까지 영국의 모든 가정에 스마트 계량기가 달릴 예정이다. 그런데 고객 데이터는 각 에너지 회사가 아닌, 경쟁이 가능하도록 클라우드로 전송된다. 민감한 데이터에 대한 독점권을 잃게 될 전통적인 에너지 회사들로서는 좋지 않은 소식이다. 경쟁이 치열한 소매 분야에서 경쟁사들은 개인 고객들의 소비 습관을 분석하고, 맞춤형 상품과 서비스를 이전보다 더 저렴한 가격으로 고객들에게 공급할 수 있게 될것이다.

에너지 가치사슬의 반대편에 있는 전력 생산방식도 소수의 대용량 발전소 대신 수천 개의 분산된 발전소들이 전체 전력망에 전력을 공급하는 방식으로 변했다. 태양광이나 풍력 발전은 발전 양과 시간을 예측하기 복잡하지만, 스마트 전력 공급망은 수천 곳에서 공급받은 에너지의 양을 측정하고 데이터를 중앙 컴퓨터에 전송하는 방식으로 이 문제를 해결할 수 있다. 뉴욕에서는 '에너지 비전 개혁Reforming the Energy Vision'이라는 운동이 이루어지고 있다. 이 운동은 물리적으로 수천 곳에서 전력을 생산하는 분산 발전distributed generation이 가능할 뿐 아니라 다양한 유형의 소규모 서비스를 수용하는 경제적인 시장을 만들 수도 있다.

이 운동은 대부분의 경우 판매와 생산 기업에서 독립돼 있는 지금의 전력망 운영자들에게 매우 복잡한 문제가 될 수 있다. 전력 생산자에게 돈을 내고 전력 시장이나 소비자에게 직접 전력을 파는 관리자로서의 역할을 위협받기 때문이다. 공급받는 전력 양에 관한 데이터를 모두 디지털 방식으로 활용 가능하기 때문에 블록체인 기술이 에너지 생산자와 소비자의 직거래를 돕는다. 그 결과, 전통적으로 에너지 생산자와 소비자를 연결시켜주던 거래의 가치사슬이 완전히 파괴될 수도 있다.

그렇다면 블록체인은 어떻게 작동할까? 중앙 플랫폼이 아닌 시스템을 구성하는 거대한 컴퓨터의 연합을 통해 구매가 이루어진다. 컴퓨터들은 서로가 연결돼 조작이 불가능한 분산 등록기 역할을 한다. 컴퓨터들은 지속적으로 업데이트되는 디지털 블록으로 거래 내역을 저장하고, 이 디지털 데이터들은 각 거래가 이루어진 뒤에 모든 컴퓨터로 전송된다. 연결된 모든 컴퓨터가 하나의 체인, 즉 블록체인을 구성하는 것이다. 이 시스템은 스스로 만들어진 것이기 때문에 비용이 발생하지 않는다.

한 시나리오에 따르면, 에너지망을 운영하는 기업들에게는 거래망에 제공되는 신뢰할 수 있는 여유 에너지의 유무를 확인하는 역할만 주어진다. 장기적으로는 이런 역할조차 보장되지 않을지도 모른다. 배터리와 다른 에너지 저장 기술이 점점 강력해지면서 개인과 상업 소비자가 자체 태양광 시스템과 풍력발전을 통해 에너지 공급망에서 완전히 분리될 수 있는 기회가 커지고 있다.

전체 가치사슬을 디지털화하고 싶어하는 에너지 회사

에너지 회사 상당수가 디지털의 중요성을 인식하고 있다. 그들은 다양한 업무를 디지털화할 기회를 찾고 있다. 에너지 산업 분야에서 디지털화가 이루어지면 광범위한 자원을 확보할 수 있다. 전체 가치사슬에 대한 디지털화가 수용되면 에너지 산업 분야의 영업이익이 4분의 1 정도 커진다. 센서들이 모든 중요한 지점의 실행 데이터를 전송할 수 있게 되면 프로그램들이 특정 지점이 고장 나기 전에 예방적 유지관리를 위한 정확한 시간을 산출해낼 수 있다. 이를 통해 관리에 들어가는 인건비와 고장으로 시스템이 중단되는 시간을 최소화할 수 있다. 물론 이는 모든 현장 직원을 디지털 네트워크로 연결하고, 현장에서 이루어지는 일반적 서류 작업이 모두 사라짐을 의미한다.

하지만 디지털화의 가장 중요한 잠재력은 고객과의 소통에 있다. 이 부분은 지금까지 개선의 여지가 많았다. 고객과의 모든 접점을 디지털화하는 것은 단순한 비용 절감이 아니라 고객 만족도를 높이는 것이다. 고객 대부분이 콜센터에서 대기하는 것보다 노트북이나 스마트폰에 세부적인 사항을 입력하는 것을 선호한다. 디지털 채널을 통해서만 에너지 공급 회사와 소통하고 싶어 한다는 의미가 아니다. 모든 채널에 걸쳐 동일한 수준의 서비스를 기대한다는 뜻이다. 때문에 콜센터와 사무실에 있는 직원이 모든 관련 데이터와 고객 정보를 이용할 수 있어야 한다. 마찬가지로 에너지 회사 직원들도 고객의 스마트폰이나 가정에 있는 PC로 정보나 서비스에 대한 제안을 즉각적으로 보낼 수 있어야 한다.

콜센터를 디지털 비서들로 채우는 것은 보다 진화된 디지털화의 한 방법이다. 챗봇으로 알려진 음성 프로그램들은 고객의 질문을 이해하고, 데이터를 검색하고, 음성으로 정보를 전달할 수 있는 수준으로까지 발전했다. AI와 머신러닝에 기초한 이런 프로그램들은 전화를 건 고객의 감정을 파악해 화난 고객들에게 온화한 말로 대응할 수도 있다.

디지털 접촉을 통한 고객충성

더 진보된 에너지 회사들은 에너지 소비와 비용에 대한 정보를 제공하는 앱을 활용하는 방식으로 고객과의 관계를 증진시키고, 고객들에게 어떻게 비용을 절약할 수 있는지 알려준다. 다른 회사들은 블로그나 온라인 포럼으로 고객과의 접촉을 유지하거나 고객들에게 문자메시지를 보내 엔지니어가 언제 방문할지 알려준다. 일부 회사들은 재생에너지 자원으로부터 녹색 에너지를 구매하는 선택권을 제안하거나 고객들에게 거의 자급자족이 가능한 태양광 패널과 배터리를 갖추도록 하는 방법으로 상품과 서비스를 제안한다. 다시 강조하지만 디지털 채널은 고객과의 소통에서 중요한 역할을 한다.

데이터는 개별 고객과의 상호 소통으로 수집된다. 고객과의 소통은 미래의 에너지 고객들을 확보하는 경쟁에서 중요한 차별화 요인이 될 것이다. 에너지 회사들이 스마트 계측기와 스마트 공급망에서 중요한 데이터를 확보할 수 있으면 맞춤형 상품과 서비스에 대한 기본 틀을 갖추게 될 것이다. 예를 들어 에너지 회사들은 건물의 온도조절 시스템에 대한 관리를 책임지면서 상당한 할인 혜택을 제안할 수 있다. 이런 개념은 규모를 더 확장할 수도 있다. 에너지 회사들은 부동산 개발 회사나 시스템 제조 회사와 협력 관계를 맺고, 전체 주거 지역, 산업 시설, 사무실 건물에 대한 에너지 관리 사업을 인수할 수 있다.

이런 회사들이 전력에 더해 가전제품들에 대한 원격제어 시스템을 제공할 수 있다면 네트워크로 연결된 스마트빌딩에서 새로운 수익원을 발굴할 수 있다. E.ON은 이미 이 시장에 진출해 유럽의 저탄소 난방 시스템 회사 터몬도의 지분 20퍼센트를 인수했다. 터몬도는 고객들에게 에너지 효율성을 보장하는 콘덴싱 보일러, 태양광 패널, 연료전지로 주택을 리모델링하는 통합 상품을 제공한다. 터몬도는 고객과 온라인으로 연락하고, 지능형 알고리즘으로 계획을 세우고, 지자체에 허가를 신청하며, 공공기관에서 자금을 조달해준다. 설치가 끝난 뒤에는 터몬도가 에너지 공급 회사는 물론 굴뚝 청소와 서비스 팀과 협력한다. 이는 가정 난방 생태계에서 가장 중심적인 위치를 차지하는 것이다. E.ON과 경쟁사들은 에너지 시장에서 유사한 상품과 서비스를 제공하고 싶어 할 것이다.

세 분야에서의 도전 과제

에너지 회사들은 세 가지 측면에서 도전에 직면했다. 첫째, 디지털화가 과거의 질서를 파괴하고 있다. 둘째, 에너지 회사들이 스스로의 역할을 찾아야 하는 새로운 경제 생태계가 등장하고 있다. 셋째, 스마트 전력망과 스마트 계측기가 새로운 비즈니스 모델과 경쟁자를 만든 반면 스마트빌딩이 새로운 시장을 열어주고 있다.

거대 에너지 회사들이 살아남으려면 자신들의 사업 구조를 개발해야 한다. 업무 과정을 디지털화하고, 새로운 경로를 통해 새로운 메시지로 고객들과 소통하며, 상품과 서비스를 확대해야 한다. 이는 투 스피드 IT 체제부터 새로운 빅데이터 분석 능력에 이르는 다양한 전략을 활용해 디지털화를 위한 토대를 강화할 때에만 가능하다.

에너지 회사들의 디지털 전환은 중요한 프로젝트다. 누가 미래의 에

■ 에너지 회사가 디지털 전환에서 가장 중요하게 대응해야 하는 분야 ■

새로운 생태계	새로운 분야	• 스마트그리드 • 스마트리빙 • 스마트빌딩 • 분산 발전	• 에너지 서비스 • 예방적 유지관리 • 디지털 방식의 요금 청구 • 디지털 방식의 에너지 거래
사업 구조	고객경험	• 디지털 방식의 고객 업무 • 다채널 거래 • 디지털 마케팅과 소셜미디어	• 모든 고객 접점에 걸친 원활한 고객여정 • 고객 생애주기(life-cycle) 관리 • 고객여정 관리
	상품과 가치제안	• 개방형 개발 환경 • 디지털 혁신	• 스마트 상품과 부품
	부가가치	• 자동화된 업무 지원 • 분석과 지능	• 전 프로세스에 걸친 디지털화 • 직원의 생산성
토대	기술	• 시스템과 데이터 구조 • 쌍방향 이동 단말기 • 연결성	• 빅데이터와 첨단분석 기법 • 데이터 보안
	조직과 문화	• 프로젝트 문화 • 다기능적인 협력 • 수평적 계층 구조	• 디지털 인재 관리 • 민첩성

너지 공급자가 될지를 답하기까지는 갈 길이 멀다. 하지만 에너지 회사
들은 더 높은 생산성, 더 많은 매출, 더 안정적인 공급망, 새로운 사업 분
야, 만족도가 더 높은 고객 등 여전히 얻을 것이 많다. 이들은 150년 만에
전략, 구조, 업무 과정을 완전히 재편할 기회를 맞았다. 사업을 혁신하고
디지털 방식으로 전환하는 기업은 미래 시장이 제공하는 기회를 잡게 될
것이다.

새로운 서비스를 창조하는 통신의 미래—브렌던 개피Brendan Gaffey

혁명의 시발점은 아주 작다. 가로세로 각 6밀리미터와 5밀리미터, 두께가 1밀리미터인 이심eSIM이다. 이 새로운 저장 카드는 이동통신 단말기를 인터넷과 통신망에 연결시켜준다. 하지만 이심을 혁명적으로 만든 것은 작은 크기가 아니라 임베디드embedded를 의미하는 'e'다.

현재 SIM카드는 무선 사업자가 배포하고, 사용자가 수동으로 휴대전화에 삽입한다. 프로그램을 작동시킬 수 있는 이심은 제조사를 통해 스마트폰, 태블릿, 건강 상태 추적기, 스마트 시계, 게임 단말기, 스마트 안경, 카메라, 의료 장비 등 온라인 상태에 있는 모든 단말기에 설치할 수 있다. 이심 덕분에 사용자들은 모든 웨어러블 기기에서 전화를 걸 수 있게 될 것이다. 예를 들면 삼성 기어 S2 스마트 시계는 사용자가 통신 회사를 택할 수 있는 이심을 내장하고 있어 전화를 걸 수 있고, 전화 단말기의 테더링tethering 기능을 통해 인터넷에 접속할 수 있다.[12]

고객은 이런 미래 전망에 관심이 많지만, 전송 용량이 적고 통제가 가능한 초기 휴대전화 시장에서 지배적인 역할을 했던 통신 회사들에게는 걱정거리다. 통신 회사들은 고객들에게 심카드를 보내주는, 부가가치가 높은 중심 위치에 있었다. 미래의 심카드가 모든 사업자에게 할당된다면 무선 사업자들은 고객의 충성을 얻는 가장 중요한 수단, 즉 전환비용cost of switching을 잃을 것이다. 이는 통신 회사, 하드웨어 제조사, 인터넷 서비스 회사, 콘텐츠 회사의 상호 관계 속에서 매출과 수익의 재분배로 이어질 것이다.

누가 새로운 생태계의 중심을 차지할까

새로운 생태계가 등장하고 있고, 모든 시장 참여자가 주변부에서 부스러기를 먹기보다 부가가치가 가장 큰 중심에서 활동하고 싶어 한다. 애플과 삼성 같은 하드웨어 회사들이 승리할까? 이심의 등장과 함께 미래에는 하드웨어 회사들이 자사 스마트폰을 위한 통신 사업자를 미리 정하고, 고객들이 클릭 한 번으로 통신 회사를 바꿀 수 있도록 할 것이다. 따라서 하드웨어 회사들이 시장에서 전송 용량과 기반 시설을 자체적으로 구매하고, 무선통신 사업자를 몰아낼 수 있다는 주장도 논리적으로 가능하다. 아니면 넷플릭스 같은 콘텐츠 회사들이 주장하는 "콘텐츠가 왕이다Content is king"란 철학이 지배하게 될까? 넷플릭스의 비디오 스트리밍 서비스는 자체 제작한 텔레비전 시리즈와 영화에 주로 의존하고 있고, 이를 통해 새로운 고객 수백만 명을 끌어들였다. 아마존도 시장에 새로 참여해 자체 콘텐츠를 생산하고 있다.

페이스북도 가상현실Virtual Reality, VR에 많은 투자를 하고 있다. 소셜미디어 회사 페이스북은 VR 헤드셋 제조사 오큘러스Oculus를 20억 달러에 인수했다. 오큘러스리프트Oculus Rift는 가상 자동차 경주에서 부동산 매매를 위한 집 구경에 이르기까지 거의 모든 형태의 디지털 경험을 제공한다. VR 단말기는 우리 뇌를 속여 신체가 우리가 보는 것을 경험한다고 믿도록 만들 수 있다.

이미 많은 기업이 VR 시장에 뛰어들었고, 소니가 플레이스테이션PlayStation으로 가장 큰 성공을 거두고 있다. VR은 AR과 더불어 매력적인 성장 시장으로 자리 잡았다. 골드만삭스Goldman Sachs에 따르면, VR 시장의 한 해 시장 규모는 현재 30억~50억 달러에서 2025년에 800억~1,000억 달러에 달할 것으로 추정된다. 지금은 거의 모든 매출이 게임 시장에서 발생하지만, 2025년에는 기업 고객들이 전체 매출의 절반 정도를 차지하리라 예상된다. VR 헤드셋은 가상 정보를 보여주는 방식으로 디자이너들에게 도움을 주거나 수술용 칼로 잘라낼 가상의 선을 보여줌으로써 외과 의사들을 돕고, 군인들의 사격 훈련을 도울 수도 있다.

거대한 통신 회사들은 잃을 것이 많다. 한때 많은 수익을 안겨줬던 전화, 문자메시지, 화상 서비스는 공격적인 경쟁 사업자들이 무료로 제공한 지 이미 오래고, 콘텐츠와 플랫폼도 수세에 몰리고 있다. 2013년 이후, 미국과 유럽에서 통신 회사들의 전체 매출이 한 해 0.5퍼센트 정도 하락해왔다. 이런 추세는 점점 더 심해지고 있다. 다양한 최악의 시나리오들이 2020년이 되면 통신 회사 매출이 30퍼센트까지 하락할 것으로 추정하고 있다.

이런 추세를 멈추기 위해 일부 회사는 아직까지 풍부한 현금을 통신 기반 시설을 통해 유통시킬 수 있는 콘텐츠와 프로그램을 만드는 회사를 인수하는 데 쓰고 있다. 2016년 말, 미국의 거대 통신 회사 AT&T는 타임워너Time Warner를 850억 달러에 인수하려는 입찰에 참여했다. 타임워너는 영화 스튜디오, CNN 방송국을 소유한 회사다. 이에 앞서 AT&T는 490억 달러를 주고 디렉티비DirecTV 인수를 마무리 지었다. 그 몇 년 전에는 케이블 사업자 컴캐스트가 NBC 유니버설미디어그룹을 인수했다. 2015년에는 무선통신 회사 버라이즌Verizon이 인터넷 서비스 사업자 아메리카온라인America Online을 인수했고, 2016년에는 야후Yahoo를 사들였다.

하지만 인수합병만으로는 통신 산업에서 수익성을 충분히 확보하지 못할 것이다. 통신 회사들이 수익이 적은 기본적인 사회기반시설을 제공

■ 통신 산업에서 체계적으로 비즈니스 기회를 포착하고 있는 디지털 회사들 ■

	서비스	사례
통신	📱 메시지	WhatsApp, TALK, BlackBerry
	📲 음성	skype, WhatsApp
	📹 화상전화	skype, Tango, ooVoo
콘텐츠	📺 텔레비전, 동영상	NETFLIX, YouTube, hulu, tv
	⚙️ 기타	iTunes, hungrygowhere, gameloft
기타	🛒 유통	amazon.com, ebay
	🔊 광고	Google
	🖥 단말기 플랫폼	, Microsoft

하는 공급자로 전락하지 않으려면 다음 세 가지를 개선해야 한다. 첫째, 지난 수년간 느리고 덩치가 커진 핵심 사업을 효율화해야 한다. 둘째, 성장 시장을 찾아내고 시장을 확보하기 위한 전략을 개발해야 한다. 마지막으로 산업 구조와 합병이 핵심 동력이 될 것이기 때문에 각종 규제를 관리해야 한다.

핵심 사업을 효율화하라

기업들은 디지털의 위협 때문에 효율화를 추구하지만, 역설적으로 이 과정에서 디지털화가 도움이 될 수 있다. 고객 확보, 등록, 지불 절차, 요금 청구, 고객 지원에서 계약 종료에 이르기까지 고객여정의 모든 단계가 효율화의 대상이다. 각 단계마다 값비싼 인간 노동력이 디지털 보조 도구로 대체될 가능성이 있다. 더 많은 서비스를 더 저렴하게 제공하며, 고객과의 모든 접점을 디지털화하는 것이 최종 목적이다. 물론 관리 업무와 기술도 효율화할 필요가 있다. 놀랍게도 이런 새로운 디지털화 과정은 더 비용 효율적일 뿐 아니라 일반적으로 올바르게 실행되면 더 높은 고객 만족도로 이어진다. 많은 고객이 콜센터에서 상담을 기다리는 대신 디지털 방식으로 문제를 직접 해결하는 데 만족감을 느낀다.

새로운 서비스 분야에서의 기회

각종 업무 절차가 효율화되면 통신 회사들은 미래 성장 시장을 공략할 수 있다. 데이터 전송에 필요한 네트워크가 준비돼 있다는 점에서 통신 회사는 다음 여섯 가지 중요한 성장 시장에서 이미 유리한 출발점에 서 있다.

1. **웨어러블** : 피트니스밴드, VR 헤드셋, 스마트워치, 운동화 등 웨어러블 기기들을 누가 인터넷과 연결시킬 것인가? 이 시장에서 어떻게 수익을 창출하고 어떤 비즈니스 모델이 등장할 것인가?
2. **스마트홈** : 냉난방 조절 시스템, 셔터, 승강기, 다른 모든 미래 스마트홈의 기능을 제어하기 위해 어떤 인터넷 연결이 활용될 것인가?
3. **커넥티드카** : 자율주행, 차선 경고 시스템, 비상제동 시스템, 서비스 데이터 등 미래 자동차가 생산하는 막대한 양의 데이터를 누가 처리할 것인가?
4. **IoT** : 모든 기계와 장비에는 성능과 사용 현황 데이터를 지속적으로 전송하는 센서가 달려 있다. 이런 막대한 규모의 데이터 전송을 누가

가능하게 만들 것인가?

5. **디지털 의료** : 네트워크에 연결된 환자가 지속적으로 데이터를 전송할 것이다. 이런 의료 정보들이 통신 회사의 네트워크를 통해 전송될 것인가?

6. **클라우드 컴퓨팅** : 모든 데이터가 전송되고 처리되는 데이터 클라우드를 누가 운영할 것인가?

핵심 질문은 다음과 같다. 통신 회사들이 이런 성장 분야에서 어떤 역할을 할 것인가? 저렴하고 대체 가능한 상품이 될 전송 기술만 제공할 것인가? 아니면 새로 등장하는 생태계에서 중심적인 역할을 하는 데 성공할 것인가? 자신들의 심카드를 단말기에 넣을 수 있을 것인가? 아니면 통신 사업자에 대한 통제권을 가질 제조사들에 의해 밀려날 것인가? 다른 클라우드 운영자의 데이터 센터에 단순히 데이터를 전송하게 될 것인가? 아니면 필요한 데이터 센터와 소프트웨어 서비스를 제공할 수 있게 될 것인가? 데이터 분석 기술을 확보하고, 고객 지원부터 요금 청구와 지불에 이르기까지 외부 협력사들에게 다양한 서비스를 제공할 수 있게 될 것인가? 공식은 간단하다. 더 많은 서비스를 제공할수록 부가가치도 증가한다. 그만큼 서비스 제공 회사를 바꾸기도 어려워진다.

예를 들면 AT&T는 새로운 서비스 분야를 열심히 활용하고 있고, 그 과정에서 자신들을 새로운 생태계의 중심으로 만들었다. 그들은 가정을 중심으로 보안과 생활 편의 서비스를 제공하기 위해 100년 동안 쌓아온 신뢰와 거대한 고객 기반을 최대한 활용한다. 고객이 한 달에 30~65달러를 내면 집이 비었을 때 문과 창문을 감시하고, 침입 흔적이 발견되면 지역 보안 회사에 통보하거나 집을 점검해준다. 연기, 화재, 대규모 누수가 발생할 경우에 경보를 울려준다. 생활 편의 서비스에는 난방과 조명뿐 아니라 카메라를 통한 반려동물과 아이 돌보기도 포함돼 있다. 고객들은 집을 비울 경우, 스마트폰이나 태블릿으로 카메라 영상을 볼 수도 있고, 시스템의 다양한 기능을 통제할 수도 있다.

이 모든 것이 가능해지려면 센서, 카메라, 장비 조절용 모터가 AT&T와 계약을 맺은 업체들에 의해 각 가정에 설치돼 있어야 한다. AT&T는 서비스 사용료와 함께 장비가 훨씬 가치 있다는 것을 강조하면서 한 차례에 30~150달러 정도의 장비 설치 비용을 청구한다. AT&T는 장비 공급 회사, 설치 회사, 보안 회사의 네트워크를 관리하면서—서비스를 제공하고 고객 관계를 관리하는 기업으로서—부가가치의 가장 많은 부분을 가져갈 수 있다. 유선 전화회선 수입이 가장 적은 시기에도 고객당 연간 예상 수익이 400~800달러로 추정된다. 이 때문에 다른 기업도 AT&T의 아이디어를 그대로 따라 하고 있다. 스위스 통신 회사 스위스콤Swisscom은 스마트라이프Smartlife라는 매우 유사한 서비스를 제공한다.

새로 등장하는 생태계의 다른 참여자들도 손익을 계산하고 있다. 구글과 애플은 이미 모바일 기기에 이심을 장착하고, 고객들에게 이 통신 회사에서 저 통신 회사로 쉽게 이동할 수 있도록 하고 있다. 새로운 사업 분야로의 진출도 활발하다. 구글은 2014년에 자동 온도조절 시스템과 연기 경보기 시장에서 입지가 탄탄한 네스트를 인수했을 때 이미 스마트홈 시장에 대한 진출을 추진하고 있었다. 난방과 자동 온도조절 시스템 제조회사부터 잔디 깎기 회사에 이르기까지 전통적인 제조 회사들도 새로운 생태계에서 교두보를 마련하고, 자신들의 장비를 연결하고 싶어 한다.

비즈니스 모델 전쟁

기업 간 전쟁보다 더 재미있는 것이 아마도 비즈니스 모델을 둘러싼 전쟁일 것이다. 통신 회사들은 통신 수단의 상품화에 주력하고 있지만, 동시에 대부분 기업들은 하드웨어도 함께 판매하고 있다. 가정용 장비 회사들은 하드웨어와 관련된 부가 서비스에 의존하는 반면 실리콘밸리의 미디어 회사들은 데이터 활용에 주력한다. 네스트는 지능형 온도조절기뿐 아니라 고객들의 소비 데이터를 통해 수익을 얻고 싶어 한다. 이런 데이터 집합은 가정용 장비와 제품을 만드는 회사들에게 매우 귀중한 가치를 지닌다. 심지어 아무 관련 없는 외부 회사들까지 시장에 진출했다. 예를 들면 아마존은 온라인 스트리밍 서비스를 위한 텔레비전 시리즈를 제작한다. 이는 온라인 미디어 사업에서 수익을 창출할 뿐 아니라 개인화된 광고와 특정 대상을 목표로 하는 광고 분야에서도 새로운 기회를 제공한다. 동영상을 보면서 마우스 클릭 한 번으로 좋아하는 여배우가 입은 브랜드의 옷을 사고 싶어 하지 않을 사람이 있을까? 소비자 데이터 접근권은 버라이즌의 AOL 인수 등을 포함해 몇몇 인수합병의 동력이 되고 있다. 미국에서 사생활 관련 규정의 변화와 함께 소비자 데이터에 대한 접근은 훨씬 많은 수익을 내는 사업이 되고 있다. 전선은 이미 형성됐다. 통신의 유통 전쟁이 시작됐다.

인간의 손이 필요 없어지는 물류의 미래 – 데이비드 프랭크David Frank

크리스마스에 우는 어린이는 더 이상 없다. 이것이 아마존이 2016년에 보잉 767기 40대를 임대한 이유다. 2013년, 미국의 택배 회사들이 크리스마스 선물 준비 기간에 아마존의 주문 수요를 따라잡지 못해 수십

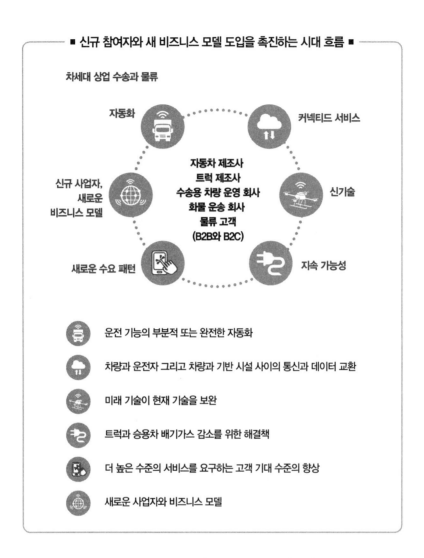

■ 신규 참여자와 새 비즈니스 모델 도입을 촉진하는 시대 흐름 ■

차세대 상업 수송과 물류

자동화

커넥티드 서비스

신규 사업자,
새로운
비즈니스 모델

자동차 제조사
트럭 제조사
수송용 차량 운영 회사
화물 운송 회사
**물류 고객
(B2B와 B2C)**

신기술

새로운 수요 패턴

지속 가능성

운전 기능의 부분적 또는 완전한 자동화

차량과 운전자 그리고 차량과 기반 시설 사이의 통신과 데이터 교환

미래 기술이 현재 기술을 보완

트럭과 승용차 배기가스 감소를 위한 해결책

더 높은 수준의 서비스를 요구하는 고객 기대 수준의 향상

새로운 사업자와 비즈니스 모델

만 개 선물이 제때 배달되지 못했다. 크리스마스 연휴가 끝난 뒤에도 아마존 관리자들은 물량이 몰리는 시간에 물류 회사들의 수송 능력이 떨어지는 것에 관해 지속적으로 불만을 제기했다. 아마존이 장거리 수송에서 독립성을 확보하고자 노력하는 것도 이 때문이다. 아마존은 미국에서 트

럭 수천 대를 운영하고 있고, 전세 화물선 운행 면허도 갖고 있다. 차이 냐오Cainiao라는 자체 물류 회사를 설립한 중국의 알리바바와 마찬가지로, 아마존도 고객의 집까지 가는 마지막 배송 구간에 드론과 무인차를 투입 하는 실험을 해왔다. 이런 상황이 물류 산업을 더욱 어렵게 만들고 있다. 가장 큰 고객이 일부 상품을 자체적으로 배송하는 것도 문제지만, 기업 들이 물류 시스템을 자체적으로 구축할 수 있다는 사실을 발견한다면 어 떻게 될까? 아마존 같은 기업이 화물 운송 회사, 택배 회사, 화물 항공 회 사와 직접적으로 경쟁하게 된다면 어떤 일이 벌어질까?

고객들이 경쟁자가 되지 않아도 물류 산업은 이미 재편되고 있다. 디 지털 기술 발전과 변화하는 고객들의 성향은 새로운 비즈니스 모델의 등 장을 돕거나 경우에 따라서는 이를 강요하고 있다. 트럭 제조사에서 자 전거 배달업체까지 모든 참여자들이 영향을 받는다. 하지만 장거리 수송 회사와 택배를 전담하는 물류 회사 사이에는 확실한 경계가 있다.

전통적인 화물 트럭 운송 회사들은 없어질까

훨씬 더 파괴적인 변화들도 있다. 그중 하나가 곧 다가올 무인화물 차의 대량생산이다. 역설적으로 화물 운송 회사들이 환영하는 이 기술 은—화물차 운영비의 30~40퍼센트를 절감—장거리 화물 운송의 종말 을 예고한다.

전통적인 장거리 화물 운송 사업의 핵심은 차량이 수송할 화물을 확 보하는 것인데, 이는 독립적인 온라인 플랫폼에서 훨씬 쉽다. 주문이 점 차 디지털 방식으로 접수되고, 센서가 전송하는 운송 경로, 저온 유통, 경 유 소비, 차량 관리에 대한 데이터를 추적하고, 운전기사까지 필요 없어

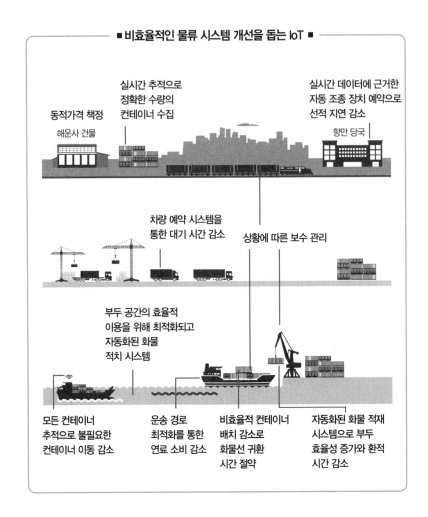

비효율적인 물류 시스템 개선을 돕는 IoT

동적가격 책정

해운사 건물

실시간 추적으로
정확한 수량의
컨테이너 수집

실시간 데이터에 근거한
자동 조종 장치 예약으로
선적 지연 감소

항만 당국

차량 예약 시스템을
통한 대기 시간 감소

상황에 따른 보수 관리

부두 공간의 효율적
이용을 위해 최적화되고
자동화된 화물
적치 시스템

모든 컨테이너
추적으로 불필요한
컨테이너 이동 감소

운송 경로
최적화를 통한
연료 소비 감소

비효율적 컨테이너
배치 감소로
화물선 귀환
시간 절약

자동화된 화물 적재
시스템으로 부두
효율성 증가와 환적
시간 감소

지면 장거리 운송 산업에 대한 진입 장벽이 사라질 것이다. 이런 시나리오는 화물차 제조사들에게 특히 매력적일 것이다.

그렇다면 메르세데스와 다른 자동차 회사들이 자신들이 생산하는 화물 트럭을 위해 이런 서비스를 제공하지 않을 이유가 있을까? 승용차 업계에서는 자동차 회사들이 카투고Car2go, 드라이브나우DriveNow와 협력해

154

이런 비즈니스 모델을 실험하고 있다. 맥킨지가 화물차 산업 분야의 의사 결정자들을 대상으로 실시한 설문조사에서 응답자의 절반 정도가 수송 능력 서비스capacity as a service ―유연한 수송 능력을 제공하고 관리하는 것―제공이 화물차 판매보다 훨씬 매력적이라고 답했다. 처음에는 몽상처럼 들렸던 것들이 이제 현실이 되고 있다. 이르면 2025년에는 상업용 차량 세 대 가운데 한 대가 고속도로 주행처럼 특별한 환경에서 완전한 무인주행을 할 것으로 예상된다.

지금도 물류 산업은 IoT로 급격한 변화를 겪고 있다. UPS는 화물차, 소형 택배 차량, 창고, 화물에 UPS 서버로 계속 데이터를 전송하는 센서를 달았다. 컴퓨터들은 첨단분석 기법을 활용해 배송 경로를 최적화하고, 대기 시간을 최소화할 수 있다. 현재 UPS 차량은 매년 도로 위에서의 이동 거리를 대략 9,000만 마일 단축하고, 연료 800만 갤런을 절약한다. 또 운전기사들의 대기 시간도 1억 분minute 정도 감소했다.

온라인 연결성은 전 물류 산업에서 비용을 절감해주고 있다. 예를 들면 해운사와 항구는 운영 방식을 디지털화해 약 180억 달러를 절약할 수 있다.

마지막 배송 구간의 혁명

물류 회사들이 겪는 변화의 대부분은 화물이 고객에게 전달되는 마지막 배송 구간에서 발생할 것이다. 2015년에 물류 회사들은 세계적으로 7,500만 달러의 매출을 올렸고, 미국과 독일 같은 선진 시장에서 7~10퍼센트의 성장률을 기록했다. 물류 회사들이 배송 차량의 운전기사 비용을 줄일 수 있다면 차량에 들어가는 비용을 훨씬 더 많이 줄일 수 있을 것이다. 운전기사 인건비가 전체 비용의 60퍼센트를 차지하기 때문이다. 물류업계는 기사의 인건비를 절감하는 방안을 찾고 있다. 하지만 지금의 배송 체계에서 운전기사 없이는 배차가 되지 않기 때문에 인건비 절감이 쉽지 않다. 인건비를 줄인다면 고객들이 화물 집하장에서 직접 소포를 찾아가야 할 것이다.

하지만 이런 상황도 변하고 있다. 머지않아 작은 화물 배송 전기차들이—물류업계에서는 무인운반차Autonomous Ground Vehicle, AGV라고 부른다—도로를 달릴 것이다. 이 차량은 화물 크기에 상응하는 로커(사물함)가 양쪽에 달린 스마트 배송차다. 스마트 배송차가 고객 주소에 도착하면 고객에게 문자메시지를 보낸다. 고객은 배송차로 가서 암호를 입력하고 소포를 찾는다. 무인운반차는 관리, 감독이 필요하다. 차량에 장착된 카메라가 보내는 이미지를 관찰하고, 비상 신호와 오류 메시지를 판독하기 위해 물류 회사 사무실에 관리자가 배치될 것이다. 하지만 한 사람이 8~10개 차량을 감시할 수 있기 때문에 언제든지 규모를 조정할 수 있다.

이런 서비스를 조금 더 확장하면, 전기로 작동하는 작은 카트나 로봇droid이 인도를 시속 3~10킬로미터로 천천히 돌아다니며 고객의 집으로 향할 것이다. 카트나 로봇은 화물 하나를 운반하고, 문 바로 앞에 멈출 것이다. 그리고 무인운반차와 같은 방식으로 고객들에게 도착을 알리고 화물을 전달할 것이다. 로봇은 작고 느리기 때문에 운영 위험이 적고, 관리자 한 사람이 50~100개를 감독할 수 있다.

접근이 불편한 도시 외곽이나 약품처럼 긴급하게 배달해야 하는 경우에는 드론을 활용할 수 있다. 드론은 최고 14킬로그램의 화물을 운반하고, 목적지까지 직선으로 갈 수 있다. 드론도 감시가 필요하고, 한 명이 여덟 개 정도를 감시할 수 있을 것이다.

완전히 다른 형태의 또 다른 파괴적 비즈니스 모델도 등장하고 있다. 이것은 크라우드소싱에 의존한다. 배송 회사가 온라인 주문 플랫폼뿐 아니라 배송 기지를 운영하는 비즈니스 모델이다. 개인이나 택시 운전자가 시스템에 등록하고, 앱을 활용해 자신이 가는 길에 배송할 것이 있는지를 확인한다. 운송 회사가 대규모 투자를 할 필요가 없는 유연한 네트워크다. 그리고 수입이 있을 때만 비용이 발생한다.

이런 개념은 이미 아날로그 공간에서 현실이 되고 있다. 자체 배송 시스템이 없는 식당을 위한 배달 서비스로 시작한 신생 기업이 포스트메이츠Postmates가 유사한 비즈니스 모델을 운영하고 있다. 포스트메이츠는 식당과 자유 계약 운전기사를 연결시켜주는 앱을 제공하고, 그 대가로 수수료를 받는다. 현재 다른 기업들도 이런 아이디어를 활용하고 있다. 우버러시UberRush도 포스트메이츠와 동일한 방식으로 일한다. 운전기사들은 고객을 태우지 않는 시간에 앱으로 주문을 받고 소포를 운반한다.

이처럼 새롭게 등장하는 기술과 함께 19세기에 등장한 기술이 특정 분야에서 여전히 자리를 굳건하게 지키고 있다. 도시 택배 사업에서 자전거 배달을 이기기란 상당히 어렵다. 하지만 규모 측면에서 자전거 배달은 큰 의미가 없다. 10년 후에는 전체 배달 시장의 2퍼센트 정도가 될 것이다. 반면 자율주행차와 드론은 전체 시장의 80퍼센트를 차지할 것이다. 규모가 큰 기업 고객들을 위한 나머지 시장은 전통적인 화물 차량이 점유할 것이다.

자율주행 시스템은 인건비가 높은 국가들에서 가장 빨리 등장할 것이다. 따라서 유럽과 미국의 물류 회사들은 인적 자원과 IT 자원을 구축하는 데 필요한 시간을 고려해 지금부터 전략을 개발하기 시작해야 한다. 이처럼 급변하는 환경에서 이기기 위해서는 상당한 규모의 투자가 집행돼야 할 것이다.

아마존은 이런 투자를 기피하지 않았다. 택배업계의 최고 고객이지만, 여러 도시에서 시험 프로그램을 운영하면서 오랫동안 자체적인 택배 서비스를 실험해왔다. 예를 들면 아마존은 아마존프레시AmazonFresh 식품 사업 분야에서 자체 배달 서비스를 하고 있다. 이런 움직임에 맞서 독일 물류 기업 DHL은 산업의 경계를 넘어 2016년 말을 기준으로 30만 명 이상 회원을 확보한 온라인 슈퍼마켓인 올유니드프레시AllyouneedFresh를 운영하고 있다.

이런 형태의 활발한 혁신이 전통적 기업들에게는 좋은 시작이지만, 아마존이 전체 물류 사슬을—컨테이너 운송, 물류 기지까지 화물차 운송, 고객 집까지 마지막 배송 등—통제하게 되면 기존 사업자들은 매출에 상당한 타격을 받고, 혁신에 투자할 능력도 줄어들 것이다. 이는 급변하는 환경에서 기존 속도를 유지하려는 기업들에게 죽음의 소용돌이를 불러온다. 따라서 물류 회사들이 새로운 아이디어를 찾는 것은 놀라운 일도 아니다. 예를 들면 UPS는 미국에 있는 지점 수백 곳에 3D 프린터를 설치했다. 중국에서 운동화를 컨테이너에 실어 운송하는 대신 고객들이 근처에 있는 3D 프린터로 나이키나 아디다스의 규격대로 운동화를 생산할 수 있게 한 것이다. 이런 방식에서는 글자나 분홍색 신발창 등 개인화된 제품을 만들 수 있고, 특급 배송을 통해 전달받을 수 있다. 배와 화물차는 더 이상 필요하지 않다.

간단히 정리하면 환경은 빠르게 변하고 있고, 지금이야말로 전통적인 물류 회사들이 가치사슬에서 자신들의 위치를 파악해야 한다. 이들은 전략적으로 투자할 혁신 분야를 찾아내고, 향상된 고객여정과 가치제안을 통해 고객들과 지속적인 관계를 만들어가야 한다.

국민 삶의 질을 향상시키는 전자정부의 미래 – 마틴 룬드크비스트Martin Lundqvist

"인쇄된 종이 형태의 서식은 더 이상 사용하지 않는다." 최근 금융위기 때 덴마크 정부가 공공기관에 내린 이 행정 명령은 공공 분야에서 하나의 혁명이었다. 현재 지역 행정기관과 접촉하는 덴마크의 거의 모든 시민이 온라인 포털인 www.borger.dk를 이용한다. 모든 등록 및 해지 절차, 각종 혜택과 허가 신청이 모두 이곳에서 이루어진다. 모든 시민과 기업이 안전한 사용자 ID를 갖고 있고, 이를 이용해 온라인 공공행정 서비스를 신청한다. 전자문서들은 디지털 방식으로 서명되고, 공무원들은 문서를 처리하기 위해 더 이상 인쇄하지 않는다. 모든 절차가 디지털화돼 있어 결정도 자동적으로 이루어진다. 그래서 놀라울 정도로 빠르게 처리되는 경우가 많다. 덴마크의 기업가들은 일반적으로 기업 설립 신청서를 제출한 직후에 기업이 등록됐다는 확인을 받을 수 있다. 창구에는 기다리는 사람이 없고, 서류를 집에 두고 와 어려움을 겪을 이유도 없다. 공공기관을 찾지 않고 온라인으로 모든 신청 절차가 진행되기 때문이다.

맥킨지의 분석에 따르면, 정부 디지털화의 잠재력을 최대로 활용하면 비용과 운영 효율성 측면에서 세계적으로 연간 최고 1조 달러를 절감할 수 있다. 셰어드 서비스(총무, 회계, 구매 등 공통적으로 발생하는 업무를 통한 운영해주는 서비스–옮긴이), 폭넓은 업무의 협력과 통합, 위변조 관리, 생산성 향상 등이 전체 시스템의 효율성을 높여줄 수 있다. 예산에 대한 부담이 점점 커지는 시대에 중앙정부와 지방자치단체는 이런 절감 기회를 놓칠 수 없다.

세계 각국 정부는 국민의 요구에 부응하고, 일처리를 쉽게 하기 위해 최선을 다하고 있다. 130개국 이상이 온라인 서비스를 제공한다. 에스토니아 국민 130만 명은 전자 신분증으로 투표하고 세금을 낸다. 실업수당에서 재산 등록까지 160개 이상의 온라인 서비스에 접근할 수 있다. 영국의 gov.uk 사이트는 모든 정부 부처의 원스톱 정보 창구 역할을 한다. 이런 온라인 서비스는 멀리 떨어진 농촌 지역 주민들의 접근권을 개선하고, 신체적 질병을 앓는 사람들의 삶의 질을 향상시키는 동시에 일과 생활 스타일이 통상 근무시간에 맞지 않는 사람들에게 여러 가지 선택권을 제공한다. 하지만 이런 모든 발전에도 불구하고, 대부분의 정부는 아직까지 디지털화의 모든 혜택을 제대로 활용하지 못하고 있다. 정부들은 전자정부 포털에서 온라인 서비스를 제공하는 수준을 넘어 광범위한 정부 업무들까지 처리할 수 있도록 더욱 전면적으로 디지털 전환을 추진해야 한다. 이는 생산성, 협력, 규모, 절차의 효율성, 혁신을 위한 기회 추구를 뜻한다.

공공 분야에서 디지털 전환은 상당히 어려운 문제다. 하지만 상당수 정부들의 혁신이 민간의 모범 사례를 공공 분야로 이전하는 방식으로 더 광범위하고 전면적인 공공 분야의 디지털화가 가능하다는 사실을 보여준다. 이제 디지털화 성공의 여섯 가지 요인을 사례를 통해 살펴보자.

정부와 각 부처 차원의 헌신을 끌어내라

2012년에 출범한 gov.uk는 세계에서 가장 접근하기 쉬운 디지털 정부 가운데 하나였다. 영국 전자정부가 국민, 기업, 공무원에게 정확하고 포괄적이면서 간소한 서비스를 제공하는 데 성공한 것은 정보화전략실 Government Digital Service의 강력한 지도력과 실행력 덕분이었다. 영국 내각 사무처 중 한 부서인 정보화전략실은 영국 전체의 디지털 전략을 감독하고, 서비스를 "자연스러운 디지털digital by default"로 탈바꿈하는 일의 책임을 지고 있다.[13] 다양한 정부 부서 출신의 경험 많은 디지털 리더들을 포함시키는 전략으로, 필요한 경험과 전문성뿐 아니라 각 부서들의 협력을 확보했다. 명확한 권한을 통해 정부의 디지털화 실행을 이끌었고, 디지털화에 대한 인식을 제고시켰다.

정보화전략실은 가능한 한 투명성을 유지해 때때로 힘든 변화에 대한 추진력을 유지시켰다. 또한 디지털화 전략, 각 부처의 예정된 목표, 목표 대비 추진 실적 등을 공개했다. 영국 정부는 gov.uk 출범 후 1년 동안 4,200만 파운드를 절감한 것으로 추정하고 있다. 2013년 10월에 gov.uk 사이트는 사상 처음으로 하루 방문자 200만 명을 기록했다.[14]

범정부적 협조 체제를 구축하라

덴마크는 정부 차원의 대규모 디지털 프로젝트에 대한 협력을 원활하게 끌어내고, 비용 효율성을 높이기 위해 재무부에 보고하는 디지털 위원회인 IT프로젝트라드IT Projektraad라는 조직을 설립, IT 프로젝트 총괄 기관의 중심 역할을 하도록 했다. IT프로젝트라드의 목표는 프로젝트에서 목표로 하는 혜택과 이익이 실현되도록 보장하는 것이다. 이를 위해 실험적인 프로젝트로 투자가 효율적인지 확인한 다음 다른 기관들에게 교훈을 주는, '실험과 학습' 방식을 적용한다. IT프로젝트라드는 이 목표를 달성하기 위해 정부 기관들이 IT 투자를 할 때 정해진 방법과 지침에 따르도록 한다. 또 모범 사례를 발굴해 공유하고, 비용이 일정 한도를 넘는 프로젝트는 위험 평가를 실시한다. 이와 함께 다양한 프로젝트 평가에 참여해 정부의 IT 프로젝트에 대한 관리, 감독을 돕는다. 이런 중앙집권적 감시 체계는 불필요한 투자를 줄이고, 공통적인 표준을 만들어 프로젝트들의 시너지 효과를 높인다.

최종 사용자를 고려해 모든 업무를 새롭게 설계하라

네덜란드는 2011년에 아이눕i-NUP을 공개했다. 아이눕은 편리성을 증대시키고, 불필요한 업무 절차를 줄임으로써 국민과 사용자 중심의 설계를 강화하기 위한 범정부적 전자정부 실행 계획이다. 예를 들면 실행 계획 가운데 하나는 "우리는 불필요한 질문을 하지 않는다. 기본적인 등록 절차에 포함된 데이터는 다시 물어보지 말 것"이다.[15] 이 계획에 따르면 지방정부는 시민데스크citizens' desk 역할을 하고, 사이트, 고객센터, 중앙 정부의 대표 번호를 통해 질의응답하는 최전방의 접점으로 기능한다. 2014년을 기준으로 지역자치단체 대부분이 한 전화번호로 연결돼 있다.

이 계획은 기업을 상대로 한 네덜란드 정부 서비스에 대해서도 비슷한 개혁을 요구했다. 이를 위해 네덜란드는 국가의 디지털 거버넌스 기관인 로기우스Logius가 주도하는 포괄적인 디지털 기반 시설 프로젝트를 시작했다. 여기에는 중앙과 지방 정부, 공공 IT 기관이 포함됐다. 이들은 세계적인 표준을 활용해 중앙 데이터베이스 13개와 이들을 연결하는 기술 표준을 결정했다. 또 프로젝트 진행 상황과 위험 요소를 볼 수 있도록 범정부 차원의 진도표를 만들고, 토론회와 소셜미디어로 전국의 공공 부문 IT 관리자들에게 중요한 교훈을 전파했다. 이렇게 노력한 결과, 중앙과 지방 정부를 찾는 민원인이 크게 줄었다. 예를 들면 2010~2013년에 로테르담 시청을 찾은 사람이 50퍼센트 정도 감소한 것으로 조사됐다.

올바른 인재를 고용하고 육성하라

디지털 전환에는 고도의 전문 기술이 필요하다. 그런데 이런 기술을 가진 인재를 확보하기란 상당히 어렵다. 민간 기업이 더 높은 임금, 기업가적 문화, 경력 개발에 대한 더 명확한 진로를 제시하기 때문에 정부 기관은 이런 인재를 찾기 위해 고군분투한다.

그럼에도 불구하고 몇몇 정부는 디지털 프로젝트를 추진하기 위한 인재를 영입하고 육성하는 방법을 찾아냈다. 예를 들면 한국은 정부 IT 기반 시설의 상당 부분이 다양한 전자정부 서비스를 제공하는 몇몇 데이터 센터에 집중돼 있다. 이런 데이터 센터의 규모와 방대한 정보 덕분에 IT 직원들은 다양한 온라인 서비스를 개선하는 매력적인 경력을 쌓을 수 있다. 영국 정부는 성과가 좋을수록 빠르게 승진할 기회를 줌으로써 민간 분야에서 활동하는 인재들을 끌어오려 적극적으로 노력하고 있다. 예를 들면 정부 최고정보관리책임자CIO와 디지털 서비스 책임자는 그들 경력의 대부분을 민간 분야에서 보냈다. 여기에 더해 성적이 좋은 대학 졸업자들에게는 IT를 포함해 다양한 정부 서비스 분야에서 빠르게 승진할 기회가 주어진다.

빅데이터와 분석 기법으로 의사 결정을 개선하라

미국 정부는 의사 결정을 지원하기 위해 빅데이터를 가장 적극적으로 활용하는 정부 가운데 하나다. 2009년에 미국 정부는 Data.gov를 설립해 법과 사생활 보호 체계를 만들었다. Data.gov는 정부의 도구, 자원, 그리고 에너지, 과학부터 세계의 발전과 건강에 이르기까지 모든 정보를 보관하는 저장소다. 여기에는 기업과 민간인이 각종 연구를 하고, 웹과 모바일 앱 개발, 디자인의 시각화를 돕는 8만 5,000개 이상의 데이터 세트가 저장돼 있다. 데이터의 보고를 채우려면 정부 부처들은 가장 가치 있는 데이터를 찾아내고 공유해야만 한다. 정부 데이터를 활용한 앱을 개발할 능력 있는 개발자들을 유치하기 위해 앱스 포 아메리카Apps for America와 앱스 포 데모크라시Apps for Democracy 같은 대회도 개최됐다.

중요한 기반 시설과 기밀 데이터를 보호하라

데이터 보안은 국가의 최고 보안 문제가 됐다. 2013년, 세계경제포럼World Economic Forum, WEF은 사이버 공격과 핵심 시스템 붕괴를 가장 심각한 세계적 위험 요인으로 지적했다. 사이버 공격은 금전적인 손실을 넘어, 기업과 정부를 심각한 평판위험reputation risk에 노출시킨다. 정부는 다양한 선제적 대책을 통해 중요한 기반 시설과 비밀 데이터를 보호할 수 있다. 예를 들면 주요 선진국들은 지난 5년 동안 국가 차원의 사이버 보안 전략을 개발했다. 이들 국가들은 사이버 위협을 더 빨리 감지하고, 대응하기 위해 정보 공유 시스템을 개발하고 있다. 정부와 민간 전문가가 정보 공유와 위협 분석 분야에서 함께 일하도록 하는 영국 퓨전셀UK Fusion Cell이 좋은 예다.

공공 부문의 디지털화 수준과 관계없이 지금까지 살펴본 여섯 가지 교훈은 공공기관이 디지털화 프로그램을 시작하고, 확장하거나 평가하는 과정에서 도움이 된다. 공공 부문이 디지털 전환에 성공할 경우, 국민과 기업은 더 쉽게 정보에 접근할 수 있고, 정부는 더 신속하게 운영되고 상당한 비용을 절감할 수 있다.

결론

새로 등장하는 생태계에서의 다양한 기회

디지털화는 과거의 비즈니스 모델을 파괴하고, 새로운 비즈니스 모델이 나타날 공간을 만들어준다. 이 책에서 설명한 아홉 가지 새로운 생태계보다 더 많은 생태계가 등장할 것이다. 스마트시티, 정밀 농업, 디지털 선단 운영, 현장 엔지니어링 팀을 위한 솔루션 등의 분야에서 디지털 사고방식이 새로운 비즈니스 기회를 가져올 것이다.

산업의 경계가 사라지면서 시장이 재편되고 있다. 기민한 스타트업이 거의 모든 분야에서 고객들을 빼앗은 지금, 기존 기업은 현재 위치에 대해 냉정하게 자기 평가를 해야 한다. 사업이 위협받고 있는가? 새로운 기술을 제대로 활용하고 있는가? 새로운 수익원을 찾아냈는가? 새로운 시장에서 성공하고 싶은 기업은 다음 장에서 설명하는 사업 구조를 연구할 필요가 있다.

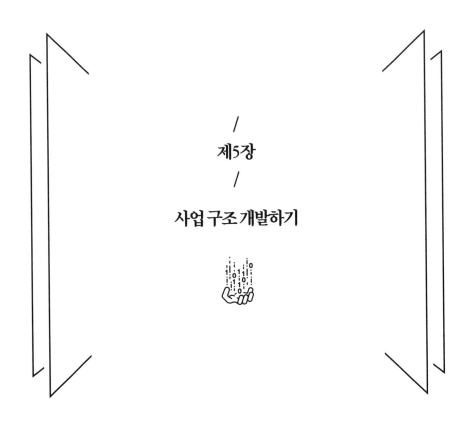

제5장

사업 구조 개발하기

디지털 시대는 새로운 기술을 요구한다. 현재 속한 산업 분야와 새로운 생태계에서 성공하고 싶은 기업은 새로운 시대에 맞춰 기능과 모든 업무 과정을 바꿔야 한다.

성공한 디지털 기업들의 공통점이 뭘까? 상품과 업무 과정을 철저히 고객 요구에 맞춘다는 것이다. 사업 구조 개발을 설명하는 장에서 고객 경험을 가장 먼저 다루는 것도 이 때문이다. 우리는 쇼핑이나 서비스 경험이 수많은 유통경로에서 어떻게 조화를 이룰 수 있는지 설명할 것이다. 자동화된 가격 책정의 기회와 마케팅 혁명을 불러온 소셜미디어의 세계도 자세히 살펴보고자 한다.

또 상품과 상품의 가치제안에 관해서도 알아보려 한다. 새로운 디지털 원칙에 따라 상품은 더 이상 완벽한 상태가 아닌 기본 기능만 갖춘 상태로 출시된다. 그리고 추가적으로 정교하게 개발된다. 고객 반응이 개발 과정에 실시간 반영되고, 상품과 서비스가 순환 과정을 통해 완벽에 가까워진다.

가치사슬도 IoT, 로봇, AI가 생산, 공급망, 경영을 혁신하면서 엄청난 변화에 직면해 있다. 로봇, 생산 설비, 공급망을 연결하려면 연결성뿐 아니라 센서, 작동 장치와 정보를 주고받는 기술적 플랫폼도 필요하다.

고객 접촉을 모든 채널에서, 옴니채널—라레이나 이Lareina Lee, 마틴 해리슨Martin Harrysson

철강은 전형적인 전통 산업이다. 하지만 디지털 시대를 맞아, 중공업 분야도 판매와 유통에서 새로운 길을 걷고 있다. 중국의 철강 기업 바오스틸은 온라인 플랫폼인 구야운상을 통해 강판에서 특수 알루미늄까지 모든 상품을 판매한다. 고객은 사용자 편의적인 사이트에 접속해 클릭한 번으로 필요한 정보를 모두 찾을 수 있다. 바오스틸은 주문과 배송 과정 전체를 디지털화했고, 금융 같은 다른 서비스도 온라인 플랫폼을 통해 제공한다.

바오스틸은 판매와 고객 접촉이 모든 채널에서 진행되는 옴니채널의 개념을 잘 보여준다. 옴니채널 전략은 더 이상 전통적인 소매업종과 최종 소비자들에게 국한되지 않는다. 은행, 보험, 에너지에서 순수한 B2B 산업에 이르기까지 모든 산업들로 확산되고 있다. 디지털화는 모든 산업에서 고객이 정보를 찾고 구매하는 방법뿐 아니라 기업과 기업의 기존 고객 및 잠재 고객과 소통하는 방법을 근본적으로 변화시킨다.

옴니채널은 모든 산업 분야에서 도전이자 기회

불과 몇 년 전까지 은행과 보험 거래 중 일부는 규정에 따라 한 가지 채널로만 거래됐다. 은행 계좌를 개설하거나 보험을 해지하고 싶은 사람은 적어도 마지막 단계를 오프라인 지점에서 마무리하고, 은행 지점, 보험 대리점, 우체국 등에서 합법적으로 신분 확인을 받아야만 했다. 디지털로 신분을 확인하는 방법이 등장하면서, 지금은 이런 마지막 단계도 다양한 방식으로 처리할 수 있게 됐다. 소큐어Socure, 웹아이디WebID, 디아이디The ID Co. 같은 스타트업은 동영상과 스마트폰을 통한 신분 확인 서비스를 제공하고, 복잡한 규제 환경 속에서도 은행 계좌 개설과 보험 해지를 위한 마지막 절차까지 디지털화하고 있다.

여행과 숙박 서비스업체는 고객 접촉 과정에 대한 디지털화를 강력하게 추진하고 있을 뿐 아니라 프라이스라인Priceline과 익스피디아 같은 디지털 중개 플랫폼과의 치열한 경쟁에 직면해 있다. 이들 디지털 중개 플랫폼은 고객에게 직접 접근하기 위해 마케팅에 엄청난 자금을 투입한다.

처음에 소개한 것처럼 고객 접촉에 대한 디지털화는 중공업 같은 B2B 분야에서도 일반적인 것이 됐다. 바오스틸이 자체 플랫폼을 운영하는 반면 경쟁사들은 알리바바를 통해 철강 제품을 판매한다. 바스프BASF 같은 화학 회사도 알리바바를 통해 중국의 중소기업들에게 화학제품을 판매한다.

다채널 접근법은 고객에게 정보를 제공하고, 상품을 판매하는 것뿐 아니라 기업과 고객을 직접 연결시키는 데도 활용된다. 예를 들어 보험 회사들은 운전자들이 스마트폰에서 사진을 전송하는 방식으로 사고를 접수할 수 있도록 디지털 채널을 만들었다. 의료보험 고객은 앱에서 의료비 영수증을 스캔해 보내면 보험금을 받을 수 있다. 모든 고객과의 접점을 빠르게 디지털화하는 것이 알리안츠의 최우선 과제인 것도 놀랍지 않다.

가장 강력한 소비자 집단이 될 밀레니얼 세대

디지털 전환의 개척자는 최종 소비자들과 접점을 형성한 소매업과 서비스업이다. 이들 업종은 디지털 시대에 성장한 젊은 세대가 고객이 될 날을 준비하고 있다. 5년 뒤에는 1990년 이후에 태어난 사람들이 가장 강력한 소비자 집단이 될 것이다. 한 조사에 따르면, 밀레니얼 세대의 77퍼센트가 매일 3시간 이상을 온라인 세계에서 보낸다. 56퍼센트는 스마트폰이 가장 중요한 쇼핑 도구라고 답했다. 밀레니얼 세대는 일반 대중보다 평균 소득이 낮지만, 온라인 소비 성향은 평균보다 높다.

오프라인 소매업은 모든 유통경로에서 판매하는 옴니채널 전략으로 젊은 사람들의 요구에 대응해왔다. 이는 다채널전략 또는 360도 상거래라고 알려져 있다. 기업은 이런 전략을 실행할 때 어떤 판매 채널에서, 어떤 플랫폼에서, 어떤 접촉 지점에서 고객에게 노출되고, 어떻게 고객과 소통할지를 정해야 한다. 오늘날 고객들은 어떤 경로로 정보를 얻고, 구매하고, 상품과 서비스를 받을지를 자유롭게 결정하고 싶어 한다. 즉 고객들은 다양한 경로와 접점 사이를 원활하게 오갈 수 있기를 바란다.

초창기에 오프라인 유통사들은 온라인 경쟁자들의 공격을 피하는 방어 전략을 주로 사용했다. 현재 기존의 소매 유통사들은 전력을 다하고 있다. 이들은 기존 매장을 고객과의 만남을 위한 무기로 활용한다. 고객들은 매장에서 직접 상품을 경험하고, 조언을 듣고, 온라인에서 주문한 상품을 찾아가거나 교환할 수 있다. 이런 전략은 매우 성공적이어서 온라인 유통사들도 다채널 전략을 고려하고 있다. 아마존은 물리적인 점포와 주문한 상품들을 모아둘 수 있는 화물 취급소를 만들었다. 이는 새로운 디지털 유통사들이 과거의 오프라인 비즈니스 모델을 과소평가해서는 안 된다는 것을 보여주는 사례다. 2016년 초를 기준으로 전체 소매업 매출의 90퍼센트가 여전히 오프라인에서 발생했다.

구조가 가장 중요하다

최종 소비자들과 접촉하는 다양한 산업 분야에서 디지털 방식의 대응책들은 단순히 조금 더 많은 매출과 다양한 마케팅 활동—온라인, 모바일 기기, 소셜미디어, 채팅방—으로 이어졌을 뿐이다. 대부분의 경우, 이런 대응은 개별 판매 채널 관리자들이 경쟁사가 아닌 동료들과 경쟁하는 전통적인 유통 채널 갈등을 악화시켰다. 이런 일을 막으려면 기본 규칙을 명심해야 한다.

올바른 목표를 세우기

목표는 단순하다. 기업은 모든 접점과 채널을 통해 고객에게 지속적인 경험을 제공해야 한다. 그런데 실제로는 어떤 의미일까? 예를 들면 유통 산업에서는 고객이 광고에서 본 상품을 가장 가까운 매장에서 살 수 있는지를 스마트폰으로 확인할 수 있도록 하는 서비스를 의미한다. 아

■ 멀티채널 비즈니스 선도자들의 여섯 가지 특징 ■

선도자가 하는 일

멀티채널 전략
- 기업 전략과 밀접하게 연계된, 목표가 확실한 미래 멀티채널 계획을 정확하게 규정한다
- 탁월한 성과를 달성하려는 분야에서 목표로 정한 단계적 접근 방안과 투자를 실행한다

고객여정
- 채널과 관계없이 오로지 고객에게만 초점을 맞춘다
- 고객의 요구에 초점을 맞춘 원활한 고객경험을 확보한다

시사점
- 개선된 의사 결정과 더 커진 책임감의 시사점에 집중한다
- 반복적이고 포괄적인 실험과 학습 접근법을 실험한다

유연한 공급망
- 고객 주문을 처리하는 과정에서 유연성과 선택권을 제공한다
- 기반 시설 – 특히 매장 – 활용 최적화와 최적화된 기본 업무 과정

역동적 기술 생태계
- 과거 시스템과 새로운 시스템을 연계하는 프로그램 개발 툴을 이용해 확장 가능한 사내 업무 지원 시스템에 투자한다
- 12~18개월 주기의 연동 계획을 수립한다
- 고객과 대면하는 과정에서 최소기능제품(Minimum Viable Product, MVP) 접근법을 활용한다
- 고객과 직원에게 권한을 부여한다

조직과 운영 모형
- 디지털화가 우위를 점하는 문화를 만든다
- 직원들의 디지털 지수를 높인다
- 자원을 중앙 집중화한다 : 다기능적 팀과 방법을 도입한다
- 경영진 차원에서 디지털 조직을 장려한다
- 새로운 인재와 기존 인재를 화합시킨다 : 1 + 1 = 3

니면 매장에서 쇼핑하는 고객들에게 스마트폰으로 할인권이나 상품권을 전송하는 것일 수도 있다. 전기나 가스 회사 고객들에게는 회사 홈페이지에 접속했을 때 이름을 불러주는 것일지도 모른다. 은행은 고객이 자기 전에 스마트폰으로 대출 신청서를 작성하고, 다음 날 점심시간에 신청

절차를 마치고 계약서에 사인할 수 있도록 서비스를 통합하는 것이다.

기업의 경우, 올바른 목표 설정은 어떤 채널을 조합하는 것이 목표 고객에게 가장 효과적인지에 관한 전략적 문제에서 시작한다. 각 채널과 플랫폼이 어떤 역할을 하고, 다채널 서비스에 어떻게 통합될 수 있을까? 기업이 포함시키고 싶지 않은 채널에 관한 문제도 여기에 해당된다. 예를 들면 에너지 회사가 가격 비교 사이트에 참여해 가격 전쟁을 벌여야 할까?

목표 고객의 요구를 정확하게 이해했을 때만 이런 질문들에 답할 수 있다. 그래서 관리자들은 매장이나 사이트의 최초 고객 접점부터 조사와 고려 단계, 실제 구매와 잠재적 애프터서비스에 이르기까지 모든 소비자 결정 과정을 이해해야만 한다. 이런 과정은 고객마다 다르기 때문에 고객들이 각 판매 채널 사이를 원활하게 오갈 수 있도록 하는 것이 더욱 중요해지고 있다. 영국의 성공적인 멀티채널 유통사인 존 루이스의 마케팅 책임자 앤디 스트리트Andy Street는 "판매 기술은 모든 채널이 동일하다. 고객이 현재 사용하는 채널에 관해 걱정할 필요가 없도록 만들어야 한다. 고객이 어떤 채널을 택하든 동일한 방식으로 상품과 서비스를 받아야 하기 때문"이라고 말했다.

연속적으로 데이터 분석하기

기업들은 다양한 채널을 오가는 고객의 여정을 이해하는 데 데이터에 의존한다. 시장조사 연구원이나 고객 인사이트 전문가는 모든 고객과의 접점에서 고객 만족도 데이터를 활용한다. 데이터 분석가는 잠재적 고객이 어디에서 이탈하는지 연구하고, 데이터를 활용해 고객과의 마찰이나 불만족이 있는 부분을 찾아낸다. 조사 결과는 경영진에 보고되고, 경영진은 이런 단점을 극복할 방법을 연구한다. 오늘날 고객의 요구와 습관은 매우 역동적이기 때문에 데이터 분석은 일회성이 아니라 측정, 분석, 최적화의 과정이 연속적으로 순환돼야 한다.

고객 중심적 사고 갖추기

다양한 접점에서 고객경험을 최적화하려면 최적화를 담당한 사람이 지속적으로 고객의 관점에서 생각해야 한다. 그러려면 부서 간 장벽과 사고방식의 차이를 허물고자 노력해야 한다. 이는 판매 채널을 별도 조직 단위로 개별 관리하지 않을 때에만 가능하다. 하지만 새로운 채널과 함께 성장한 많은 기업이 판매 채널을 별도 조직으로 관리하는 것이 현실이다. 때문에 심각한 채널 갈등이 일어나고 있다. 유일한 해결책은 고객처럼 생각하고, 부서 간 장벽을 넘어 다기능적 사고에 입각해 모든 과정을 추적하는 것이다.

대부분 기업의 디지털 조직에게 고객 중심적 사고는 핵심 지표다. 하지만 고객 중심적 사고는 조직 문화의 변화와 그 의지를 필요로 한다. 새로운 채널이나 고객과의 접점이 생겨날 때마다 기업은 그것들을 고객에게 접근하는 데 활용해야 한다. 반응이 긍정적이면 확장하고, 부정적이면 빨리 그만둘 수 있다. 기업은 지속적으로 개혁하려는 의지를 가져야 하고, 실패를 수용할 준비가 돼 있어야 한다.

예를 들면 미국 패션 기업 노드스트롬은 이런 실험을 위해 혁신 연구소에 다기능 팀들을 만들었다. 영국의 유통사 존 루이스는 매장에서 새로운 기술을 지속적으로 실험한다. 가장 최근에는 스마트거울을 시험했다. 고객이 옷을 클릭하면 옷을 입은 모습이 가상 3D 이미지로 나타난다. 그 모습이 마음에 드는 고객은 QR코드를 스캔해 디지털 장바구니에 담을 수 있다. 고객 서비스의 일환으로, 거울에 비친 이미지는 고객 이메일로 전송된다. 프로젝트 팀은 이 실험이 매우 재미있고 훌륭한 생각이라고 결론 내리고 프로젝트를 종료했다. 처음에는 고객들 사이에서 매우 인기가 높았지만, 고객 행동이나 판매 증가에 관한 새로운 결과를 만들어내지 못했기 때문이다.

기술 개선하기

모든 채널에서 성공하기 위해서는 기술에 대해 다시 생각해봐야 한다. 기술은 이제 지원 기능이 아니라 핵심 경쟁력으로 개발돼야 한다.

모든 접점에서 고객을 지원하려면 각 접점에서 데이터가 수집되고, 이면에서 저장돼야 한다. 이런 기능은 클라우드의 기반이 되는 막강한 데이터베이스를 요할 뿐 아니라 통합된 IT 시스템도 필요로 한다. IT 시스템과 데이터가 준비되면 이를 분석해줄 소프트웨어가 있어야 한다. 고객들이 온라인 매장에서 둘러보기만 하고 물건을 사지 않고 떠났는지, 아니면 몇 가지 상품을 보고 장바구니에 담아놓고 떠났는지를 확인했다면 기업은 상품, 홈페이지 로딩 시간, 구매 절차 등을 개선해야 하는지 알게 될 것이다.

주문한 상품이 특정 시간에 공급망 중 어느 위치에 있는지를—창고, 분류센터, 아니면 이미 배송 차량에 있는지—보여주는 분석 소프트웨어를 활용하는 기업들만이 상품 배송 추적 같은 고객 서비스를 제공할 수 있다. 사이트, 특히 모바일용 사이트는 지속적으로 새로운 기능들로 최적화돼야 한다. 많은 접속자들 때문에 다운되는 홈페이지는 매출 감소를 초래한다.

하지만 기술 개선은 투자를 의미한다. 예를 들면 미국의 주택 개보수 용품 체인점 홈데포Home Depot는 앞으로 3년 동안 기술과 IT에 전체 예산의 40퍼센트를 투자할 것이라고 발표했다.

온라인 유통 선도자인 미국의 아마존도 오랫동안 다양한 채널로 영업 활동을 해왔고, 미래형 슈퍼마켓인 아마존고Amazon Go 같은 새로운 아이디어를 지속적으로 실험하고 있다. 스마트폰을 들고 아마존고 매장에 들어간 고객들은 관심이 있을 것 같은 상품들에 대한 개별적인 안내를 받는다. 과거에 구매한 경험이 있거나 아니면 상품 가격이 내렸기 때문이다. 스마트폰이 관련 상품이 있는 곳을 알려주고, 고객은 자신이 구매한 상품들을 스캔하고 차를 타고 집으로 오면 된다. 줄을 설 필요도, 계산대도 없다. 온라인 쇼핑처럼 앱과 연계된 신용카드로 결제가 이루어지고, 영수증은 고객 이메일로 전송된다.

분 단위로 변하는 동적가격책정 – 람지 순다라라잔Ramji Sundararajan

일반적인 온라인 의류업체는 상품을 약 700만 개 갖고 있다. 아마존처럼 다양한 분야의 상품을 취급하는 거대 온라인 유통사는 이보다 훨씬 많다. 게다가 가장 성공적인 온라인 유통사들은 15분마다 개별 상품 가격을 바꾼다. 어떻게 이것이 가능할까? 사무실에서 끊임없이 가격 탄력성 추세를 분석하는 데 얼마나 많은 직원이 필요한지, 이것이 개별 가격에 어떻게 영향을 미치는지 파악하려 한다면 당신은 잘못 생각하고 있는 것이다. 동적가격책정은 컴퓨터가 경쟁사 가격, 판매 촉진 수치, 잠재 고객의 검색 경향, 인터넷에서의 상품 평가, 트위터와 페이스북에서의 상품 언급 등에 관한 방대한 데이터를 처리하고 분석하는 완전히 자동화된 방식으로 이루어진다. 시장점유율을 높이거나 이익을 최대화하는 등 기업의 전략적 목표에 따라 알고리즘이 필요할 때마다 최적의 가격을 산출한다. 때로는 1분마다 가격을 새로 책정하기도 한다.

2005년에 아마존과 다른 경쟁사들이 도입한 동적가격책정은 온라인 유통사들의 이익을 보전해준다. 영리한 온라인 쇼핑객들은 저렴한 상품을 찾아 나서기 때문이다. 가격 비교 사이트와 상품 평가 사이트는 과거에는 없었던 투명성을 가져왔고, 공격적인 새로운 유통사들은 종종 저렴한 미끼 상품으로 기존의 가격 구조를 무너뜨린다. 동적가격책정은 소비자가격 인식과 유통사의 이익을 높이는 데 중요한 역할을 한다. 일반적으로 동적가격책정은 단기간에 3~8퍼센트의 판매 수익률을 창출할 수 있어 커다란 경쟁력을 가진다.

유통사들은 두 종류의 동적가격책정으로 대응한다. 한 가지는 모든 고객에게 적용되는 전체 상품 가격을 최적화하는 것이다. 유명 상표의 제품처럼 가격 비교가 쉬운 상품에 이상적이다. 두 번째 방식은 개별 고객에 맞춰 가격을 산출하는 것이다. 이것은 보험이나 여행 상품처럼 직접적인 가격 비교가 어려운 경우에 더 효과적이다.

알고리즘이 최적가를 찾아낸다

다행히 최적가가 언제나 경쟁사보다 낮은 것은 아니다. 오프라인 유통사들의 사례가 보여준 것처럼, 고객은 특정 상품의 가격을 근거로 매장 전체가 가격 대비 성능비가 좋은지 아닌지에 관한 의견을 형성한다.

예를 들면 우유, 버터, 세제처럼 자주 사는 상품들에 대한 인상은 일반적으로 슈퍼마켓에서 만들어지기 때문에 유통사들은 이런 상품의 가격을 매우 공격적으로 책정한다.

온라인도 사정이 다르지 않다. 고객이 가격에 대한 가치기준을 두는 상품이 뭔지 알아내는 것이 중요하다. 역시 가장 모범적인 사례는 아마존이다. 아마존은 각 분야에서 핵심적인 가치 상품을 정해 경쟁사보다 저렴한 가격에 제공한다. 예를 들면 아마존은 구매자 대부분이 프린터 잉크를 살 때 검정색 잉크 두 개 묶음 상품의 가격을 가장 먼저 찾아본다는 것을 안다. 그래서 2016년에 이 상품 가격을 경쟁사보다 20퍼센트 이상 낮췄다. 하지만 고객들이 자주 사는 검정색 잉크 하나의 가격은 경쟁사보다 조금만 낮게 책정했다. 검정색 잉크의 저렴한 가격은 컬러 잉크에서 보상을 받는다. 노란색, 파란색, 빨간색 잉크는 경쟁사들보다 33~57퍼센트 비싸다.

디지털 가격 책정의 좋은 점은 기업이 지속적으로 학습한다는 것이다. 컴퓨터 프로그램이 고객과 경쟁사 반응을 추적해 실시간으로 가격에 반영한다. 판매가 계획대로 이루어지고 있는가? 관심을 보인 사람들 가운데 구매하지 않은 사람이 얼마나 되는가? 어디에서 새로운 고객이 유입되는가? 가격 비교 사이트인가? 경쟁사 사이트인가? 아니면 우리 사이트를 콕 집어서 왔는가? 이 모든 결과가 즉각적으로 가격 결정 모델에 입력되고, 이에 따라 가격이 지속적으로 조정된다.

이런 공식에 따라 가격을 최적화하는 기업은 20퍼센트의 상품이 매출과 이익의 80퍼센트를 차지한다는 오래된 80/20 규칙을 무너뜨리고 있다. 아마존의 휴대전화 판매를 예로 들어보자. 휴대전화 분야에서 아마

┌───┐
│ ■ 전통적인 소매가 결정의 기본 규칙을 파괴하는 디지털화 ■   │
│   │
│   가격 책정에 대한 도전   │
│ ─── │
│ 1. 소비자들이 무제한적   소비자들이 실시간으로 상품을 조사하고, │
│   정보 접근권을 갖고 있다   가격을 비교할 수많은 방법이 있다   │
│   │
│ 2. 실시간 정보   실시간으로 경쟁사와 소비자 행동에 대한 정보를 │
│   입수, 하루에도 몇 번씩 가격을 바꿀 수 있다 │
│   │
│ 3. 고객의 기대가 변하고 있다 새로운 업체들을 통한 고객경험이   │
│   가격과 판촉에 대한 기대치를 변화시켰다 │
│   │
│ 4. 역동적인 고객   고객은 다양한 채널을 따라 의사 결정을 하고, │
│   이를 당연하게 생각한다   │
└───┘

존 매출의 80퍼센트는 단말기 판매에서 발생한다. 단말기는 휴대전화 관련 상품의 20퍼센트 정도를 차지한다. 나머지 80퍼센트는 충전기, 연결 케이블, 헤드폰, 스마트폰 케이스 같은 액세서리다. 이런 제품들이 매출에서 차지하는 비중은 20퍼센트지만, 휴대전화 관련 상품 판매 이익의 50퍼센트를 가져다준다. 이런 제품들은 전형적인 롱테일long-tail 상품이다. 이런 액세서리들은 신형 모델이 구형을 대체해도 수년 동안 사용되기 때문에 상품 분류 목록에 남아 있다. 오프라인 상점에서 이렇게 광범위한 액세서리 재고를 보유하려면 비용이 많이 든다. 매장 임대비가 비싸기 때문이다. 하지만 비용이 많이 들지 않는 거대한 창고를 가진 온라인 유통사들은 이런 상품으로 이익을 높인다.

모든 중요한 온라인 유통사들이 이미 동적가격책정 시스템을 갖췄고, 지금은 오프라인으로 확산되고 있다. 예를 들면 미국의 시어스Sears와 홈데포는 매장의 일부 상품들에 전자 가격표를 부착해 버튼만 누르면 가격을 바꿀 수 있도록 했다. 전자 가격표 시스템이 전체적으로 도입되면 오프라인으로 시작한 다채널 유통사들도 동적가격책정 전략을 도입할 기회를 갖게 될 것이다. 궁극적으로 오늘날의 고객들은 모든 채널에서 지속적인 가격 제안을 기대한다.

개인 맞춤형 가격

맞춤형 가격은 한 단계 더 발전한 것이다. 이 경우, 유통사는 사이트에 어떤 단말기로 접속했는지 분석하는 것과 같은 방식으로 개별 고객들의 성향 분석을 시도한다. 비싼 아이패드라면 시스템은 즉각 안드로이드 운영체제가 설치된 저가형 단말기를 사용하는 고객보다 더 높은 가격을 보여준다. 가격 비교 사이트에서 온 고객에게는 더 저렴한 가격을 보여준다. 시스템은 어떤 사람이 과거에 사이트를 방문했을 때 어떤 상품에 관심을 보였는지를 오랫동안 관찰한다. 그 고객이 사이트를 방문해 또다시 동일한 상품을 보고 있으면 즉시 구매 할인이나 추가적인 서비스를 약속하는 방식으로 구매 결정을 유도한다.

고객들은 이런 맞춤형 가격 전략을 알게 되면 결코 기분이 좋지 않다. 때문에 많은 여행사가 단말기에 따라 고객을 차별화하는 전략을 포기했다. 너무나 많은 고객이 비싼 아이폰으로 빠르게 검색하면서 본 가격이 나중에 집에서 오래된 PC로 찾아본 가격보다 더 비싼 것에 격분했다. 하지만 중요 여행업체들은 여전히 사이트로 들어온 경로에 따라 가격을 차별화하는 정책을 유지하고 있다.

다양한 산업 분야의 기업이 개인 맞춤형 가격 정책에 관심을 기울인다. 보험사들은 개인의 위험에 대해 더 좋은 가격을 책정하는 방법을 연구하고, 에너지 회사들도 개인의 소비 습관을 요금 체계에 반영하고 싶어 한다. 동적가격책정이 효과를 보는 것은 단지 소매업만이 아니다. 화학, 철강 등 기업 고객을 상대하는 산업에서도 동적가격책정을 실험하고 있다. 바오스틸의 온라인 철강 유통 플랫폼인 구야운상은 철강 분야에서 전례 없는 가격 투명성을 만들어냈다. 바스프는 중국의 온라인 유통망인 알리바바에 입점해 아시아에 있는 수천 개 중소기업들에게 화학제품을 판매하고 있다.

동적가격책정의 다섯 가지 구성 요소

동적가격책정은 가격에 대한 소비자의 인식과 유통사의 이익을 높이는 데 중요한 역할을 한다. 강력한 동적가격책정 솔루션은 다섯 가지 요소로 이루어져 있다. 이 구성 요소들은 모든 재고 관리 코드에 대한 추천 가격을 책정하기 위해 동시에 작동한다.

1. **롱테일 구성 요소** : 유통사가 지능적인 상품 매칭으로 신제품이나 롱테일 제품의 출시 가격을 결정하는 데 도움이 된다. 롱테일 구성 요소는 데이터가 풍부한 어떤 상품이 신상품(판매 이력이 없는)과 유사한지 아니면 롱테일 상품(판매 기록이 제한적인)과 유사한지를 결정한다.

2. **탄력성 구성 요소** : 상품 가격이 수요에 어떤 영향을 미치는지를 계산하기 위해 시계열 방법과 빅데이터 분석을 활용한다. 탄력성 구성 요소는 계절성, 자기 잠식 효과, 경쟁적 대응 방안 등을 포함해 다양한 요인들을 설명해준다.

3. **핵심 가치 상품**The Key Value Items, KVIs **구성 요소** : 소비자 조사보다는 실제 시장 데이터를 활용해 각 상품이 소비자의 가격 인식에 얼마나 영향을 미치는지를 추정한다. 이 구성 요소는 소비자들이 핵심 가치 상품으로 인식하는 상품의 변화를 자동으로 감지할 수 있도록 해준다.

4. **경쟁-대응 구성 요소** : 경쟁사 가격을 실시간으로 확인, 이를 근거로 가격 조정을 추천한다.

5. **옴니채널 구성 요소** : 오프라인과 온라인 채널 간 가격을 조정한다.

각 분야의 최고 솔루션에는 이 다섯 가지 구성 요소들이 포함돼 있지만, 기업들은 핵심 가치 상품과 경쟁-대응 구성 요소로 시작할 수도 있다. 이는 기업들이 핵심 가치 상품에 대한 경쟁사의 대책에 신속하게 대응할 수 있도록 돕는다. 나머지 구성 요소들은 나중에 추가할 수 있다.

효과적인 동적가격책정을 위한 토대를 구축하려는 기업은 시스템 구축이 그만한 가치가 있다는 것을 안다. 몇몇 전자상거래 기업은 동적가격책정을 통해 2~3퍼센트포인트 이익을 증가시켰다. 이익률이 낮은 업계에서 이 정도 숫자는 업계 선도자와 추종자를 갈라놓을 수 있다.

이런 결과들 때문에 머지않아 동적가격책정에 관한 다양한 개념이 인기를 끌 것이다. 동적가격책정은 앞으로 몇 년 안에 기업의 핵심 경쟁력이 될 것이다. 그리고 소매에 이어 B2B 분야에 영향을 미칠 것이다. B2B 분야는 아직도 가격 투명성이 결여돼 있다. 이런 새로운 개방성은 충격파를 유발할 수 있다. 철강이나 화학 산업의 거래 관행을 생각해보라. B2C 분야에서 가격 책정은 맞춤형 가격을 포함해 점점 더 개인의 요구에 맞추는 방향으로 발전하고 있다.

┌───┐
│   ■ **동적가격책정 솔루션은 다섯 가지 구성 요소를 포함해야 한다** ■   │
│   │
│ • **롱테일 구성 요소** : 지능적인 상품 매칭으로 출시 가격을 결정하는 데 도움을 준다 │
│   │
│ • **탄력성 구성 요소** : 상품 가격이 수요에 어떻게 영향을 미치는지 알려준다 │
│   │
│ • **핵심 가치 구성 요소** : 각 상품이 소비자의 가격 인식에 얼마나 영향을 미치는지 추정한다 │
│   │
│ • **경쟁-대응 구성 요소** : 실시간 업데이트되는 경쟁사 가격을 근거로 조정된 가격을 추천한다 │
│   │
│ • **옴니채널 구성 요소** : 오프라인과 온라인 채널 간 가격을 조정해준다 │
└───┘

중요한 문제는 고객들의 반응이다. 여행업계의 사례처럼 어떤 것이 기술적으로 가능하다고 해서 곧 그것이 수용되리란 법은 없다. 여행업계는 고객이 고가의 애플 단말기를 사용하는지 아니면 저가의 이름 없는 PC를 사용하는지에 따라 가격을 차별화하는 정책을 포기해야만 했다. 하지만 맞춤형 가격 책정에 관해서는 다른 많은 선택지가 있다. 그리고 이런 선택들은 창의적인 기업들에게 흥미로운 도전이 될 것이다.

콘텐츠를 활용하는 디지털 마케팅 – 브라이언 그레그Brian Gregg

사람들은 메시지를 확인하려고 하루 평균 200번 정도 스마트폰을 본다. 20세인 사람은 지금까지 마케팅 메시지를 2,000만 건 받았다. 1990년대에는 100만 건에 불과했다. 미국에서는 성인들이 매일 6시간 정도를 온라인에서 보내고, 유럽도 비슷하다. 미국에서 구글은 모든 신문을 합한 것보다 더 많은 광고 수익을 올린다.

우리는 채팅을 하고, 트윗을 보내고, 문자메시지와 이메일을 보낸다.

인스타그램에 사진을 올리고, 언제 어디서나 유튜브로 동영상을 볼 수 있다. 미디어 사용 행태가 급격하게 변했다. 마케팅에서의 변화도 엄청나다. 전통적 광고가 젊은이에게 미치는 영향력이 그 어느 때보다 적어지면서 온라인에서 지속적으로 브랜드 인지도와 신뢰도를 높이는 방법들이 더욱 중요해지고 있다.

기존 마케팅 회사들은 완전히 다시 태어나야 한다. 광범위하고 개별적이고 순차적인 광고 계획 대신 구체적으로 소규모 표적 집단을 겨냥한 다양한 광고들이 동시에 진행되고 있다. 소비자들은 대중을 상대로 한 소통보다 개인화된 소통을 원한다. 또 표어 대신 이야기를 좋아한다. 시청자들이 관심을 갖든 말든 광고 시간에 홍보 영상이나 광고를 방송하는 대신 친구들 사이에서 공유될 만큼 재미있는 콘텐츠(자발적으로 공유된 광고)를 전달하는 것이 오늘날의 궁극적인 과제다.

■ 마케팅 조직의 재편을 요구하는 디지털 마케팅 ■

전통적인 마케팅	디지털 마케팅
1회성	항상
강요	요구에 따라
표준화	개인화와 특정 대상
구매	소유 + 자발적 공유 + 구매
사전 계획	기민
창조	창조, 측정, 최적화
고정 예산	유연한 예산

자연스럽게 스마트폰은 소비자 대부분이 선택에 사용하는 수단이 되고 있다. 마케팅 콘텐츠는 배너 광고뿐 아니라 노출이 제한되는 작은 화면 같은 모바일 기기의 한계를 고려해야 한다. 검색엔진은 작은 화면에 몇 가지 결과만 보여준다. 이는 광고가 검색 결과 상단에 있어야 한다는 의미다. 역으로 모바일 기기들은 스마트폰으로 소비자의 위치를 파악하고, 잠재적 고객이 가까이에 있는 점포를 찾도록 유도하는 광고를 보내는 지오마케팅Geomarketing 같은 새로운 기회를 제공한다.

각 메시지에 대응하는 올바른 채널 찾기

다양한 디지털 소통 채널은 마케팅 분야가 다양한 시도를 하게 한다. 마케팅 담당자들은 고객과 이용 데이터를 분석, 각 채널에 따른 목표 집단에 대응할 수 있다. 기업들은 새로운 퍼포먼스 마케팅 세계에서 개별 사이트에서 광고 공간을 사는 대신 다양한 사이트에 걸쳐 목표 집단에 도달하기 위해 돈을 지불한다. 목표 집단 선별은 과거의 검색 습관을 기반으로 한다. 매장 사이트에서 특정 상품을 본 고객들을, 특히 장바구니에 상품을 담았지만 구매하지 않은 고객들을 추적하는 것이 효과적이다. 고객들이 이미 관심을 보였기 때문에 디지털 채널을 통해 같거나 유사한 상품 구매를 다시 제안할 수 있다.

검색엔진 마케팅도 매우 구체적인 고객층과 상품을 겨냥한다. 검색엔진 최적화란 기업 사이트와 콘텐츠를 구글이 사용하는 알고리즘에 최적화해 사이트가 검색 결과의 최상단에 보이도록 하는 것이다. 검색엔진 광고는 구글 검색 결과 중 유료 광고 목록에서 첫 번째 위치를 구매하는 것이다. 검색 결과 상단에 위치하는 것은 검색엔진 최적화와 검색엔진 광고에 모두 중요하다. 마우스로 스크롤해야 볼 수 있는 검색 결과들은 모든 사용자가 클릭한 수 중 10퍼센트 미만이다.

검색엔진 광고는 클릭 횟수에 따라 돈을 지불하기 때문에 매우 비싸질 수 있다. 예를 들어 미국에서 구글은 사람들이 '와인 구매buy wine'에 대한 검색 결과에서 최상단 광고를 클릭할 때마다 2달러 90센트를 청구한다. '주택 담보대출mortgage'이라는 키워드 리스트의 최상단에 광고를 노출시키고 싶은 기업은 사람들이 한 번 클릭할 때마다 15달러 30센트를 지불한다. '보험insurance'이란 검색어는 31달러 10센트다. 광고 클릭이 구매로 이어지는 비율이 얼마나 높아야 이런 투자가 가치 있는지는 쉽게 계산할 수 있다.

트위터, 페이스북, 인스타그램 등 소셜미디어에서 마케팅이 재미있어지고 있다. 광고는 이제 선전 문구가 아니라 이야기 전달이다. 이는 마케팅 부서에게 완전히 새로운 사고방식과 조직을 의미한다. 이제는 광고대행사보다 에디터처럼 사고해야 한다. 콘텐츠 마케팅은 오늘날 디지털 마케팅의 가장 핵심 부분으로 더 자세히 설명하고자 한다.

콘텐츠가 왕이다

누구에게 어떤 이야기를 전달할 것인가? 어떻게, 어디서, 언제 이야기할 것인가? 이것이 콘텐츠 마케팅이 답해야 하는 질문이다. 마지막 '언제'라는 질문에 대한 답은 간단하다. '항상'이다. 기본적으로 디지털 콘텐츠 마케팅에는 다음 네 가지 중요한 성공 요인이 있다.

1. **연속성** : 기업들은 항상 깨어 있어야 한다. 오늘날 소비자들은 지속

적인 소통을 기대한다. 더 작은 단위로 더 많은 콘텐츠를 생산해야 한다는 의미다. 예를 들어 버버리는 정기적으로 유튜브에 신상품에 관한 동영상을 공개할 뿐 아니라 도달 범위가 넓은 뮤직 비디오도 공개한다.

2. **독창성** : 기업들에게는 각 플랫폼에 적합한 자신들만의 독창적인 콘텐츠가 필요하다. 메시지는 콘텐츠 생산자가 그 분야에서 능력이 있다고 사용자들이 느낄 경우에만 목표를 달성할 것이다. 예를 들면 아메리칸익스프레스American Express는 오픈포럼OPEN Forum을 시작했을 때 상당히 많은 고객들에게 접근했다. 오픈포럼은 고객들이 긴급한 사업 문제를 해결하는 것을 돕는 전문가들을 소개해주는 플랫폼을 제공하고, 동시에 아메리칸익스프레스의 브랜드 메시지를 고객들에게 노출시켰다. 콘텐츠가 반드시 상품과 관계될 필요는 없다. 레드불Red Bull은 스포츠 산업과 오랫동안 관계를 맺으며 스포츠 산업에서 신뢰하는 브랜드가 됐다. 콘텐츠는 전달 매체와 어울려야 한다. 예를 들면 스냅챗Snapchat에서 사용하는 소통 스타일은 서술적인 블로그에서 사용되는 언어보다 더 즉흥적이다. 반면 가상 핀보드인 핀터레스트Pinterest의 이미지들은 짧은 순간을 포착한 사진이 중심이 되는 인스타그램에서 발견되는 사진들과 다르다.

3. **연관성** : 콘텐츠 마케팅을 하려면 누가 연관 고객인지, 그들이 어떤 채널을 사용하는지, 어떤 콘텐츠에 반응하는지를 정확하게 이해해야 한다. 밀레니얼 세대에게 설명적인 동영상은 확실히 중요하다. 구글이 실시한 맥개리보웬McGarryBowen과 크라프트푸드Kraft Food의 공동 연구 조사에 따르면, 25~34세 중 59퍼센트가 스마트폰이나 태블릿을 보면서 요리한다. 그래서 홈데포, 로우스Lowe's, 에이스하드웨어Ace Hardware 같은 하드웨어 체인점들은 유튜브에 방대한 교육용 동영상을 올렸다. 전자 제품

유통점인 새턴Saturn은 온라인 매거진 〈턴온Turn On〉과 유튜브에서 전자 제품 기술을 설명한다. 세이프웨이Safeway와 홀푸드Whole Foods 같은 슈퍼마켓은 자체 온라인 요리 강좌를 운영한다. 유통사들에게 이런 투자는 충분히 가치가 있다. 젊은 성인을 대상으로 한 조사에서, 3분의 1이 교육용 동영상을 본 다음에 해당 상품을 구매한 것으로 나타났다. 56개의 유럽 사례에 대한 구글의 메타분석을 보면, 전체 사례 중 4분의 3 정도가 텔레비전 광고보다 유튜브 동영상에 대한 투자 수익률이 더 높았다. 다른 산업 분야에서는 가장 최근 콘텐츠가 중요하다. 월드컵 축구 같은 중요한 행사의 경우, 더 짧은 주기로 더 많은 콘텐츠를 생산해야 한다. 예를 들면 아디다스와 나이키는 각각 소셜미디어에서 경기를 생중계하는 해설 팀을 만들어 온라인 콘텐츠를 보완하고 있다.

4. **상호 소통**: 적극적으로 온라인 활동을 하는 거의 모든 기업은 어느 시점이 되면 직접적인 질문에 빠른 대답을 기대하는 고객들과 직접 관계를 맺게 된다. 유나이티드항공United Airlines의 예를 살펴보자. 여행 문제는 소셜미디어에서 특히 많은 질문이 오가기 때문에 유나이티드항공은 트위터, 페이스북, 링크드인LinkedIn에서 24시간 고객 서비스를 홍보하면서 경쟁사들과 차별화를 추구하고 있다.

콘텐츠 마케팅에서 성공하는 법

이런 문제들을 극복하려면 마케팅을 재편해야 한다. 마케팅은 기술, 조직, 관리, 통제 시스템을 필요로 한다.

- **기술**: 콘텐츠 관리 시스템은 마케팅 팀이 콘텐츠를 유통시키는 절

차를 관리하고, 단순한 사용자 인터페이스User Interface, UI를 통해 효율성을 높이도록 돕는다. 미디어 자산 관리Media Asset Management나 데이터 자산 관리Data Asset Management도 이미지, 동영상, 텍스트를 중앙 시스템에 저장하고 중복 생산을 최소화하도록 돕는다. 분석 도구들은 콘텐츠의 효과를 측정하고, 부정적인 반응이 있을 경우 데이터에 근거해 개선 방안을 제시한다. 마지막으로 목표 관리 시스템과 청취자 관리 시스템은 기업들이 올바른 콘텐츠를 올바른 목표 집단에게 전달할 수 있도록 돕는다.

■ **조직** : 새로운 도전에 맞게 업무 과정이 변해야 할 뿐 아니라 조직도 바뀌어야 한다. 전략과 창의성 등 전통적인 마케팅의 기능은 마케팅 지식과 편집 업무를 대신해주는 편집자, 작가, 콘텐츠 관리자와 같은 직무들에 의해 보완된다.

■ **관리** : 업무 조정자는 구매 콘텐츠, 제작 콘텐츠, 공유 콘텐츠의 적절한 조합을 관리한다. 제작 콘텐츠는 기업이 직접 제작해 자체 홈페이지나 인스타그램 계정 등에 올린 모든 콘텐츠를 말한다. 공유 콘텐츠는 다른 사용자들에 의해 공유되고, 연결되고, 다시 게시되고, 언급됨으로써 얻게 된 영향력을 지칭한다. 이렇게 무료로 얻은 영향력이 언뜻 기업의 궁극적인 목적인 것처럼 보이지만, 가장 중요한 것은 콘텐츠의 적절한 조합이다. 이런 다양한 콘텐츠는 고객들에게 끊임없이 자연스럽게 전달돼야 한다. 따라서 성공적으로 공유된 콘텐츠는 종종 금전적인 수익으로 이어진다.

■ **통제 시스템** : 콘텐츠 마케팅은 지속적인 검사, 측정, 개선을 필요로 한다. 콘텐츠의 성공은 단순히 도달 범위로만 측정돼선 안 된다. 고객들 사이에서 얼마나 회자되는가에—사용자 중 X퍼센트가 그들의 지인 중

Y퍼센트와 공유하고 있다—의해서도 측정돼야 한다. 고객 반응은 문자 분석 소프트웨어를 활용해 긍정적, 부정적, 중립적으로 분류될 수 있다. 이를 통해 기업은 성공적인 콘텐츠를 빠른 시간 안에 찾아내, 계획된 유통을 통해 콘텐츠 확산을 주도할 수 있다.

콘텐츠 마케팅 다음은 프로그래머틱 마케팅이다

온라인 마케팅은 어떻게 지속적으로 발전할까? 데이터를 기반으로 구체적인 표적 집단을 목표로 설정하는 추세는 새로운 첨단분석 기법과 함께 상당히 발전할 것이다. 완전히 자동화된 알고리즘이 디지털 마케팅 콘텐츠의 노출을 통제하기 위해 활용될 것이다. 이런 기법은 프로그래머틱 마케팅programatic marketing으로 알려져 있다. 예를 들면 어떤 사용자가 사이트를 방문할 경우, 그 사이트의 광고 공간이 실시간으로 광고 플랫폼에 보이고, 수천 분의 1초 만에 입찰 절차를 통해 광고를 게시할 공간이 할당된다.

이것이 기업의 온라인 마케팅 조직에게 어떤 의미일까? 새로운 기술과 기회를 이해하는 온라인 마케팅 전문가들로 구성된 핵심 팀이 회사 내부에 필요하다는 뜻이다. 온라인 마케팅 전문가는 광고 예산이 최대한 효율적으로 집행되는지, 지속적으로 최적화되는지를 확인해야 한다. 현재 너무 많은 기업이 이 업무를 외부 서비스 기관에 맡기고 있다. 마케팅과 기술 분야에 대한 전문 지식은 올바른 마케팅 시스템과 도구를 갖춘 기업에게 핵심 능력이 될 것이다. 이런 능력은 마케팅 담당자들에게 상당히 큰 도전이 될 것이다.

점점 가속화되는 디지털 제품 개발과 개방형 혁신

— 미카엘 울Michael Uhl, 벨키스 바스케즈-맥콜Belkis Vasquez-McCall

소노스Sonos 스피커는 디지털 라디오를 제어해 다른 방에 있는 스피커에 다른 노래를 전송하고, 온 식구를 위해 선곡 목록을 저장하는 앱을 개발하고 있다. 오늘날 모든 단말기가 인터넷에 연결돼 있고, 센서들이 수집한 데이터를 전송한다. 자동차는 오래전에 바퀴가 네 개 달린 컴퓨터가 됐다. 우리의 일상생활을 밝혀주고, 경제를 움직이는 상품들이 변했다. 소프트웨어를 통한 부가가치의 공유가 늘어나면서 이런 상품들이 더 스마트해지고 있다. 예를 들면 오늘날의 자동차에는 윈도 운영체제보다 더 많은 프로그램 명령이 포함돼 있고, 그 수는 계속 늘어나고 있다.

소프트웨어 때문에 많은 산업 분야에서 개발 부서들이 프로그래머들의 방법에 의존한다. 이것이 새로운 상품과 서비스로 가는 구조화된 경로인 디지털 개발이다. 개발자들은 여러 부서 간의 협력을 통해 변화에 기민하게 대응하는 접근법으로 디지털 혁신과 기술적 혁신을 결합한다. 이런 접근법은 언제나 최종 소비자를 염두에 두고 프로젝트를 생산 단계까지 추진한다. 이 과정에서 속도는 완벽함보다 중요하다. 이 방식의 핵심은 시도하고 실패하고 배우는 것이다.

디지털 혁신 과정은 지침이 되는 원칙에 따라 결정되고, 모듈 구조로 시작된다. 개발자들은 집중적인 프로젝트에서 시작해 그 결과를 인접 분야로 전파한다. 모든 혁신은 고객을 목표로 한다. 고객의 피드백은 즉각적으로 개발 과정에 다시 반영된다. 이 과정은 기민하고 빠르다. 디지털 개발 과정은 효율적이며, 결코 멈추지 않는다. 상품이 지속적으로 개발되고 있는 것이다.

■ 디지털 혁신 과정이 따르는 모범적인 디자인 원칙 ■

원칙	설명
1. 모듈 방식	・조립식 원칙을 통한 업무 과정 확장(예 : 새로운 아이디어 원천에 적용) ・유연한 조정 가능성(예 : 신속한 절차)
2. 고객 중심	・초기 시제품, 파일럿을 통한 고객에 대한 무조건적이고 빠른 집중 ・고객 피드백을 활용하는 지속적인 반복 실행
3. 기민함	・자원 배분뿐 아니라 실행, 조정에 대한 빠른 결정 ・프로젝트 범위에 따른 다양한 실행 기간
4. 효율성	・유망한 아이디어의 침투성 ・짧은 의사 결정 과정과 비즈니스 아이디어 실행을 위한 최적의 지원
5. 지속적인 추가 개발	・업무 과정의 반복 실행과 피드백과 경험의 통합 ・완성도에 따른 업데이트 주기의 감소

디지털 혁신 과정은 최소 범위로 정의하고 이후에 시험하고 수정되어야 한다.

창의성을 활용한 개방형 혁신과 개방형 개발

이런 상품 개발 철학은 디지털 경제에서 태어났고, 전통적인 아날로그 상품의 혁신 과정에도 채택되고 있다. 대체로 여러 부서를 넘나드는 자율적인 팀들이 중점 과제를 연구하고, 각종 위원회와 관리자의 간섭 없이 특정 단계의 목표를 달성하는 데 전력을 쏟는 방식이다. 독립성, 재미, 속도 등 스타트업의 최고 장점들이 적용된다.

개방형 혁신은 특별한 공유 방식이나 크라우드소싱 플랫폼을 활용함으로써 외부 사람들이 아이디어를 제공할 수 있도록 하고, 이상적으로는 특별하게 제공된 소프트웨어 도구를 이용해 아이디어를 시장에 바로 출시할 수 있는 제품으로 만드는 것이다. 개방형 혁신이 반드시 전체적인 디지털 혁신 과정에만 적용될 필요는 없다. 전통적인 기존 개발 과정에도 적용될 수 있다.

개방형 혁신의 개척자는 놀랍게도 디지털 기업이 아니었다. 장난감 기업 레고였다. 2005년 레고는 열성적인 성인과 어린이 사용자들을 legofactory.com에 초청, 디자인 팀을 구성했다. 사이트를 통해 미래의 디자이너들에게 자신만의 레고 블록을 만들 수 있는 무료 소프트웨어를 제공했고, 가장 훌륭한 아이디어들을 채택해 상품 개발에 반영했다. 레고는 legofactory.com을 통해 아이디어와 비판을 모두 받아들였다. 매우 열성적이고 기술적으로 능숙한 사용자들은 개방형 프로그램의 약점 몇 가지를 발견했다. 2012년에 레고는 개별적으로 디자인하고 생산된 조립 키트들이 고객들에게 너무 비싸 개방형 프로그램을 중단했다.

디지털 기업들 가운데 개방형 혁신의 선두 주자는 애플이다. 컴퓨터 제조사인 애플은 소프트웨어 개발자들을 위해 응용프로그램 개발 도구를 만들고, 아이폰과 아이패드에 사용되는 앱의 개발 환경인 X코드Xcode에 대한 접근권을 제공했다. 애플의 검증을 거친 앱들은 앱스토어에서 판매됐다. 개발자는 판매 수익을 가져가고, 애플은 수수료와 고객들이 앱을 통해 훨씬 많은 일을 할 수 있도록 만드는 하드웨어의 부가가치를 누린다.

구글과 SAP 같은 다른 많은 디지털 기업들도 개방형 혁신을 활용하고, 통신 회사들조차 외부인들의 창의성을 활용한다. 스마트 텔레비전처럼 점점 더 많은 상품이 소프트웨어적 요소를 포함하기 때문에 많은 기업이 이런 접근법에 흥미를 느끼고 있다.

개방형 플랫폼을 만들고 싶은 기업은 몇 가지 기본 규칙을 명심해야

■ 개방형 개발 환경 : 성공 요인 10가지 ■

네트워크 설계	1. 개방형 네트워크를 위한 **분명한 목표**를 세우라
	2. 현재 파트너와 관계를 **재정립**하고, 새로운 관계를 수립하라
	3. **전체 가치사슬에 걸쳐** 개방형 네트워크를 활용하라
협력자 관리	4. **협력자별 혁신에 대한 기여**를 정확하게 정의하라
	5. **협력자들을 지원하라**
	6. **네트워크를 활용해 업무의 상당 부분**을 완성하라
네트워크 평가	7. 초기에 **비즈니스 모델의 견고성**을 확인하라
	8. 지속적으로 **새로운 아이디어들**을 평가하라
네트워크 지원	9. **최고의 자체 인력**을 활용해 네트워크를 관리하라
	10. 네트워크의 **성과를 감독하라**

한다. 처음부터 분명한 목표를 정하는 것이 중요하다. 첫 번째, 개방형 플랫폼과 이를 사용하는 사람들이 무엇을 성취하고자 하는가? 두 번째, 개발자에게 무엇이 돌아갈 것인가? 보상은 동기부여 차원에서 고려해야 한다. 세 번째, 아이디어와 해결책을 평가하고, 마지막 단계에는 네트워크 조성에 집중해야 한다.

더 빠르고 더 스마트하게, 기민한 디지털 상품 개발

고객들의 취향이 그 어느 때보다 빠르게 변하는 시기에 전통적인 상품 개발 방식은 적합하지 않은 것으로 입증되고 있다. 너무 느리고, 최근의 고객 선호도에 대한 피드백이 거의 없는 데다 충분히 유연하지도 않다. 생산을 시작하기 전에 상품 디자인이 정해지고, 대부분의 경우 시장에 출시된 뒤에 고객들의 요구에 맞춰 디자인을 변경할 수도 없다.

전통적인 기업들이 스타트업의 생산방식을 채택하면서 변화에 신속하게 대응하는 상품 개발 방식이 이런 단점을 극복해주고 있다. 스타트업의 상품 개발 방식은 소비자들의 선호도와 추세를 면밀하게 연구하고, 그 결과를 상품 개발 아이디어에 활용한다. 이런 아이디어들은 다양한 절차에 따라 검증받고, 상품 개발에 활용되며, 고객들과 소통하면서 초기 디자인 단계에 고객들을 참여시키기도 한다.

시제품은 시장에서 검증받고, 상품의 최종 사양은 제품 출시 직전까지 바꿀 수 있다. 스타트업은 상품이란 결코 완성되는 것이 아니라 고객 반응에 따라 지속적인 개발 과정에 있는 것이라는 생각으로 일한다.

이런 혁신 과정을 최초로 활용한 기업은 구글이다. 구글 지메일Gmail은 마케팅, 판매, IT 등 다양한 분야의 직원들로 이루어진 팀에서 개발됐다. 개발에 앞서 제품 아이디어는 공동 창업자인 래리 페이지Larry Page와 세르게이 브린Sergey Brin 그리고 CEO인 순다르 피차이Sundar Pichai가 포함된 구글제품위원회Google Product Council의 승인을 받아야 한다. 위원회의 심사를 통과하면 예산을 배정받고, 그 결과에 대한 책임을 진다. 아이디어에서 제품 출시까지의 과정을 성공적으로 수행하기 위해 개발자들은 세 단계 관문을 통과해야 한다. 각 단계에는 명확한 기준이 설정돼 있고, 프로젝트 팀은 매달 CEO 순다르 피차이에게 보고해야 한다. 이런 절차 외에는 더 이상 회사 내부의 협력이 필요하지 않다.

기민하게 상품을 개발하기 위해서는 회사로부터 독립적인 조직이 필요하다. 삼성은 글로벌혁신센터Global Innovation Center를 CEO에게 직접 보고하는 독립 조직으로 운영한다. 프로젝트 예산은 철저히 구별되는 개발 단계에 따라 각 부서가 지원한다. 각 부서는 신속하게 대응하고, 의사 결정을 내릴 수 있는 구조를 만들어야 한다. 글로벌혁신센터는 최고의 인재를 채용하기 위해 디지털 혁신 전문가들이 모여 있는 곳이면 어디든지 설립 가능하다. 현재는 뉴욕, 실리콘밸리, 텔아비브, 서울에 있다.

글로벌혁신센터는 외부의 전문 지식과 아이디어를 활용하기 위해 스타트업들과 협력한다. 삼성의 개발자는 회사를 지원하고, 기술 검증을 돕기 위해 최대 1년까지 새로 합병한 회사에 파견된다. 하지만 글로벌혁신센터가 스타트업들하고만 협력하는 것은 아니다. 발전이라는 측면에서 다른 대기업들과도 협력한다. 예를 들면 한국인들은 인텔과 협력해 국가IoT전략협의체National Internet of Things Strategy Dialogue를 출범시켰다.

지금은 상품 개발에 관해 완전히 다른 사고방식이 필요하다. 과거에는 특허와 내부의 전문 지식이 혁신의 주요 원천이었다. 하지만 개별 기업들보다 시장이 언제나 더 혁신적이라는 인식이 이를 대체하고 있다. 시장의 자극이 훨씬 더 중요하기 때문이다. 빠르게 행동에 나서고, 올바른 네트워크를 통해 상품을 검증하는 것이 핵심 능력이 됐다. 그럼에도 불구하고 특허와 지식재산권은 미래에도 지속적으로 중요성을 인정받을 것이다. 특허와 지식재산권은 혁신을 위한 플랫폼이기 때문이다.

혁신에 혁신을 더하는 제품 디자인 – 플로리안 바이그Florian Weig

왜 아이폰7플러스에는 카메라가 두 대일까? 2016년에 구매자들은 그 이유를 찾으려고 했지만 실패했다. 3D 사진을 찍을 수 있는 하드웨어는 준비됐지만, 소프트웨어가 빠져 있었다. 이는 애플에게 늘 있는 일이다. 애플은 모든 필수 기능을 제공하는 상품을 출시한다. 하지만 추가 기능에 대한 선택권을 열어놓는다. 3D 이미지에 대한 소프트웨어가 준비되면 업데이트할 것이다. 그리고 단순히 3D 사진에 머무르지 않고, AR이나 컴퓨터가 생성한 정보나 가상 물체를 사진에 겹쳐 보일 수 있도록 할 것이다. 이런 재미있는 새로운 기능들 때문에 아이폰은 오랜 세월이 지나도 소비자들에게 여전히 흥미로운 기기다. 아이폰은 하드웨어를 바꾸지 않고 업그레이드된다.

애플은 신제품과 제품 개발에 대한 추세를 잘 따르고 있다. 기업들은 더 이상 변하지 않는 완성된 제품을 시장에 내놓지 않는다. 상품 개발을 제품수명주기 동안 이어지는 동적인 과정으로 생각한다. 이런 형태의 개발은 소프트웨어를 중심으로 진행되고 있지만, 모든 산업 분야의 상품들에서 점점 더 중요해지고 있다. 디지털화는 제품의 개념과 개발 과정부터 데이터에 근거한 의사 결정에 이르기까지 제품 개발 과정을 근본적으로 바꿔놓고 있다.

긴 제품수명주기보다 신속한 개선

디자인적 사고는 제품 개발 방식을 혁명적으로 바꿔놓고 있다. 고객 요구에 더 집중하고, 후속 상품에 고객의 피드백을 실시간 반영하고, 그 어느 때보다 짧은 주기로 제품들이 출시된다.

고객은 왕이자 공동 개발자

엔지니어는 소셜미디어와 온라인 게시글, 판매 데이터, 제품에 내장된 센서가 전송한 정보를 분석, 고객들이 제품의 어떤 특성과 기능을 정말로 활용하고 높이 평가하는지 더 잘 파악할 수 있다. 예를 들면 자동차는 운전자가 전자 보조 시스템을 어떻게 사용하는지 기록하고, 그 정보를 제조사에 전송한다. 자동차 제조사는 이를 통해 고객이 어떤 기능을

┌───┐

■ 상품 개발을 변화시키는 디지털화 ■

상품

디자인 사고

- **고객의 요구와 그 원인을** 이해하라
- **실시간 피드백**이 디자인을 결정한다
- **특징 기반의 디자인**

과정과 도구

가속화와 가상화

- 상품 개발에 영향을 미치는 **애자일 소프트웨어 개발**
  제품 로드맵을 대신하는 **특징(기능) 로드 맵**
- 가상화와 모의실험*(디지털 트윈과 디지털 공장)
- 통합 PLM 및 PDM** 시스템이 **더 쉬운 개발,
  더 정확한 위험 예측, 품질 결함에 대한 정확한 예측**을
  가능하게 한다

첨단분석 기법

데이터를 통한
투명성

- 데이터 투명성이 **개발 효율성을 크게 향상시킨다**(5D 빌딩
  정보모델링)
- **머신러닝이 프로젝트 진행 과정과 상품 수익성의 투명성
  을 실시간 제공한다**

*GE에서 만든 개념으로, 물리적인 사물과 컴퓨터에 동일하게 표현되는 가상 모델―옮긴이
**PLM : 제품수명주기관리, PDM : 제품데이터관리

└───┘

가치 있게 생각하는지 알아내고, 다음 제품 개발에 활용한다. 의료 장비 제조사들도 의료 장비가 생성한 모든 이미지와 장비가 어떻게 활용되는 지에 관한 정보를 추적한다.

실시간 데이터 통합

고객 선호도와 사용 습관에 관한 정보가 이렇게 많았던 적은 없다. 개발 팀 업무는 이런 데이터를 지속적으로 제품 활용 방식과 일치시키는 것이다. 선호도나 습관 변화에 따른 문제를 포함해 보완점이 발생할 때 마다 수정 작업을 실시한다.

베리데이Veryday, 루나Lunar 같은 전통적 디자인 기업은 디지털 제품 개발에서 중요한 위치를 확보했다. 바우하우스Bauhaus(공예와 예술과 기술의 통합을 시도하고 독특한 디자인 접근 방식으로 유명했던 예술 종합학교 - 옮긴이) 시대에 모든 현대 디자인의 선구자들이 "형태는 기능을 따른다Form Follows Function"고 말한 것처럼, 베리데이와 루나는 디지털 전문가들을 디자이너 팀에 추가로 배정했다. 이른바 UX 디자인이다. 그 결과, 직관적인 사용자 인터페이스와 메뉴를 갖춘 우아하고 기능적인 하드웨어가 탄생했다. 이런 능력이 매우 중요해지면서 최근에 맥킨지가 이 두 회사를 인수했다.

기능 기반 디자인으로 점진적 개선을

기능 기반 디자인은 초기에 소프트웨어 기업들이 활용했고, 나중에는 통신 회사와 반도체 산업에도 채택됐다. 현재는 가전제품 회사들과 자동차 회사들까지 개별 기능을 기반으로 제품을 개발한다. 제품은 기본적인 기능으로 시작해 점차 개선된다. 예를 들면 자동차 회사 대부분이 새로운 소프트웨어 모듈을 설치하는 방식으로 자동차 모델에 새로운 특징을 추가하기 위해 오토사AUTomotive Open System ARchitecture, Autosar(개방형 자동차 표준 소프트웨어 구조의 줄임말로, 차량 전장 부품용 임베디드 소프트웨어 사용 급증에 대응하기 위한 표준화된 플랫폼 - 옮긴이)를 사용한다. 기능 기반 디자인은 제조사와 구매자에게 다음과 같은 혜택을 제공한다.

- 고객들은 항상 더 빠르게 발전하는 세상에서 제품들이 신선하고 새롭게 유지되기를 점점 더 기대한다.
- 기업들은 지속적으로 높은 이윤을 유지하면서 추가적인 매출을

확보한다.

- 새로운 특징들이 추가된 제품 플랫폼의 수명 주기가 더 길어졌기 때문에 사회와 환경에 도움이 되고, 미래의 순환경제에 더 잘 통합된다.

이런 신제품 개발 철학이 판매자와 고객의 관계를 바꾸고 있다. 판매자는 고객과 지속적으로 접촉하면서 장비의 수명 주기 동안 추가적인 수익을 얻을 수 있다. 전기차 회사인 테슬라가 훌륭한 본보기다. 테슬라의 자동차들은 센서와 제어장치를 포함한 반자율주행에 필요한 모든 하드웨어를 장착하고 출시된다. 2014년에 테슬라는 고객들의 차량을 자율주행 시스템으로 업그레이드할 기회를 제공했다. 그 소프트웨어는 3,000달러에 판매됐고, 테슬라는 추가 매출로 많은 이익을 거뒀다.

개발 과정의 디지털화, 가속화와 가상화

개발 과정을 가속화하고 가상화하기 위한 도구들이 지속적으로 다시 개발되고 있다. 변화에 대응하는 애자일 개발의 핵심 구성 요소에는 기능에 관한 로드맵, 가상화와 모의실험 그리고 제품수명주기관리와 제품 데이터관리를 위한 스마트 시스템 등이 포함돼 있다.

과거에는 완성품으로 이어지는 개발 계획과 로드맵이 있었다. 오늘날 상품들은 개발 과정 중 현재의 위치를 나타낼 뿐이다. 엔지니어와 프로그래머는 기능 로드맵에 따라 일하고, 하나의 제품으로 결합될 개별 모듈을 개발한다. 하지만 개별 모듈은 자체적인 혁신 주기에 따라 새롭게 만들어지고, 소프트웨어의 경우 이 과정은 매우 빠르게 진행될 수 있다. 하나 또는 여러 부품을 책임지는 전통적인 엔지니어들 외에도 스마트폰의 카메라나 자동차 내비게이션 시스템 같은 특정 모듈을 책임지는 기능 선도자feature lead(제품 개발 과정에서 소비자들을 대신해 제품의 각종 특성을 시험해보고 평가하는 사람 – 옮긴이)도 있다. 기능 선도자는 사전에 여러 제품 생산을 계획하고 중장기 개발을 추진한다.

소프트웨어 기능과는 별도로, 디지털화는 다른 분야에서 제품 디자인과 개발 과정을 바꿔놨다. 모든 것이 디지털화되고 있다. 모든 과정과 절차가 더 빨라지고, 빅데이터 분석으로 더 투명해지고 있다. 기계 분야를 예로 들어보자. 포토리소그래피photolithography 장비 분야의 선두 기업인 ASML은 레이저광선을 이용해 웨이퍼에 회로도를 인쇄하는데, 소프트웨어를 업데이트함으로써 고객들이 가진 장비의 성능을 개선할 수 있다. 장비에 내장된 센서가 ASML에 지속적으로 데이터를 전송한다. 데이터를 분석한 ASML 엔지니어들이 아이디어를 개발하고 성능을 개선하는 프로그램을 만든다. 예를 들면 회로를 정렬시킬 때 정확도를 더 높이는 것이다. 앱을 통해 이런 프로그램들을 장비로 다운로드받기 때문에 장비를 분해하지 않고 성능을 개선할 수 있다.

오늘날에는 모든 것들이 더욱 빨라질 필요가 있기 때문에 개발자들은 다양한 디지털 도구를 활용한다. 새로운 칩을 설계할 경우, 첨단 모의실험이 하드웨어 시제품들을 대체한다. 개발 프로젝트가 시작되고 4주 만에 엔지니어들은 모든 기능을 완벽하게 검증할 수 있는 가상 반도체를 만들어낸다. 이를 이용하면 시간을 지체하지 않고 설계를 변경할 수 있다. 이런 방식은 시제품을 검증하는 과거의 방식과 비교해 개발 기간을 절반으로 줄여준다. 가상공간에서 설계된 반도체를 실리콘으로 만들면 언제나 거의 즉각적으로 작동한다. 가상 개발 과정을 통해 더 많은 검사가 가능하고, 더 품질 좋은 제품 생산이 가능해졌기 때문이다. 과거에는 두 번째 시제품을 만들지 않고는 개발자들이 프로젝트를 거의 운영하지 못했다. 두 번째 시제품을 만드는 데만 3~6개월이 걸렸다.

혼다는 디지털 도구 사용법을 잘 보여주는 또 다른 모범 사례다. 혼다는 영화제작사들이 특수효과에 사용하는 첨단 고성능 프로세서 기술을 활용해 충돌 사고에 관해 더 많은 정보를 얻는다. 충돌 모의실험 소프트웨어에 3D 시각 효과 프로그램을 결합해 충돌 사고가 일어났을 때 차체에 어떤 변화가 발생하는지 연구하는 것이다. 이 시스템은 충돌 이후 자동차를 통해 전해지는 에너지 파장을 시각화해 보여준다. 뒤틀림은 물의 파장처럼 확산된다. 특수효과 소프트웨어는 이런 파괴적인 파장을 완벽하게 시각화하고, 엔지니어들이 힘의 흐름을 추적해 자체 설계에서 취약한 부분을 찾아낼 수 있게 돕는다.

가상 교육이 더 빠르고 비용도 더 적게 든다

오늘날에는 실험이나 교육을 위해 실제 장비 대신 가상 이미지를 활용해 모의실험을 하는 것이 훨씬 더 빠르고 비용도 적게 든다. 예를 들면 록히드 F35 스텔스 전투기 개발자들은 실제 항공기가 아니라 가상 제트기를 이용해 서비스 관련 직원들을 교육시키는 방식으로 1억 달러를 절감했다. 3D 실시간 시각화나 몰입공학Immersive Engineering을 이용한 가상 모델은 물리적인 실제 모델과 거의 완전히 동일하다. 컴퓨터 모의실험은 많은 시험비행을 대체한다. 실제 공중 전투 훈련은 비용이 매우 많이 들고 어렵기 때문에 AR이 진가를 발휘한다. AR 기술은 록히드마틴Lockheed Martin이 더 간소화된 개발 절차, 보다 효율적인 실험, 공장 생산 과정의 통합을 이룩하는 데 도움을 줬다.

PLM과 PDM을 활용한 더 간단한 개발

제품수명주기관리PLM 시스템은 제품데이터관리PDM에 기초를 두고 있다. 제품수명주기관리는 전체 가치사슬에 걸쳐 제품수명주기 동안 생성된 정보를 통합하는 데 이용된다. 제품수명주기관리 데이터베이스에는 모듈과 매개변수 시스템의 형식으로 과거의 모든 개발 업무가 기록돼 있기 때문에 중복 개발을 방지한다. 변속기 모형을 만들려는 엔지니어는 이전 모형에 접근할 수 있고, 치수가 잘못될 경우 이를 추정해낼 수 있다. 이는 매개변수화된 저장 시스템의 이점들 가운데 하나일 뿐이다.

투명성이 효율성을 만든다

첨단분석학과 머신러닝은 예전에 볼 수 없었던 수준의 데이터 투명성을 만들어내면서 개발 부서에서 그 어느 때보다 중요한 역할을 하고 있다. 그 결과, 개발 과정에서 전례 없는 품질과 효율성을 달성할 수 있게 됐다.

개발 과정과 관련된 모든 데이터는—디자인, 계획, 이메일, 문서화, 고객의 편지, 공급자 정보부터 인력 배치 계획에 이르기까지—하나의 데이터베이스에 저장된다. 오늘날 이런 거대한 데이터는 첨단분석 기법으로 상관관계를 분석하고, 잠재적 성공 요인으로 활용될 수 있다.

빅데이터와 분석 기법의 개척자는 포뮬러원 경주에 뿌리를 둔 영국 기업 퀀텀블랙QuantumBlack이다. 퀀텀블랙은 포뮬러원 팀과 함께 일하면서 경기가 펼쳐지는 시즌 동안 경주 코스에 관한 모든 누적 데이터를 분석하기 위해 자체적인 데이터 분석 시스템 너브Nerve 알고리즘을 활용했다. 목표는 자동차를 더 빠르고 보다 신뢰할 수 있게 만들기 위해 경기 시즌 동안 실행된 수천 가지의 모든 개발 프로젝트에서 성공 가능성을 높이는 것이었다. 퀀텀블랙은 프로젝트 결과와 데이터를 개발 팀 구조에 관한 데이터와 연결시켜 상관관계와 인과관계를 찾아냈고, 그 결과에 근거한 성공 요소들을 밝혀냈다. 거의 즉각적인 실제 성능 개선으로 이어진 새로운 부품의 비율이 두 배로 증가했고, 이것이 세계 타이틀을 차지하는 토대가 됐다.

첨단분석 기법은 데이터의 바다에 감춰진 놀라운 관계들을 찾아내 개발자의 생산성을 저해하는 요인들을 밝혀낼 수도 있다. 예를 들면 맥킨지의 한 분석 보고서에 따르면, 개발 프로젝트를 1주일 동안 중단시키면 생산성이 8퍼센트 손실된다. 팀의 규모도 결과에 영향을 미친다. 한 팀에 엔지니어를 일곱 명 이상 투입하는 것은 생산성에 도움이 되지 않는다. 팀원이 한 명 추가될 때마다 기업 생산성이 7퍼센트 하락한다. 전 세계에 흩어져 있는 직원들이 같은 업무를 하는 글로벌 기업들의 일반적인 관행도 일의 진행을 방해하는 것으로 나타났다. 각각의 추가적인 표준 시간대는 약 5퍼센트의 생산성 하락을 유발한다. 이와 반대로 단지 팀원들을 잘 아는 것만으로도 긍정적인 효과가 발생한다. 이전에 함께 일한 경험이 있는 팀들은 평균보다 7퍼센트 정도 생산성이 향상되는 것으로 나타났다.

AI는 사전에 수익까지 계산해낸다

비용 데이터, 시장 데이터, 현재 상황과 지속적으로 비교되는 역수요

함수를 활용하면 AI 기능이 탑재된 머신러닝 시스템은 제품 단위와 전체 수명 주기에 걸쳐 계획된 제품 변형의 예상 수익을 추정할 수 있다. 이런 데이터 기반 예측들이 추정에 의존했던 과거의 예측을 대신하고 있고, 훨씬 더 높은 적중률을 기록하고 있다.

추가적인 혁신이 예상된다

새로운 기술과 새로운 기회는 언제 어디서나 등장하기 때문에 개발자들은 자신들의 직업을 뒤흔들 추가적인 혁신에 대비해야 한다. 예를 들면 기계 산업 분야에서 시제품을 생산하는 3D 프린터들이 제품 생산에도 전면적으로 활용될까? 이는 개발과 제조의 관계가 완전히 새롭게 정의됨을 의미한다. 맞춤형 생산 추세가 고객과 개발자의 공동 제조로 이어질지에 관한 질문도 역시 흥미롭다. 완전히 새로운 제품 디자인 과정을 보게 될 수도 있다. 아직 제한적이기는 하지만, 이런 생산방식은 고객들이 온라인에서 개성을 살릴 운동화를 주문할 수 있도록 하는 나이키아이디에서 이미 실험적으로 진행되고 있다.

공동 제작이란 개념은 산업계에서 선도자들의 상상력에 불을 지피고 있다. 이들은 이미 다음 같은 질문들을 던지고 있다. 기업이 제품을 더 이상 생산할 필요가 있을까? 아니면 기업이 공동 제작자에게 기본 디자인과 개인 맞춤화에 필요한 도구만 제공하는 플랫폼이 등장할까? 이런 비즈니스 모델이 생존 가능할까? 일단 디자인이 완성되면 고객은 가장 가까운 3D프린트 가게에서 상품을 찍어낼 수 있다. 이상하게 들릴지도 모르지만 이미 이런 일이 일어나고 있다. 예를 들면 많은 온라인 게임에서 사용자가 자신만의 캐릭터를 만들고 디자인하고 있다. 기업은 단지 플랫폼과 사용자를 위한 네트워크만 제공한다. 개발자들은 거의 필요하지 않고, 대신 고객들이 개발한다.

비용을 절감하는 공급망 4.0 – 에노 드 보어Enno de Boer, 수미트 두타Sumit Dutta

배송 창고 직원들이 상품 목록을 들고 뛰어다니며 소포를 꾸리는 시절은 예전에 지났다. 지금은 로봇들이 선반 전체를 직원들에게 가지고 오거나 심지어 고객 장바구니에 있는 상품을 알아서 준비해준다. 컴퓨터들은 스마트안경과 헤드셋을 장착한 직원들에게 창고에서 상품이 있는 위치를 보여준다. 근로자들은 복도에 배달 상품을 쌓아놓고, 실수를 막기 위해 스마트안경으로 상품을 스캔한다. 배달 시간을 최적화하기 위해 정교한 알고리즘으로 배송 경로를 산출한다. 기존 알고리즘에 문제가 있어 새로운 알고리즘이 필요하지 않는 한 모든 것이 놀라울 정도로 디지털화돼 있고 효율적이다. 전통적인 모델에서 새로운 알고리즘을 도입하려면 시간이 많이 걸린다. 요구 사항이 구체화돼야 하고, 예산이 할당된 다음 믿을 수 있는 소프트웨어 기업에게 발주해야 하기 때문이다. 이는 프로그래밍을 할 수 없는 직원들로부터 개발 업무를 빼앗아 간다. 시제품 검증이 끝나면 아마도 6개월 정도 뒤에 새로운 알고리즘이 설치된다.

디지털화로 인해 이전보다 더 빨리 운영되는 것은 물류 시스템만이 아니다. 사무실도 새로운 속도의 기준을 설정하고 있다. 유럽의 한 주요 전자상거래 기업이 집하 과정을 더 효율적으로 만들기로 결정했을 때 담당 팀은 알고리즘 개선 여부를 결정하기 위해 하루 종일 일했다. 그리고 빠르게 조사해 창고 전체에 걸쳐 작업자들의 경로를 더 효율적으로 만들 수 있는 알고리즘을 발견했다. 그런 다음 알고리즘을 기업의 요구에 맞게 최적화하고, CIO가 전체 시스템에 새로운 알고리즘을 적용했다. 유연성이 없는 표준 시스템을 설치하는 대신 물류 창고 운영의 핵심인 관리 시스템을 자신들이 직접 구축했기 때문에 가능한 일이었다. 새로운 알고리즘 성능을 비교한 결과, 작업자들이 움직이는 경로가 10~15퍼센트 줄어들었다. 새로운 시스템은 성과가 매우 뛰어나 불과 엿새 만에 다른 모든 창고에 적용될 수 있었다.

이 사례는 디지털 시대에 필요한 경영 기법의 완벽한 본보기다. 속도와 고객 중심적 사고가 중요하다. 신속하게 데이터에 기반을 둔 결정을 내리고, 개발 작업은 빠른 실패도 감안해야 한다. 그리고 투명성과 단체 의식뿐 아니라 실험에 대한 열정도 필요하다.

현재 물류는 엄청난 변화에 직면했기 때문에 실패할 가능성이 높다. 빅데이터와 첨단분석 기법, 상관관계 및 인과관계를 찾기 위해 엄청난 양의 비구조화된 데이터를 분석할 수 있는 능력이 IoT와 로봇 기술과 더불어 공급망 관리의 혁명을 불러오고 있다. 모든 곳에 센서가 달리고, 모든 것이 연결돼 있다. 각 단계가 자동화되고, 모든 각도에서 분석된다. 물류 기업과 고객들이 승자다.

인더스트리 4.0과 공급망 4.0의 도입은 많은 비용을 절감해주는 것으로 알려졌다. 2016년에 실시된 맥킨지의 연구에 따르면, 공급망 4.0은 수송과 창고 비용을 15~30퍼센트 정도 줄이고, 배달 불능에서 발생하는 수입 손실을 최고 65~75퍼센트까지 감소시킨다. 산업에 따라 다르기는 하지만, 유통업은 배송 계획을 개선해 재고를 35~75퍼센트 절감할 수 있고, 계획과 주문 처리 비용도 50~80퍼센트 줄일 수 있다. 이를 통해 고객은 보다 정확한 배달 시간과, 고객 선호도에 맞춰 배달 시간과 장소

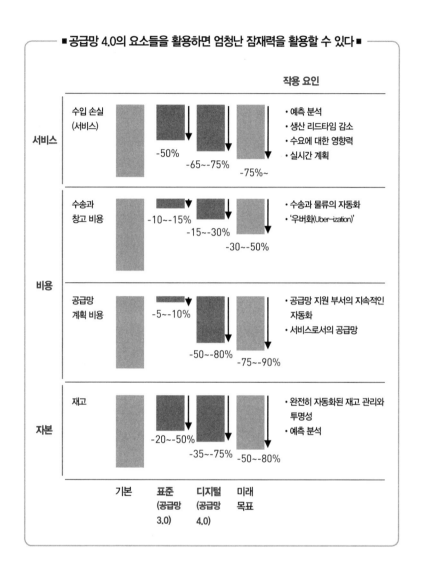

■ 공급망 4.0의 요소들을 활용하면 엄청난 잠재력을 활용할 수 있다 ■

작용 요인

서비스

수입 손실
(서비스)

-50%
-65~-75%
-75%~

- 예측 분석
- 생산 리드타임 감소
- 수요에 대한 영향력
- 실시간 계획

비용

수송과
창고 비용

-10~-15%
-15~-30%
-30~-50%

- 수송과 물류의 자동화
- '우버화(Uber-ization)'

공급망
계획 비용

-5~-10%
-50~-80%
-75~-90%

- 공급망 지원 부서의 지속적인
  자동화
- 서비스로서의 공급망

자본

재고

-20~-50%
-35~-75%
-50~-80%

- 완전히 자동화된 재고 관리와
  투명성
- 예측 분석

기본   표준   디지털   미래
(공급망   (공급망   목표
3.0)   4.0)

를 조정할 수 있는 더욱 유연한 물류 기업이 주는 이점을 누릴 수 있다.

공급망을 완전히 변화시키는 일곱 가지 혁신

2016년, 예측할 수 있는 혁신 중 무엇이 가까운 미래에 공급망을 변화시킬지를 묻는 '공급망 4.0 혁신 설문조사'가 이루어졌다. 53개 혁신 기술 가운데 일곱 개가 현재의 비즈니스 모델을 파괴할 잠재력이 있는 것으로 나타났다.

AI를 포함한 머신러닝 시스템의 지원을 받는 첨단분석 기법과 빅데이터를 활용한 더 발전된 계획이 공급망의 모든 단계를 최적화할 것이다. 내부 데이터 외에도 배달 경로, 창고 재고, 그 밖의 다양한 전제 조건을 설계하는 사람들은 교통 보고서에서 소비자 수요에 이르기까지 외부 정보를 활용한다. 예측 분석은 수요 추세를 모델링할 수 있고, 이미 일부 기업은 블루욘더Blue Yonder 같은 업체가 지원하는 클라우드 기반의 분석 모델을 활용한다. 예를 들면 UPS는 경로를 최적화하기 위해 트럭 컴퓨터 통신On-Truck Telematics과 첨단 알고리즘을 활용, 자동차의 엔진 공회전 시간을 줄이고 연료 3,900만 갤런을 절감했다. 또 3억 6,400만 마일에 달하는 불필요한 운전을 하지 않게 됐다.[16]

반자율주행 트럭과 무인 트럭이 가장 중요한 혁신들 가운데 하나다. 맥킨지는 최근 한 연구를 통해 무인 트럭이 최적화된 운전으로 연료 소비를 10~15퍼센트 정도 절감할 수 있고, 탄소 배출량도 15퍼센트 정도 감소시킨다는 사실을 발견했다. 리오틴토는 이미 광산 지역에서 무인 수송 차량을 활용하고 있다. 하지만 전문가들은 무인 트럭이 앞으로 5년 안에 공공 도로에서 주행하지는 않으리라 예상한다.

3D 프린터의 등장과 함께 창고와 상품 가용성에 관한 규칙도 머지않아 바뀔 것이다. 특히 예비 부품이나 순환 주기가 느린 제품이 영향을 받

■ 변화를 촉진하는 일곱 가지 혁신 ■

영향력–파괴력 도표에서 평균 변화 잠재력에 대한 평가

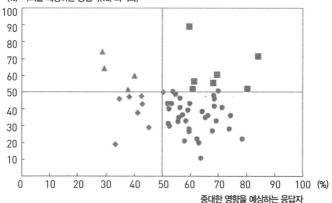

(%) 파괴를 예상하는 응답자(vs. 최적화)

중대한 영향을 예상하는 응답자

네 가지 틈새 응용
- 배달 드론
- 무인 컨테이너
- 집하소–집 무인 배송 차량 시스템
- 인체 공학적 착용형 로봇

기존 업무 과정에 대한 여덟 가지 변화
- 효율적인 운전을 도와주는 차량 탑재 장치
- 공공과 개인 스마트 소포 집하소
- 소포 집하소로서의 짐칸
- 예측 배송
- 화물 지역의 최적화된 활용
- 내부 배송을 위한 무인 배송 차량 시스템
- 동작과 움직임 추적 기술
- 공급망 세분화

일곱 가지 혁신
- 자율적인 계획/머신러닝
- 거의 무인화된 화물차와 화물차 선단 운영 시스템
- 완전한 무인화물차
- 맞춤형 상품을 위한 3D 프린팅
- 클라우드 물류 플랫폼
- 클라우드에서의 공동 계획
- 정보 플랫폼

기존 업무 과정에 대한 34가지 효율적 최적화 : 최상위 다섯 가지
- 온라인 주문 감시
- 폐쇄 순환형 계획
- 서비스 투명성과 실시간 경로 조정
- 자동화된 주문 처리
- 운송의 우버화

출처 : 공급망4.0 혁신 조사 – 다양한 분야의 전문가 76명의 응답

을 것이다. 2015년에 아마존은 배송 차량에 3D 프린터를 설치하는 실험을 했고, 이 아이디어를 특허 신청했다. 주문받은 상품을 배송 차량에 있는 프린터에서 만들기 때문에 광범위한 개인화와 전례 없는 배송 시간 단축이 가능하다. 보쉬는 금속과 세라믹 소재의 3D 프린팅 실험에 막대한 돈을 투자했고, 중기적으로 기계에 쓰이는 예비 부품을 현장에서 찍어낼 계획이다. 에어버스Airbus와 GE도 이미 개인 항공기와 터빈의 부품을 생산하는 데 3D 프린터를 활용하고 있다. 하지만 이처럼 가능성 높은 활용 사례에도 불구하고 맥킨지는 3D 프린팅이 표준이 되기까지는 10~15년 정도가 더 걸릴 것으로 추정한다.

물류 플랫폼과 공동 계획

클라우드 물류 플랫폼은 트럭 활용도를 크게 향상시키는 등 여러 가지 큰 혜택을 제공할 수 있다. 클라우드 기반의 물류 플랫폼은 화물 주인과 운송 서비스업체를 연결하고, 활용도와 주행거리를 최적화한다. 수많은 기업, 고객, 화물 운송업체가 간단한 앱에 등록해 서로 연결된다.

클라우드를 기반으로 한 제조사와 공급 업체의 공동 계획은 더 효율적인 협력을 의미한다. 또 클라우드 기반 물류는 고객 수요보다 공급 업체의 구매 주문이 더 큰 변동성을 보여 과도한 재고, 과잉생산, 더 많은 비용으로 이어지는 채찍효과Bullwhip Effect를 줄인다. 기업들의 공동 계획으로 수요 변화가 실시간 보고되면 기업들은 이에 맞춰 과도한 재고와 과잉 대응을 막을 수 있다. 소비자가전 기업들은 이미 부품 협력사들과 긴밀하게 연결돼 있어, 제품 생산 계획을 원활하게 세울 수 있도록 돕는 E2open(한국, 미국, 일본 등 전 세계 12개 주요 전자·통신 업체들이 온라인으로 부품을 공동 구매 기업들이 기밀이 아닌 데이터를 공유하는 정보 플랫폼은 첨단분석 기법을 촉진한다. 이를 통해 기업들은 수요를 보다 정확하게 예측하고, 물류 경로를 최적화할 수 있다. 정보 플랫폼에서는 공급망 혼란에 관한 세부 정보, 시스템에 대한 해킹 공격, 교통정보 업데이트 등 다양한 정보가 공유된다. 기업들이 해결해야 하는 문제는 이런 정보 시스템을 확장하고, 고객들의 IT 기반 시설과 신뢰할 수 있는 연결을 구축하는 것이다. 전문가들은 이런 정보 플랫폼이 수년 안에 널리 보급될 것이라 믿는다.

공급망 4.0을 향한 첫걸음

미래의 공급망을 계획하는 것은 비판적인 상황 점검에서 시작돼야 한다. 경영진은 디지털로 전환하기 위한 적합성을 평가하기 위해 전체 공급망을 검토해봐야 한다. 데이터 흐름, 분석 능력, 하드웨어와 소프트웨어, 인력, 업무 과정 등 공급망에 있는 모든 것을 분석하고 1~5점을 기준으로 평가해야 한다. 1점은 대부분이 종이 데이터에 의존하는 것이고, 5점은 훌륭한 디지털 방식을 의미한다. 평가 결과는 디지털화를 추진하는 데 기초 자료가 된다. 예측 정확성 향상이나 출고 작업 효율성 증가 같은 아주 구체적이고 독립적인 프로젝트를 디지털화하는 것부터 시작하는 것이 좋다. 이런 형태의 접근법은 스타트업들의 기민함과 속도를 따라가는 데 도움을 줄 것이다. 공급망을 디지털화하려는 노력은 충분히 가치가 있지만, 자체적인 비용 감소 효과가 아닌 일련의 확실한 개선 효과를 줄 것이다.

- **더 빨라진 속도** : 거대한 데이터 분석에 기초한 계획과 더 정확한 예측 덕분에 빠르게 이동하는 상품들의 배달 시간이 줄어들 것이다. 머지 않아 물류 기업들은 고객의 주문이 접수되기도 전에 상품 발송을 준비하는 예측 운송으로 전환할 것이다. 아마존은 이미 이렇게 화물과 경로를 산출하는 방법에 대해 특허를 냈다. 주문이 접수되면 시스템이 그 지역 배송 차량에 있는 상품을 검색하고, 운전자에게 배송 주소를 즉시 알려준다.

- **더 커진 유연성** : 실시간 계획 방식은 기업이 대응할 수 없는 경영 계획들을 최소화시킨다. 대신 계획은 역동적인 조정이 가능한 반복 과정이 된다. 예를 들면 제품이 배송 중일 경우, 고객은 더 편리한 장소로 다시 배송시킬 수 있다. 서비스로서의 소프트웨어 개발과 마찬가지로, 우리는 공급망을 서비스 제공자가 기업의 전체 공급망을 책임지는 서비스로서 인식하게 될 것이다. 기업들은 사용한 서비스에 따라 공급자에게 비용을 지불한다. 다시 말해 기업들은 자체적인 자원과 역량에 투자할 필요가 없다. 더 큰 유연성을 가져다주는 또 다른 추세는 운송의 우버화다. 크라우드소싱은 승객이 없는 우버 운전기사들처럼, 여유가 있는 사람들이 소포를 배달할 수 있도록 해준다. 이런 모든 솔루션은 운송 네트워크를 훨씬 더 기민하게 작동하도록 만든다.

- **더 깊어진 고객 이해** : 고객들은 점점 더 개인화된 상품을 원하고, 맞춤형 상품의 대량생산을 기대한다. 때문에 고객 집단에 대한 세부 분할이 필요하고, 기업들은 더 다양한 상품을 제공하는 동시에 더 작은 목표 집단의 요구에 적응해야 한다. 공급망 측면에서 보면, 고객들은 다양한 물류 솔루션 가운데 자신의 요구에 딱 들어맞는 방법을 택할 수 있을 것이다.

- **더 높아진 정확성** : 차세대 핵심성과지표 시스템은 전체 공급망에 걸쳐 실시간으로 투명성을 제공할 것이다. 이 지표는 서비스 수준과 같은 경영 핵심성과지표부터 배송 차량의 정확한 실시간 위치 같은 영업 데이터까지 모든 것을 아우르게 될 것이다. 우리는 자동적으로 위험을 찾아내고, 즉시 위험 요인을 수정하는—예를 들면 화물차 경로를 새로 산출해내는 것—머신러닝 시스템을 보게 될 것이다. 자동화된 통제 센터는 지속적인 시스템 학습을 통해 인간의 개입 없이 광범위한 문제와 변수에 독립적으로 대응할 것이다.

- **더 좋아진 효율성** : 육체적인 업무와 전체 계획 과정이 디지털화되면서 공급망의 효율성이 급격히 커지고 있다. 창고에서는 로봇들이 대부분의 일을 대신한다. 무인화물차와 배송 차량이 장거리 운전을 담당하고, 배달 로봇과 드론이 가정까지 마지막 배송 구간을 책임질 것이다. 물류 기업들은 활용도를 더욱 높이기 위해 모든 역량을 한곳에 모으고, 모든 참여자들의 요구를 충족시키는 네트워크를 구성할 것이다.

생산성을 올리는 디지털 린 – 바룬 마리야Varun Marya, 잔루카 캄플로네

미래의 공장을 떠올려보자. 360도 카메라를 단 드론이 창고 상공을 날면서 업무 및 물류 흐름을 최적화하기 위해 3D 이미지로 바뀌는 사진을 찍는다. 무인 수송 차량이 공장과 생산 라인을 돌아다니고, 조립라인에서 일하는 근로자들 옆에서는 로봇들이 힘든 일을 대신한다. 모든 기계가 정상적으로 작동된다. 예방적 유지관리가 이루어져 가동 중단 시간이 거의 없고, 데이터는 자동적으로 기록된 다음 클라우드로 전송된다. 3D 프린터들은 시제품과 예비 부품을 생산하고, 조립라인의 마지막 단계에서 완제품에 개인들의 맞춤 요구를 적용한다. 미래의 공장은 쓸데없는 것들을 생산하지 않기 때문에 쓰레기나 폐기물이 생기지 않는다. 데이터는 원재료에서 완제품에 이르기까지 가치사슬 전반에 걸쳐 교환된다. 이것이 디지털 린이다. 린 생산방식은 1980년대 일본에서 시작된 이후 세계의 제조 방식을 지배해온 원칙이다.

신기술이 만드는 디지털 린

디지털화는 린 생산방식의 기초가 되는 공정의 지속적 개선이라는 개념에 신선한 자극을 주고 있다. 디지털 기술이 세 핵심 분야에서 기업 경쟁력을 강화시켜주기 때문이다. 디지털화는 비용을 통제하고, 낭비 요소를 없애며, 생산 최적화를 돕는다. 때문에 생산성을 엄청나게 향상시킬 수 있다.

오늘날 생산성과 품질에 관한 연구는 컴퓨터를 이용한 모의실험 덕분에 개발 시간을 급격하게 단축할 수 있다. 수요 예측이 정확해 기업들이 거의 주문 생산을 하기 때문에 창고에서 재고를 조사할 필요가 없다. 예방적 유지관리를 통해 장비 가용성도 현재의 40~80퍼센트에서 100퍼센트 가까이로 높아질 것이다. 최적화된 공정과 지능형 에너지 소비는 지금보다 에너지 소비를 20퍼센트 정도 줄일 것이다. 공장의 자동화된 수송 시스템은 더 이상 선로rail를 필요로 하지 않아 훨씬 더 비용 효율적이 될 것이다. 팩토리 4.0에서 일하는 로봇들은 프로그램 비용도 훨씬 저렴하고, AI로 계속해서 학습할 것이다. 지속적인 훈련과 개발로 직원들의 숙련도가 더 높아질 것이다. 미래의 전체 생산 가치사슬에서 상당한 비용 절감이 가능하다.

디지털 린의 철학은 공장 내부에서 끝나지 않는다. 인터넷 덕분에 기업들은 자체 공정을 고객 및 공급 업체의 공정과 통합할 수 있다. 예를 들면 자동차 회사는 고객들의 소셜미디어 분석에서 얻은 최신 소비 데이터와 공급 업체들의 활동 정보를 분석해 미래 수요 유형을 예측할 수 있다. 그 결과, 신차에 어떤 추가 기능들이 요구될지를 정확히 예측해, 생산 계획을 보다 정확하게 세울 수 있다. 다른 기업은 인터넷으로 지사의 생산 시설을 관리한다. 예를 들면 한 거대 에너지 회사는 중앙 통제실에서 멕시코만에 있는 시추선의 모든 작동 상태를 감시한다.

디지털 린의 부차적인 효과는 글로벌 노동 분업의 구조조정이다. 제조 과정이 과거보다 훨씬 유연해지고 자동화됐기 때문이다. 그래서 미래에는 외부에 용역을 주는 업무가 거의 없고, 저임금 국가로 이전한 생산 시설도 거의 사라질 것이다. 지역의 수요에 맞춰 지역의 공장이 생산하는 Local for Local 방식이 새로운 원칙이 될 것이다. 이런 생산방식은 개발도상 국들에게 큰 타격을 줄 것이다. 낮은 인건비라는 경쟁력이 더 이상 효과가 없기 때문이다. 하지만 선진 산업 국가들은 생산성 향상으로 잃어버린 직장들 가운데 일부가 새로운 제조업으로 돌아오는 혜택을 얻을 것이다.

디지털 생산을 통한 생산성 향상은 데이터 분석, 센서, 로봇에 대한 보편적인 활용, 3D 프린팅과 같은 신기술 덕분에 가능하다. 그리고 이 모든 기술은 컴퓨터와 서버의 광범위한 활용에 기반한다. 하지만 린 생산 방식의 목표는 과거와 똑같다. 장비 고장부터 비생산적인 근로자들의 행동에 이르기까지, 낭비 요소를 줄이고 생산성을 높이는 것이다. 디지털 전환은 과거와 마찬가지로 기술 시스템(업무 과정과 도구), 관리 시스템(조직과 성과 관리), 인적 자원 시스템(기술과 직원 태도)이라는 세 분야를 중심으로 진행

된다. 디지털화는 또 데이터, IT, 네트워킹이라는 네 번째 기둥을 가치 창출 요인으로 활용한다.

디지털 전환을 위한 다섯 가지 중심 주제

다섯 가지 중심 주제는 과거 디지털 전환 과정의 경험에서 등장한 것이다.

1. **디지털 린은 생산성을 크게 향상시킨다 :** 기업 대부분이 지속적인 비용 압박 때문에 해마다 생산성을 2~4퍼센트포인트 높이려 노력한다. 많은 연구가 입증했듯 디지털화는 생산을 15~20퍼센트 효율화시키는 잠재력을 갖고 있다. 이를 위해서는 전체 가치사슬에 걸쳐 함께 작동하는 몇 가지 개별 솔루션이 반드시 필요하다. 예를 들면 장비에 대한 예방적 유지관리와 감시는 고장 시간을 30~50퍼센트 줄일 수 있다. 이는 장비 활용도를 크게 높인다. 노동 효율성의 최적화도 큰 잠재력을 갖고 있다. 디지털 성과 관리, 생산과 물류 분야에서 인간의 노동력을 대체할 수 있는 강력한 로봇의 대규모 활용은 노동 생산성을 40~50퍼센트 높일 수 있다. 수많은 장비들의 데이터를 실시간 분석하는 첨단분석 기법은 비효율적인 공정과 품질 문제를 찾아낼 수 있다. 빅데이터 덕분에 판매 예측에 관한 전체 과정이 더욱 정확해지고 있어 기업들은 배송 능력을 개선하면서 재고를 크게 줄일 수 있다.

2. **디지털 린은 IT가 아니라 사업 및 기업 전체에 관한 것이다 :** IT 부서가 디지털 생산을 위한 도구를 제공하지만, 디지털 전환은 IT 부서의 책임이 아니다. 디지털 전환은 절대 새로운 기술이 어떻게 오래된 IT에 통합될 수

있는가란 질문에서 출발하지 않는다. 디지털 린은 훨씬 더 근본적인 수준에서 시작한다. 디지털 린은 기업이 미래에 어떤 모습이어야 하는가, 가치사슬과 비즈니스 모델에 어떤 의미를 가지는가에 관한 것이다. 예를 들면 스포츠 의류 회사는 스포츠 신발을 개인의 요구에 맞춰 생산하고 싶어 한다. 이는 가치사슬을 크게 변화시킨다. 현재 기업들은 저임금 국가의 저렴한 생산 비용을 활용하기 위해 미국과 유럽으로 장기간 컨테이너를 수송하는 시간과 낮은 유연성을 감수하고 있다. 머지않아 생산 로봇이 대규모로 활용되면 고임금 국가들이 경쟁력을 갖출 수 있을 뿐 아니라 제품 디자인에서 판매까지 걸리는 시간도 줄어들 것이다. 더불어 운송비도 절감되고, 자동화된 생산으로 더 커진 유연성 덕분에 비용 효율성이 높은 개인화된 제품을 생산하게 될 것이다.

3. **디지털 린은 최고경영진의 임무이며, 위임될 수 없다** : 현재까지 단 몇몇 기업만이 인더스트리 4.0이란 주제를 다루는 체계적인 계획을 수립했다. 맥킨지가 최근에 실시한 조사에 따르면, 조사 대상의 15퍼센트만이 실질적인 전략을 수립했다. 약 20퍼센트는 일반적으로 직접적인 결정 권한이 없는 지원 조직에게 임무를 부여했다. 구매와 제조 관련 부서는 책임은 있지만, 일반적으로 기업 내부에서 서열이 낮아 내부의 타성과 싸울 힘이 없다. 20세기 말에 린 생산을 도입한 도요타의 방식을 또다시 참고할 수밖에 없다. 즉 디지털 전환을 통해 가치를 빠르게 전달하려면 경영진이 통제권을 갖고 있어야 한다.

4. **디지털 린은 전체적 관점에서의 변혁 접근 방식을 요구한다** : 린 생산으로 전환하는 것과 마찬가지로, 공장의 전면 디지털화를 추진하려면 가치사슬을 구성하는 모든 요소와 씨름해야 한다. 그 과정에 필요한 개별 계획들

가운데 상당수를 중앙이 조정해줘야 한다. 그리고 직원들에게 필요한 기술을 제공하는 프로그램과 회사 전체에 걸쳐 디지털화를 추진하는 방법에 초점을 맞춘 계획이 포함돼야 한다. 이것이 전사적인 디지털 전환이다. 다른 프로젝트들과 연결되지 않거나 디지털 전환에 기초를 두지 않은 고립된 프로젝트들은 거의 도움이 되지 않거나 초기 단계에 실패하는 경우가 많다.

5. **디지털 린 방식에는 아날로그적인 사람들이 여전히 필요하다** : 인더스트리 4.0을 위한 기술적 기반이 빠르게 정착되고 있다. 하지만 생산 과정에서 새로운 기술을 요구하는 역할을 담당할 인간의 전문성이 여전히 필요하다. 새로운 역량을 배워, 생산 과정에 새로 생긴 역할을 수행해야 한다. 조립라인 근로자는 로봇에게 문제가 생겼을 때 개입하는 해결사로 변하고 있다. 근로자들은 생산 기계를 이해하고 통제할 수 있어야 한다. 관리를 담당하는 엔지니어는 기계를 분해할 필요가 없는 대신 예방적 유지관리를 위한 데이터를 보기 위해 컴퓨터를 활용한다. 품질관리 담당자는 만들어진 부품을 검사하는 것이 아니라 실제 생산 과정을 확인한다. 생산 계획을 책임지는 사람은 선형 생산 과정이 아니라 유연하고 자기학습을 하는 제조 공정을 설계한다. 조장과 팀장은 팀원들에게 물리적으로 낭비나 폐기물을 보여주는 대신 컴퓨터에서 생성되는 실질적인 데이터를 보여준다. 공장 전 분야에 걸쳐 새로운 직무 개요가 등장할 것이다. 데이터 분석가는 상관관계와 인과관계를 찾기 위해 막대한 분량의 생산 데이터를 검색하고 모범 사례를 찾기 위해 다른 공장 동료들의 결과를 비교하면서 생산 직원들을 위한 권고안을 만들 것이다. IT 통합 전문가는 공장의 IT 기반 시설이 기업 전체의 IT 환경에 원활하게 통합되도록

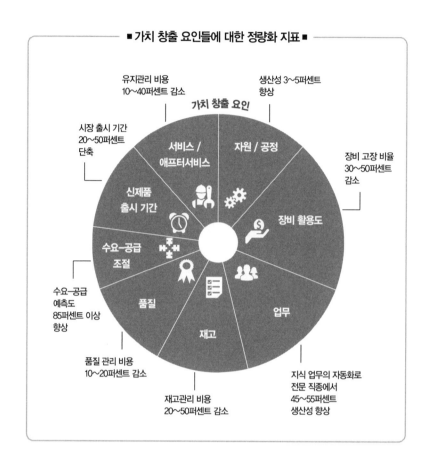

■ 가치 창출 요인들에 대한 정량화 지표 ■

유지관리 비용
10~40퍼센트 감소

생산성 3~5퍼센트
향상

가치 창출 요인

시장 출시 기간
20~50퍼센트
단축

서비스 /
애프터서비스

자원 / 공정

장비 고장 비율
30~50퍼센트
감소

신제품
출시 기간

장비 활용도

수요-공급
조절

수요-공급
예측도
85퍼센트 이상
향상

품질

재고

업무

품질 관리 비용
10~20퍼센트 감소

재고관리 비용
20~50퍼센트 감소

지식 업무의 자동화로
전문 직종에서
45~55퍼센트
생산성 향상

하고, 상호 연결을 관리할 것이다.

맥킨지 디지털역량센터McKinsey Digital Capability Center는 미래의 생산을 실
행해볼 기회를 제공한다. 시카고, 싱가포르, 아헨, 베이징, 베니스에 있
는 다섯 군데 디지털역량센터는 개발에서 생산과 서비스에 이르는 운
영 가치사슬 전반에서 최신 기술이 어떻게 활용되는지를 보여준다. 맥
킨지는 시카고 디지털역량센터를 디지털제조디자인 혁신연구소Digital

Manufacturing and Design Innovation Institute, DMDII와 협력해 운영하고, 다른 연구소 및 기술 제공 업체들과 공동으로 작업한다. 디지털역량센터에서 진행되는 현장 워크숍은 기업들이 인더스트리 4.0에 목적의식을 가지고 체계적으로 접근할 수 있도록 돕는다.

모든 생산 과정에 대한 디지털화는 경영에 상당히 의미 있는 도전 과제를 던진다. 하지만 다행히 이 과정은 혁명적 발전이 아니라 점진적 발전이다. 다시 말해 디지털화는 고객의 요구 사항을 철저히 분석하고, 전체적인 전환 계획에 따라 이루어져야지, 전 분야에 걸쳐 동시에 이루어져선 안 된다. 대신 기업들은 생산 과정의 디지털화부터 빨리 시작하고, 경험에서 교훈을 얻는 것이 더 유익하다. 직원들은 필요한 기술과 경험을 개발하고, 경영진은 무엇이 가장 자체적으로 잘 발전하고, 무엇이 외부 협력을 필요로 하며, 무엇을 인수하거나 투자해야 하는지 파악한다면 다음 프로젝트는 더 원활하게 진행될 것이다. 모든 직원에게 디지털화가 위협이 아닌 기회라는 것을 강조하는 것이 중요하다.

로봇이 일하는 사무실의 디지털화 – 알렉산더 에드리히Alexander Edlich

디지털화에 관한 다음 책은 숙련된 로봇이 쓸지도 모른다. 미국의 스타트업 내러티브 사이언스Narrative Science가 개발한 소프트웨어 프로그램 퀼Quill은 데이터를 분석하고, AI를 활용해 그 결과를 자연언어로 바꿔준다. 불과 수 초 만에 사람이 쓴 것과 같은 보고서와 논문이 완성된다. 다른 도구들은 가장 짧은 시간 안에 막대한 분량의 서류들을 분석하고, 사람보다 더 빠르게 진행 중인 법률 사건과의 관련성을 찾아내 젊은 변호사들의 자리를 위협하고 있다.

퀼의 놀라운 능력은 흔히 잊기 쉬운 디지털화의 한 측면을 보여준다. 자동화와 로봇이 공장과 창고 업무를 혁신할 뿐만 아니라 사무실 업무도 바꿔놓고 있다. 맥킨지글로벌연구소에 따르면, 2015년을 기준으로 사람들이 돈을 받고 하는 일의 45퍼센트를 이미 기계가 대체할 수 있었다. 추가로 13퍼센트의 업무가 로봇이 인간의 언어를 이해할 수 있도록 하는 소프트웨어 등 개발 중인 신기술에 의해 자동화될 수 있는 것으로 나타났다. 이 연구에 따르면, 모든 직업 가운데 약 60퍼센트에서 전체 업무의 30퍼센트 이상을 기계가 수행할 수 있다. 심지어 관리 업무 가운데 20퍼센트도 로봇이 할 수 있는 것으로 조사됐다.

공정 자동화가 사무실 업무를 혁신하고 있다

전통적인 로봇은 직장에서 인간과 컴퓨터 소프트웨어의 상호작용 방식을 모방하고 있다. 로봇은 워드와 엑셀뿐 아니라 기업자원관리ERP 시스템 사용법을 배운다. 일반적으로 로봇은 규칙에 따라 일하고, 학습보다는 구조화된 데이터를 처리한다. 전문가들은 이를 '로봇 프로세스 자동화'Robotic Process Automation, RPA(인적 자원이 수행하던 규칙 기반의 단순 반복적인 업무를 소프트웨어를 통해 자동화하는 것 – 옮긴이)라고 부른다. 로봇 프로세스 자동화 덕분에 인간의 노동력이 필요한 많은 업무를 로봇에게 넘길 수 있다. 로봇은 지치지 않고 인간보다 훨씬 더 빨리 업무를 수행할 수 있다.

필요한 소프트웨어를 탑재한 로봇들은 과거에 다양한 정보원을 통해 수동으로 자료를 수집했던 기업들을 위해 월간 보고서나 분기 보고서를 작성해줄 수 있다. 소프트웨어가 만든 보고서들은 형식이 잘 갖추어져 있고 읽기에도 완벽하다. 비용을 절감하고, 데이터 해석 등 더 중요한 일에 자원을 활용할 수 있도록 해준다. 머지않아 금융 분야에서도 완전 자동화를 통해 버튼을 한 번 클릭하는 것으로 연간 결산보고서를 만들 수 있을 것이다. 신입 직원들도 처음부터 생산적인 업무에 필요한 모든 정보와 도구를 갖추게 될 것이다. 이런 새로운 업무의 신세계에서 많은 직원이 규칙에 따라 움직이는 가상 비서를 갖게 될 것이다.

하지만 AI로 알려진 인지컴퓨팅Cognitive Computing 분야는 정말 흥미롭다. AI 분야에서는 기계가 사람의 인지적 기능을 모방한다. 기계가 배우고, 문제를 풀고, 데이터 분석 결과를 인간의 언어로 알려준다. 가장 잘 알려진 사례가 애플의 가상 비서 시리다. 시리는 아이폰 사용자들의 음성 질문에 반응, 인터넷에서 검색한 답을 알려준다. 또 간단한 음성 명령을 문자로 바꾸고, 단순한 반응도 보여줄 수 있다. 더 강력한 가상 비서들은 언어를 이해하고, 문자와 어감을 문맥에 따라 분석해 인간의 상호작용을 모방할 수 있다. 예를 들면 IP소프트IPSoft가 개발한 소프트웨어 아멜리아Amelia는 IT 지원 부서에서 사용되며, 직원들이 비밀번호를 잊었을 때 새로운 비밀번호를 발급하는 일 등을 한다.

IBM의 왓슨Watson과 구글의 딥마인드Deep Mind 같은 AI는 데이터를 통해 배우고, 막강한 컴퓨팅 능력을 활용해 인간이 도저히 발견할 수 없는 문제들의 해법을 생각한다. 인간 두뇌처럼 작동하지만, 그보다 능력이 훨씬 큰 인지 엔진Cognitive Engine을 만들기 위해 다양한 접근법과 도구가 결합될 수 있다. 인지 엔진은 인간을 완전히 이해하기 위해 설계됐다. AI가 놓치고 있는 것은 인간의 감정이지만, 이는 아직 구현하지 못했을 뿐이다.

■ 미국의 직업 가운데 60퍼센트는 30퍼센트 이상 자동화될 수 있다 ■

미국에서 사람이 처리하는 업무에 대한 기술 기반 자동화 가능성(누적)*
자동화 가능성(%)
(100퍼센트 = 1억 2,900만)

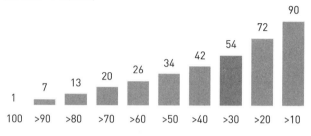

100	>90	>80	>70	>60	>50	>40	>30	>20	>10
1	7	13	20	26	34	42	54	72	90

미국의 직업 가운데 자동화 가능성(누적)
자동화 가능성(%)
(100퍼센트 = 775개 직업)

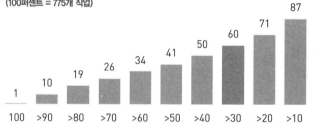

100	>90	>80	>70	>60	>50	>40	>30	>20	>10
1	10	19	26	34	41	50	60	71	87

직업 예

- 재봉사
- 패션디자이너
- 간호조무사
- 웹 개발자

- 진열대 담당자
- 벌목 장비 기사
- 지배인
- 통계 전문가

- 버스 운전기사
- 여행사 직원
- 치과 기공사

* 현재 기술을 도입해 자동화될 수 있는 업무 활동으로 자동화 가능성을 정의
출처 : BLS 2014, O'Net, 맥킨지 분석

사무가 자동화되면 기업은 어떻게 변할까

미국 같은 선진국에서 로봇과 소프트웨어 프로그램들이 인간의 업무를 대신할 경우, 그 비용은 근로자 임금의 평균 13퍼센트다. 한눈에 봐도 이런 업무를 저임금 국가로 이전하는 것은 이득이 없다. 해외 이전 비용이 평균적으로 선진국 임금의 40퍼센트에 달하기 때문이다.

영국의 한 보험회사는 자동화 덕분에 불과 직원 네 명으로 하루에 보험금 지급 3,000건을 처리한다. 유럽의 대형 에너지 회사의 자회사는 요금 청구, 에너지 소비 데이터 수집, 에너지 소비 관리 등을 포함한 몇 가지 중요한 행정 업무를 자동화했다. 과거에는 직원 250명이 필요했던 일을 지금은 로봇 110개와 감독관 11명이 처리한다. 최대 통신 사업자 가운데 하나는 복잡한 행정 업무 15개를 자동화했다. 이는 전체 업무량의 35퍼센트에 해당한다. 현재 160개 로봇이 한 달에 거래 50만 건을 처리한다. 로봇은 단지 비용만 줄여주는 것이 아니다. 사람이 처리하는 것보다 결과 신뢰도가 높기 때문에 고객과 대면하는 영업 직원들은 더 많은 역량을 발휘할 수 있다. 잘못된 항목을 본사에 다시 확인할 필요가 없기 때문이다.

기계들은 비용과 품질 면에서 사람보다 뛰어나다. 로봇과 컴퓨터는 훨씬 더 정확한 결과를 산출해낸다. 프로그램을 정확하게 따르기 때문에 실수는 고려 대상이 아니다. 생산을 늘린다 해도 소량 생산할 때와 마찬가지로 품질을 유지할 수 있다. 로봇은 휴식이 필요하지 않다. 필요하면 24시간 일할 수 있다. 규제를 잘 따르는 것이 점점 더 중요해지는 시대에 기계들은 지속적으로 자신들의 활동을 기록하기 때문에 나중에 언제라도 활동 내용을 확인할 수 있는 것도 또 다른 장점이다.

하지만 가까운 시일 안에는 단지 몇 가지 업무만이 완전 자동화가 가능하기 때문에 기존 업무 내용과 절차가 다시 정의될 필요가 있다. 예를 들면 은행이 대출 신청서를 검토하는 데 기계를 활용한다면 직원들은 고객들에게 조언하는 데 더 많은 시간을 들일 수 있고, 하루에 더 많은 대출 신청서를 처리할 수 있을 것이다. 투자 자문가는 금융 데이터를 직접 분석할 필요가 없기 때문에 창의적인 투자 전략을 더 많은 연구할 수 있다. 심지어 로봇들은 투자 전략을 개발하는 데 도움이 될 수 있다. 즉 과거에 최고 등급 고객에게만 제공됐던 다양한 조언들이 로봇 조언의 형태로 모든 고객에게 제공될 수 있다.

자동화는 복잡한 업무에도 적합하다

자동화는 단지 저임 단순 노동에만 적합하다는 의견이 아직도 지배적이다. 하지만 맥킨지글로벌연구소의 연구 결과는 다르다. 관리 업무의 20퍼센트 정도가 기계로 대체될 수 있는 것으로 조사됐다. 로봇들은 영업 결정을 위한 보고서와 프레젠테이션을 분석할 수 있고, 목표를 얼마나 달성했는지에 관한 현황 보고서를 확인할 수 있으며, 심지어 인사 관련 결정을 내릴 수 있다. 대신 관리자들은 사고, 소통, 경영에 더 많은 시간을 들일 수 있고, 이 시간을 현명하게 활용해야 한다. 데이터 활용을 늘릴수록 더 많은 관리자가 자동화의 혜택을 누릴 수 있다. 예를 들면 AI와 머신러닝으로 인간보다 훨씬 더 체계적으로 데이터를 활용하고, 이를 근거로 투자를 권할 수 있는 투자 관리 분야에서 자동화는 큰 이점으로 작용한다.

창의성과 감정을 이해하고 대응하는 능력이 필요한 직업들은 당분간 자동화에서 안전하다. 미국의 모든 직업 가운데 단지 4퍼센트만이 창의성이 중요하고, 모든 업무 활동 가운데 29퍼센트만이 다른 사람들과 공감하는 능력이 필요하다. 하지만 이런 직업들도 장기적으로는 자동화로부터 안전하지 않다. 지금도 인간의 감정을 해석할 수 있는 소프트웨어들이 있다.

자동화는 기술적 결정 그 이상이다

기술은 당연히 지능적인 업무 자동화로 가는 핵심 구성 요소다. 하지만 업무 자동화는 기본적으로 최고경영진이 내리는 전략적 결정이다. 경영진은 기업이 변화에 영향을 받는 정도를 평가하고, 그 분야에서 구체적인 장점을 개발할지 아니면 추격자로 남아서 선도자의 실수를 피할지 결정해야 한다. 궁극적으로 관리자들은 조직과 문화에서 인재와 기술 개발에 이르기까지 현재 운영하는 기업의 비즈니스 모델을 어떻게 조정할지 결정해야 한다. 과거의 경험에 따르면, 선택적으로 업무와 공정을 자동화하고, 로봇 자동화를 통해 비용을 빠르게 절감한 기업들은 지능형 업무 자동화로 가는 과정에서 모든 업무들을 다시 설계했다. 1990년대 업무 재설계의 교훈은 여전히 유효하다. 핵심 목표는 단지 모든 업무의 전반적인 자동화가 아니라 가장 중요한 업무 시스템을 개선하는 것이다.

사무실에서 자동화가 얼마나 빠르게 채택될지는 여전히 불확실하다. 자동화는 한편으로는 기술 발전 속도에 의존하지만, 다른 한편으로는 기술적 가능성이 기업들에게 얼마나 빨리 받아들여지고 실행되는가에 달렸다. 순수하게 소프트웨어 솔루션에 의존하는 산업들이 자동화에서 앞서가고 있다. 이런 산업들은 관리 가능한 투자를 통해 상당한 비용을 절감하고 있다. 상대적으로 적은 비용으로 자동화가 가능한 금융 산업이 좋은 예다. 더 많은 하드웨어가 필요하거나 지켜야 할 보안 조항이나 법률 규제가 많을수록 자동화하는 데 더 많은 시간이 걸린다.

경영진은 자신들이 속한 산업의 기준들이 어떻게 발전하는지에 관해 전체적인 그림을 잘 이해하고, 동시에 자동화의 경제학에 대한 감을 잡아야 한다. 경영진의 이런 특정한 지능이 미래의 기업 세계에서 성공과 실패를 결정할 수 있다.

결
론

디지털화가 기업의 모든 기능을 변화시키고 있다

성공적인 디지털 기업들은 상품과 업무 과정을 철저히 고객의 요구에 맞춰가고 있다. 우리는 지금까지 사업 구조가 고객경험을 시작으로 어떻게 재편되는지 살펴봤다. 상품과 가치제안은 기업의 디지털 원칙에 따라 시장에 소개된다. 가치사슬도 대대적인 변화에 직면해 있다. IoT, 로봇, AI가 미래의 모습을 결정할 것이다.

이번 장에서는 가장 중요한 변화들만 설명했을 뿐이다. 하지만 차세대 고객 생애주기관리와 새로운 상업 모델 도입 등 훨씬 많은 변화들이 존재한다.

예를 들면 롤스로이스Rolls-Royce는 장비가 아닌 가동 시간에 따라 고객이 비용을 지불하는 방식으로 엔진에 대한 상업 모델을 근본적으로 변화시켰다. 이런 전략은 센서 기술과 예방적 유지관리에 의해서만 가능하다. 디지털화로 구매 과정도 근본적으로 변하고 있어 사실상 B2B 분야에서도 옴니채널을 통한 구매 전략이 불가피해지고 있다. 궁극적으로 기업의 모든 기능이 디지털화의 영향을 받게 될 것이다.

제6장

사업 토대 강화하기

디지털화의 도전에 대응한다는 것은 어떤 모습일까? 막대한 양의 데이터를 분석할 때 어떤 도움을 받을 수 있을까? 기업이 디지털 세계에서 성공하려면 어떤 조직이 필요할까? 이번 장은 디지털화가 성공하기 위한 토대를 살펴볼 것이다.

속도는 디지털 세계의 특징이다. 빠른 개발 시간, 짧은 수명 주기, 급속한 변화는 기존의 전통적인 조직을 압도하는 요인들이다. 이번 장의 서두에서는 기업들이 어떻게 투 스피드 IT 체제를 만들 수 있는지를 설명할 것이다. 투 스피드 IT 체제에는 개입 필요성이 최소화된 안정적인 기능을 수행하는 강력한 IT 시스템과 신속한 디지털화를 목표로 모든 것에 기민하게 대응하는 IT 시스템이 포함돼 있다. 그다음에는 새로운 금광이라 불리는 데이터를 다룰 것이다. 빅데이터와 첨단분석 기법은—구조화되지 않은 엄청난 규모의 데이터와 지능형 분석—오늘날 가장 중요한 기업의 성공 요인이다. 데이터를 도둑맞는 것이 성공을 위협할 수도 있기 때문에 데이터를 보호하는 방법도 설명하려 한다. IoT 도입과 함께 일상생활 속 모든 사물에 소프트웨어가 설치되고 있으므로 IT와 기술에 관한 부분에서 소프트웨어를 다룰 것이다.

하지만 디지털화는 CDO의 등장과 함께 기업 문화와 조직도 바꾸고 있으므로, CDO의 역할이 뭔지도 설명하려 한다. 디지털 시대에 기업들에게는 기민하고 다기능적인 수평적 서열 구조가 필요하기 때문에 이에 관해서도 설명할 것이다. 모든 사람이 디지털 인재를 원한다는 점에서 인재를 찾아내고 유지하는 방법도 알아볼 것이다. 또 새로운 생태계에서 기업 대부분은 협력자들의 네트워크를 통해 일하고, 이들과의 상호작용도 관리해야 한다. 마지막 부분에서 그 방법에 관해 설명하고자 한다.

강력함과 신속함을 갖춘 투 스피드 IT 전략 —나우팔 칸Naufal Khan

핀테크가 은행들을 힘들게 하고 있다. 온라인에서는 계좌 개설에 5분밖에 걸리지 않고, 소규모 대출은 순식간에 승인을 받고, 클릭 한 번으로 돈을 투자할 수 있다. 신생 디지털 기업들이 전통적인 여신업계를 앞서가고 있다. 은행들은 뭘 해야 할까? 은행의 IT 부서와 시스템은 이처럼 빠른 속도를 따라갈 수 없다. 매우 민감한 데이터에 관해서는 언제나 보안이 최우선이다. 하지만 거대한 금융기관들은 (적어도 몇몇 은행들은) 투 스피드 IT 체제 덕분에 아직은 이들을 따라잡을 가능성이 있다.

디지털화는 비즈니스 세계 전반에 걸쳐 혁신을 가속시켰고, 고객의 기대 수준을 높였다. 그 결과, 많은 산업 분야의 기업들이 IT 성능을 급격하게 향상시켜야 했다. 하지만 기업 전체의 IT 시스템을 혁신하는 것에는 예측할 수 없는 위험, 막대한 투자, 많은 비용이 뒤따른다. 이런 규모의 혁신은 기업의 주문, 청구, 회계 시스템을 고장의 위험에 노출시킬 수 있다. 게다가 이런 변화들은 비용이 많이 들고, 시간이 오래 걸린다. 그래서 현명한 IT 관리자들은 두 가지 시스템을 병행하는 아이디어를 생각해냈다. 고객들이 사용하는 모든 앱과 함께 작동하는 기민한 클라우드 기반 시스템(프런트엔드front-end 시스템)과 고객과 관련 없는 활동을 위한 임대 클라우드 시스템이나 자체적인 데이터 센터를 가진 안정적이고 견고하며 비용 효율적인 시스템(백엔드back-end 시스템)이다. 이 두 시스템은 통합 플랫폼이나 미들웨어로 연결된다.

프런트엔드 시스템에서는 엔지니어들이 공동의 목표를 가진 단일 팀으로 일한다. 프로그래머들은 빠르게 앱을 개발하고, 필요한 데이터를 기반이 되는 컴퓨터에 입력한다. 고객들은 스마트폰과 컴퓨터로 앱에 접근한다. 예를 들면 고객들은 앱으로 무선통신 회사 요금을 확인하거나 가격과 상품을 쉽게 검색하고, 서비스를 변경하거나 지불 수단을 바꾼다. 기존 고객들은 계좌 상태를 확인하고 궁금한 점을 물어볼 수 있다. 기업들은 앱을 이용해 현재 고객 및 잠재적 고객과 소통하며 새로운 사업을 개발한다. 이런 새로운 형태의 비즈니스 개발에는 개인 고객뿐 아니라 점차 기업 고객들도 협력해야 한다. 고객의 피드백은 후속 디지털 상품 개발에 즉각 반영된다.

이런 맞춤형 솔루션에 필요한 시간과 비용은 충분히 그만한 가치가 있다. 혁신적인 앱과 고객 요구에 대한 신속한 대응이 경쟁에서 앞서가도록 만들기 때문이다. 예를 들면 인도네시아의 무선통신 사업자인 텔콤셀Telkomsel은 고객 1억 5,000만 명을 위해 셀프서비스 모바일 앱을 개발했다. 여기에는 계약 연장과 변경뿐 아니라 신규 계약 기능도 포함돼 있다. 텔콤셀의 개발 팀은 안정적인 IT 시스템에서 실행하려면 일반적으로 2년이 걸리는 기능을 6개월 만에 완성했다.

한편 백엔드 IT 시스템에서는 다른 무엇보다 시스템이 멈추지 않는 것이 중요하다. 재고 조사, 요금 청구, 고객 데이터 손실이나 공급망에서의 시스템 정지는 치명적인 사업 손실로 이어질 수 있다. 조화와 표준화를 통한 비용 효율성도 매우 중요하다. 백엔드 시스템은 회사를 움직이는 중요한 프로그램을 운영한다. 기업자원관리 시스템, 고객관계관리 CRM, 표준원가모델 그리고 물류와 경영에 관련된 모든 것을 다룬다.

투 스피드 IT로 가는 세 가지 방법

기본적으로 기업들이 애자일agile(소프트웨어 개발 과정에서 시스템 변경에 유연하게 또는 기민하게 대응할 수 있도록 하는 방법론 – 옮긴이) IT 시스템을 구축하는 데는 세 가지 방법이 있다. 즉 기존 조직에 있는 것을 확장하거나, 처음부터 시작하거나, 필요한 기술을 가진 기업을 인수할 수 있다.

여행사인 토머스쿡Thomas Cook은 첫 번째 방법을 택했다. IT 조직에서 고객과 대면하는 부분을 분리해 일상 업무에서 제외하고, 점진적으로 투 스피드 IT 시스템을 구축했다. 이런 방식이 효과를 보기 위해서는 기존

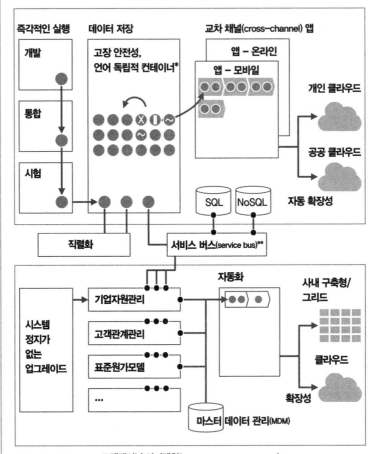

■ 투 스피드 IT를 위한 표준 아키텍처 ■

● 마이크로서비스

고속 아키텍처

즉각적인 실행

개발

통합

시험

데이터 저장

고장 안전성,
언어 독립적 컨테이너*

교차 채널(cross-channel) 앱

앱 - 온라인

앱 - 모바일

개인 클라우드

공공 클라우드

자동 확장성

SQL   NoSQL

직렬화

서비스 버스(service bus)**

자동화

시스템
정지가
없는
업그레이드

기업자원관리

고객관계관리

표준원가모델

...

**사내 구축형/
그리드**

클라우드

확장성

마스터 데이터 관리(MDM)

트랜잭셔널 아키텍처(transactional architecture)

* container : 실행에 필요한 모든 파일 등, 전체 런 타임 환경에서 애플리케이션을 패키지화하고 격리할 수 있도록 하는 기술
– 옮긴이
**bus : 컴퓨터 내외부 각종 신호원 간의 데이터나 전원 전송용 공통 전송로, 버스선bus line이라고도 한다 – 옮긴이

IT 조직 내부에 디지털로 전환할 만한 가치가 있는 업무가 있어야 한다. 여기에 더해 백엔드 시스템과 고객 대면 업무를 분리하는 미들웨어 시스템에 대한 상당한 투자가 필요하다.

스타벅스Starbucks는 처음부터 새로 시작했다. 기존 IT 시스템에서 적합한 출발점을 찾을 수 없었다. 그래서 투 스피드 IT 시스템에서 애자일 역할을 맡기기 위해 과거 IT 조직과 완전히 분리된 새로운 IT 조직을 만들었다.

시간이 촉박했던 미국 보험사 올스테이트Allstate는 신속하고 혁신적인 IT 팀이 있는 기업을 인수했다. 이런 방식의 이점은 시간이 오래 걸리는 전환 과정이나 훨씬 더 시간이 걸리는 애자일 IT 시스템을 구축하는 데 시간을 들이지 않아도 된다는 것이다. 대신 올스테이트는 고객들을 위한 매력적인 디지털 서비스 개발에 즉시 착수할 수 있었다. 이런 방식을 택한 기업들은 빠른 시장 진출로 얻는 이익이 새로운 조직을 기존 조직에 통합하는 비용보다 더 크다고 확신한다.

애자일 IT를 구축하는 기업들은 새로운 시스템이 가치 있는 기여를 할 때까지 약 18개월 정도의 여유 시간이 필요하다. 이런 형태의 기업 혁신은 비즈니스와 IT의 강력한 융합을 중심으로 진행된다. 미래에는 빠른 변화가 중요하거나 경쟁사와 차별화하는 모든 업무가 애자일 IT 팀의 책임이 될 것이다. 따라서 이런 IT 시스템을 업무에 맞게 현대화하고 정비해야 하며, 이런 변화를 관리하기 위한 엄격한 지배 구조를 갖춰야 한다. 첫 단계로 사업부와 IT 부서 간에 정한 연결 고리가 필요하다. 마케팅 전문가들과 프로그래머들로 구성된 다기능 팀들을 구성해야 하고, 제품과 서비스가 팀과 통합돼야 한다. 조직과 소통하고 개발 과정을 총괄하기 위해 각 제품과 서비스에 대한 제품책임자Product Owner(고객 요구를 파악해 제품 방향을 정하고, 목표 달성을 위해 해야 할 일의 우선순위를 결정해 개발 팀과 함께 고객이 만족할 제품을 만드는 사람. IT업계, 특히 소프트웨어 기반 서비스를 제품으로 다룬다 - 옮긴이)를 임명해야 한다. 제품책임자는 업무 조정자와 중재자 역할을 하는 것이지 관리자가 아니다.

팀들이 독립적으로 능력을 발휘할수록, 애자일 IT가 전체 조직에서 독립적으로 활동할수록 기업들은 더욱 매력적인 제품과 서비스를 고객들에게 제공할 수 있다. 공급 업체, 자문 위원들과의 토론도 병행돼야 한다. 이를 통해 조직의 기술적인 문제를 해결하고, 더 유연해질 수 있기 때문이다. 애자일 팀은 반복적인 단기 집중 개발로 달성되는 목표들을 공유한다. 애자일 팀들은 고객을 위한 앱을 개발하는 반면 다른 팀들은 앱이 개발되는 기반인 기본적인 IT 시스템의 안정성을 보장한다.

애자일 IT는 종종 조직의 모든 요소를 가속시킨다

애자일 IT 조직은 일반적으로 경쟁력을 유지하고, 고객 요구를 충족하기 위해 신속한 조정이 필요하고, 고객과 직접적으로 상호 교류하는 업무에 집중한다. 대부분의 경우, 애자일 IT 구성 요소들은 안정적인 IT 시스템에서 일하는 엔지니어들을 자극하고, 그 결과 전체 IT 시스템의 전환을 가속시키는 자기 강화적 시스템으로 나타난다.

예를 들면 한 대형 은행은 투 스피드 IT 시스템을 성공적으로 실행했다. 하지만 얼마 지나지 않아, 고객들이 송금이나 계좌 정보를 확인하기 위해 사용하는 앱을 원활하게 구동하기 위해 고객 데이터를 제공하고 수정하는 백엔드 시스템도 바꿀 필요가 있음을 깨달았다. 그 결과 고객과 직접 대면하는 시스템이 더 빨라졌을 뿐 아니라 데이터를 처리하는 백엔드 시스템도 애자일 IT 시스템의 일부가 됐다. 이 때문에 상호 의존성을 유지하는 동시에 빠른 작동 주기를 지원하는 소프트웨어 서비스 제공 모델도 바꿀 필요가 생겼다.

이는 완벽한 애자일 IT 조직으로 가는 시작점이 될 수 있다. 애자일 IT의 도전을 감당하지 못하는 직원들은 안정적이고 신중할 수 있는 부서에 남아 장기간에 걸쳐 조용한 변화 과정을 추진할 수 있다. 애자일 IT 조직의 목표는 아마존, 페이스북, 구글 같은 거대한 디지털 기업과 동일한 IT 구조를 구축하는 것이다. 이들 기업은 기술을 사업 목표와 완벽하게 통합시키고, 목표를 찾아내고, 설정하고, 달성하기 위해 일사불란하게 일한다.

이 과정에서 디지털 제품 관리digital product management가 필요하다. 개발팀을 이끄는 관리자들은 앱과 앱의 사용법이 아니라 주문 확인에서 배달 날짜 확인 등에 이르는 구매와 지불 전체 과정을 책임진다. 이런 전체 과정에 대한 책임은 제품 출시 기간을 줄일 뿐 아니라 최종 제품과 서비스의 품질도 높인다. 관리자들의 업무에는 다양한 목표를 가지고 시장 전략을 검증하는 수많은 검사와 실험도 포함된다. 고객 데이터와 피드백을 수집해 분석하고, 그 결과를 추가 개발 과정에 반영한다. 팀의 성공을 측정하는 데 활용되는 핵심성과지표를 개발하는 것도 관리자의 임무다.

기민하고 빠른 IT 시스템, 디지털 제품 관리자, 기업가적 재능을 가진 소규모 팀, 확장 가능한 최첨단 IT 구조의 조합은 아마존이나 구글 같은 디지털 기업이 놀라운 성공을 거둔 근간이다. 아날로그 세계에서 출발한 기업들도 애자일 IT 전략에서 많은 도움을 받을 수 있다.

빅데이터와 첨단분석으로 고객 행동을 예측한다 – 홀거 휘르트겐Holger Hürtgen

아마존은 어떻게 책 몇 권 산 사람의 관심을 살 책들을 추천할 수 있을까? 스포티파이는 어떻게 다운로드 몇 번 한 사람이 관심을 가질 만한 노래를 알아낼까? 온라인 패션 회사들은 어떻게 홈페이지를 몇 차례 방문했을 뿐인 사람이 좋아하는 옷을 추천할 수 있을까? 이는 더 이상 놀라운 일이 아니다. 하지만 어떻게 이런 일이 일어나는지를 아는 사람은 많지 않다.

온라인 점포와 스포티파이 같은 앱은 고객들에 관해 접근 가능한 데이터를 수집한다. 예를 들면 우리가 뭘 사고, 뭘 보고, 어떤 사이트를 통해 들어왔고, 어떤 단말기를 사용하는지, 우리가 얼마나 자주 사이트를 방문하는지, 그 밖에 다른 어떤 것들을 보고 있는지에 관한 정보 말이다. 이 방대한 데이터를 첨단분석 소프트웨어로 분석해 고객 행동을 예측하는 데 활용할 수 있는 패턴을 찾는다. 예를 들면 온라인 소매점들은 우리와 같은 데이터 흔적Data Trail을 남긴 어떤 사람에게 우리와 비슷한 욕구가 있으리란 가정하에 통계적 쌍둥이들을 찾아내는 유사 모델링Lookalike Modeling을 좋아한다. 한 사람이 어떤 노래, 비디오, 바지를 좋아하면 다른 한 사람에게 즉시 동일한 아이템을 추천한다.

빅데이터와 첨단분석이 단지 유통사에만 도움이 되는 것은 아니다. 제조업체들과 서비스업체들이 사실에 기초한 결정을 내리도록 돕기도 한다. 그럼에도 불구하고 많은 관리자들과 직원들이 여전히 개인적인 경험이나 통계적 계획을 근거로 결정을 내린다. 지난 3년 동안에만 인류 역사의 나머지 기간보다 더 많은 정보가 생성됐다. 이런 데이터를 활용할 수 있는 기업은 즉각적인 경쟁력을 확보할 수 있다. 빅데이터와 첨단

분석은 더 훌륭하고 빠른 결정을 위한 도구들을 제공한다. 기술이 중요한 역할을 하지만, 전부는 아니다. 기술적 가능성과 기업의 목표가 만나는 곳에서 부가가치가 만들어진다. 빅데이터 전략은 기업 전략과 비즈니스 모델부터 성장 전망까지 기업의 핵심 전략에 영향을 미치기 때문에 고위 경영진이 참여해 위에서부터 추진돼야 한다.

빅데이터와 첨단분석의 세 가지 성공 요소

빅데이터와 첨단분석을 통해 사업을 발전시키고자 하는 기업에게는 세 가지 지렛대가 필요하다. 기업은 목표를 개략적으로 알려주는 비전을 정해야 한다. 데이터 분석은 정해진 앱으로 검증돼야 한다. 마지막으로 기술, 조직, 직무 체계가 갖추어져야 한다.

데이터 기반 기업으로의 성공적 전환은 비전에서 출발한다. 비전에는 중요한 목표를 비즈니스 사례로 발전시키는 것뿐 아니라 고객 유지에서 생산 최적화까지 구체적인 앱에 대한 측정 가능한 목표를 정하는 목표 시나리오가 설명돼 있다. 또 데이터 흐름을 여러 단계로 구분하고, 목표를 달성하는 마감 시한을 정하는 디지털 전환 방법을 포함한다.

이 단계에서 기업은 비즈니스 과정 가운데 데이터 분석을 하고 싶은 구체적인 부분들을 정한다. 새로 등장하는 생태계를 목표로, 스마트홈에서 디지털 의료까지 새로 진출하기로 결정한 분야가 가장 매력적이다. 하지만 일반적인 분야에서도 극적으로 발전할 수 있다. 빅데이터 분석은 고객과의 직접적인 소통, 교차 판매 분야, 고객과의 접촉을 최적화하는 데(예를 들면 계약 해지를 피하는 것) 활용될 수 있다. 장비 활용도 최적화, 예방적 유지보수, 인재 유지 등 내부적인 업무 방식에도 도움이 될 수 있다.

■ 빅데이터와 첨단분석 모듈 개요 ■

🔭 비전

비전 개발	기존 토대나 애플리케이션의 중단을 의미하는 새로운 비즈니스 모델을 포함한 전략 개발

- 비전과 목표
- 자산으로서 데이터
- 클라우드 분석
- 실시간 핵심 통찰력
- 기초 진단
- 소셜미디어 듣기
- IoT
- AI
- 애플리케이션과 계획의 우선순위
- 시험하고 배우는 애자일 시범 프로젝트
- 전 세계 대상 크라우드소싱
- 자동화와 로봇공학

📋 애플리케이션

상업적 지렛대(판매 관련)	내적 운영 최적화(설비 투자 및 운영 비용)

- 분류 최적화
- B2C 동적 가격 책정
- 예방적 유지관리
- 콜센터 연결
- 교차·연쇄 판매
- 가치 기반 B2B 가격 책정
- 수요 예측
- 인사 배치 계획
- 고객 이동
- 영업 분야 계획
- 부채 관리
- 공급망 최적화
- 차선의 행동·제안
- 마케팅 믹스 최적화
- 사기·절도 확인
- 위치·영역 설계
- 인수
- 수입 관리
- 위험·채무 손실 예측
- 인사관리

👷 토대

기술과 인사 기반	새로운 사업 운영 모델

- 데이터
- IT
- 문화와 태도
- 업무 과정과 방향 설정
- 분석학
- 직원
- 성과 관리
- 조직

빅데이터 전략은 관리할 수 있지만 복잡한 애플리케이션과 높은 수익을 보장하는 애플리케이션에서 시작하는 것이 이상적이다. 결과가 빠르게 달성된다면 전체 디지털 전환 프로젝트가 새로운 추진력을 얻을 것이다. 그리고 유사한 다른 하위 프로젝트들이 빠르게 결과를 만들어내기 시작하면 전체 프로젝트 자금이 자체적으로 조달될 것이다.

성공적인 디지털 전환의 토대

하지만 이런 부분적 성공은 기업이 이미 기술, 업무, 인적 자원에 관해 안정적 토대를 갖춘 경우에만 가능하다. 처음에는 기본적인 것만 필요하다. 전문 지식과 기술은 디지털 전환이 실행되는 것과 함께 증가할 것이다. 성공적 전환을 위해서는 다음 다섯 가지 요인이 중요하다.

- **데이터** : 디지털 경제에서 데이터는 새로운 금이다. 구글은 데이터로 뭘 할 수 있는지를 보여주는 완벽한 본보기다. 기업이 더 좋은 데이터를 수집할수록 데이터에 기초한 결정의 신뢰도가 높아진다. 기업들은 지금까지 오랫동안 대규모 데이터를 수집해왔지만, 그것들을 하나로 합치고 전체적으로 분석하는 법을 몰랐다. 여러 조직으로 분리된 기업들이 데이터를 서로 다른 IT 시스템에 보관하는 경우에는 기술적인 것이 원인이다. 마케팅, 생산, 물류, 인사에 있어서 부서 이기주의 같은 조직 문제가 원인인 경우도 있다.
- **분석학** : 데이터 수집 이후에는 분석이 중요하다. 분석적 접근에는 현황 분석, 예방적 분석, 예측 최적화 분석 등 다양한 관점이 필요하다. 현황 분석은 과거에 어떤 일이 벌어졌는지를 설명하는 것이고, 예방적

분석은 미래에 무슨 일이 벌어질지를 예측하는 것이다. 최적화 분석은 기업의 미래에 영향을 미칠 수 있는 결정을 추천하는 것이다. 머신러닝 시스템에서 새로운 알고리즘은 AI 학습과 함께 새로운 기회를 만든다.

아마존과 구글 등 데이터 분석의 선구자들은 자신들의 알고리즘을 다른 사람들이 활용할 수 있도록 공개하고 있다. 구글이 검색 결과를 개선하기 위해 사용한 텐서플로Tensorflow는 이미지 인식과 콜센터의 자동화 응답에 활용될 수 있다. 하지만 어느 누구도 그들의 데이터 보물 창고에는 접근할 수 없다. 데이터 창고는 구글과 아마존이 어떻게 자신들을 차별화하고, 그들이 무엇을 상품으로 생각하는지를 보여주는 일종의 지표다.

- **도구** : 데이터 분석가들은 데이터를 관리하고 구조화하는 것을 돕는 전문 프로그램을 필요로 한다. 데이터 분석가들이 머신러닝 요소들을 통합할 수 있도록 그래픽적으로 돕는 SAS Statistical Analysis System(고급 분석, 다변량 분석, 비즈니스 인텔리전스, 데이터 관리, 예측 분석을 위한 소프트웨어 - 옮긴이)나 IBM 모델러Modeler가 대표적인 프로그램이다. 하지만 더 많은 기업이 데이터 분석을 위해 R이나 파이선Python 같은 공개 소프트웨어를 사용한다. 이런 프로그램들은 사용자 커뮤니티를 통해 빠르게 개발되고, 필요한 모든 고급 알고리즘을 포함하기 때문이다. 분석과 추천의 대상인 사용자들은 결과를 시각화해 보여주는, 사용하기 단순한 소프트웨어를 원한다. 기업들은 시각화를 위해 태블로Tableau 같은 프로그램을 구매하거나 의사 결정 과정의 도우미 역할을 하는 소프트웨어를 자체적으로 개발한다.

- **통역사** : 디지털 전환 과정에 있는 기업들은 분석 결과를 받아 보는 경영진, 분석을 처리하는 기술 인력 외에도 제3의 직원인 통역사들이 필요하다. 이들은 기업의 요구 사항을 데이터 전문가와 엔지니어에게 전하

고, 의사 결정자들에게 어떤 분석이 가능한지 설명해주는 일을 한다. 통역사의 자격 요건은 상당히 높다. 통역사 역할을 하려면 비즈니스 세계뿐 아니라 디지털 세계도 이해해야만 한다. 일반적으로 기업들은 직원들이 빅데이터와 첨단분석 기법을 성공적으로 활용하는 데 필요한 전문 지식 수준을 과소평가한다. 대신 IT 시스템을 강화하는 데 관심을 쏟는다. IT 시스템을 강화하는 것도 중요하지만, IT 문제에 대한 해법을 찾는 것이 훨씬 쉽다.

■ **업무 과정** : 데이터, 분석, 도구, 직원들은 모두 업무 과정에서 하나로 통합된다. 가치사슬의 강도는 가장 약한 부분이 결정한다는 사실을 기억할 필요가 있다. 부정확하고 질 낮은 데이터가 수집되면 가장 뛰어난 분석 기법도 아무 가치가 없다. 결과도 무의미할 것이다. 초기의 컴퓨터 과학자들이 말한 것처럼 쓰레기를 넣으면 쓰레기가 나온다. 데이터와 분석 기법은 최고지만 과정이 완벽하지 않으면 결과가 잘못될 수 있다. 예를 들면 무선통신 회사 콜센터 직원이 고객과 통화하는 동안에 가상 비서가 고객 데이터를 기초로 제안한 권고를 이해할 수 없다는 이유로 따르지 않는다면 데이터, 분석, 도구는 모두 쓸모없어진다.

하지만 올바르게 사용된다면 빅데이터와 첨단분석 기법은 까다로운 문제들을 해결할 수 있다. 컨설팅 분야의 사례를 살펴보자. 한 슈퍼마켓 체인이 유기농 식품, 무설탕, 글루텐, 락토스가 포함되지 않은 상품까지 상품 범위를 확장할 계획을 세웠다. 문제는 진열할 공간이 한정돼 있다는 것이었다. 어떤 상품을 포기해야 할까? 수익이 가장 많이 남는 상품들만 남겨두는 너무 뻔하고 단순한 해법은 기본적으로 잘못됐다. 고객 유지에 중요한 주력 상품들이 매장에서 사라지기 때문이다. 이 슈퍼마켓은 엔트로피 모형Entropy Model(어떤 확률변수의 불확실성을 측정하는 모형 – 옮긴이)과 계층적 군집화Hierarchical Clustering(계층적 트리 모델을 이용해 개별 개체들을 순차적, 계층적으로 유사한 개체 내지 그룹과 통합해 군집화를 수행하는 알고리즘 – 옮긴이)를 활용해 판매에서 제외되는 상품의 이동 효과뿐 아니라 새로운 상품 추가에 따른 이익 증가를 정확하게 예측하는 모델을 개발했다. 이 슈퍼마켓 체인은 현재 최적 상품 범위를 산출하기 위해 이 모델을 활용하고 있고, 경쟁사보다 두 배 빠르게 성장하고 있다.

차세대 파괴자, AI

구글과 아마존의 생각이 맞는다면 기업들은 곧 스마트 알고리즘으로는 차별화를 꾀할 수 없을 것이다. 대신 스마트 알고리즘은 일반적인 상품으로 공유될 것이다. 하지만 이런 알고리즘을 만드는 데이터 전문가들은 자신들의 일자리를 걱정할 필요가 없다. 단지 일하는 방식이 변할 뿐이니까. 데이터 전문가들의 업무는 기업을 위한 최고의 알고리즘을 선택하고, 데이터를 수집하기에 가장 좋은 방식으로 알고리즘을 조합하는 일이 될 것이다.

다음에 나타날 가장 큰 발전은 AI에서 나올 것으로 예상된다. 기계와 기계의 알고리즘은 너무 복잡해 인간이 관리하기 어려워지거나 기계들이 더 효율적으로 할 수 있는 일들을 더 많이 감당하게 될 것이다. 지금도 머신러닝 시스템이 산업 분야의 실험용 프로젝트에 활용되고 있다. 2016년에 구글의 알고리즘 알파고AlphaGo가 세계 바둑 챔피언을 이겼다. 이는 단지 시작일 뿐이다.

복원력에 집중해야 하는 사이버 보안 - 제임스 캐플런James Kaplan

2016년, 해커들이 은행들의 국제 송금 네트워크인 스위프트Swift에 가입한 방글라데시 중앙은행에서 8,100만 달러를 훔쳤다. 해커들은 방글라데시 국민들의 송금을 빼돌리는 악성 소프트웨어를 활용했다. 이 사건이 일어나기 1년 전에는 소니영화스튜디오 서버가 해킹당했다. 해커들은 감독들의 급여와 직원들의 개인 정보를 공개했고, 북한 독재자 김정은을 희화한 영화의 개봉을 취소하라고 협박했지만 실패했다. 2014년에는 한 재능 있는 디지털 네이티브 집단이 자동차 문을 열고 시동을 걸기 위해 폭스바겐 자동차의 전자키가 사용하는 암호를 훔쳤다. 전자키 암호는 자동차를 절도하기에 완벽한 도구다.

이는 수많은 사건들 가운데 단 세 가지 사례일 뿐이다. 하지만 디지털 경제가 얼마나 사이버 공격에 취약한지 잘 보여준다. 맥킨지의 조사에 따르면, 기업과 정부가 사이버 위험에 대응하기 위해 효과적인 조치를 취하지 않는다면 2020년 전 세계에서 사이버 위협에 의한 손실이 30억 달러에 이를 것이다. 경제가 점점 더 디지털화되면서 해커들이 훨씬 더 많은 침입 지점을 찾아내고 있다.

해커들은 다양한 방식으로 공격하고, 완전히 다른 이해관계를 가진다. 때로는 경제를 활성화하기 위해 정보를 훔치고, 때로는 국가가 정적을 약화시키기 위해 배후에서 공격을 사주하는 경우도 있다. 또 기술을 훔쳐 활용하거나 경쟁자가 민감한 정보를 얼마나 허술하게 보호하는지 보여줘서 평판을 떨어뜨리기 위해 경쟁 기업들이 사이버 공격을 감행하기도 한다. 다른 단체들은 이념 문제 때문에 공격한다. 이런 핵티비스트Hacktivist들은 대상 기업의 부당 행위를 밝히거나 반자본주의, 민족주의, 환경 정책 같은 이념을 선전하고 싶어 할지도 모른다. 어떤 사람들은 단순히 자신의 능력을 보여주고 싶어 해킹을 한다. 또 불만을 품거나 뇌물을 받은 내부 사람들이나 양심에 가책을 느낀 직원들이 사이버 공격을 할 수도 있다.

사이버 복원력을 높이기 위한 위한 일곱 가지 대응책

전 세계 관리자를 대상으로 한 조사에서 3분의 2가 사이버 공격이 심각한 문제를 야기하고, 전략적으로 심각한 영향을 미칠 수 있다는 데 동의했다. 단 5퍼센트만이 다음 표에서 설명한 일곱 가지 예방 조치 중 여

■ 사이버 보안의 일곱 가지 대응책 ■

		목적 달성 수단
1	데이터 목록과 업무 위험에 대한 우선순위를 정하고 경영진을 참여시킨다	
2	데이터 목록의 가치를 보여줌으로써 일선 직원들을 동원한다	
3	기업 간 업무 과정에서 사이버 공격에 대한 대응을 통합한다	비즈니스
4	모든 업무 기능에서 사고 대응 체제를 통합하고 현실적인 검증을 통해 개선한다	
5	확장성을 높이기 위해 기술 분야에서 보안 기능을 통합한다	일반 IT
6	가장 중요한 자산에 대한 보호를 차별화한다	
7	공격에 대한 실시간 대응이 가능하도록 능동적 방어 시스템을 활용한다	사이버 보안

올바른 IT 보안 구조와 함께 일곱 가지 대응책을 적용함으로써 사이버 공격에 대한 강한 복원력을 구축할 수 있다.

섯 개 분야에서 충분한 능력을 가지고 있다고 답했다. 응답자의 80퍼센트는 해커들이 자신들의 회사보다 더 빠르게 배운다고 우려했다. 심지어 대응 조치들은 기업에 부정적인 영향을 미친다. 예를 들면 보안 조치들은 새로운 모바일 기능의 출범을 평균 6개월 정도 지연시킬 수 있는 것으로 조사됐다. 조사에 응답한 관리자 중 4분의 3은 데이터 공유를 지연시키는 보안 조치들 때문에 고객과 접촉하는 직원들의 생산성이 떨어졌다고 주장했다.

과거의 보안 모델들은 더 이상 유효하지 않다는 것이 대체적인 평가다. 대략적으로 2007년 이후부터 IT 부서들이 엄격한 절차와 안전한 기술적 기반을 갖춘 보안 네트워크를 구축했다. 하지만 이런 보안 조치에도 많은 허점이 있다. 현재의 사이버 위험에 대처하려면 업무를 설계할 때부터 보안에 초점을 맞춰야 한다. 위험에 노출된 기업들이 취할 수 있는 최선의 대응책은 사이버 복원력을 갖추는 것이다. 복원력은 기업들이 진화생물학에서 빌려 온 개념이다. 복원력은 파괴와 충격을 흡수하고, 성공적으로 업무를 수행하는 시스템의 능력을 말한다. 기업들은 다음 일곱 가지 조치를 통해 사이버 복원력을 확보할 수 있다.

어떤 데이터가 가장 큰 위험으로 이어질까

어떤 데이터가 가장 중요한지에 관한 생각이 분명한 기업은 많지 않다. 따라서 보안 팀은 전체 가치사슬을 검토하고, 가장 큰 위험이 어디에 있는지 평가하기 위해 우선적으로 경영진과 함께 일해야 한다. 어떤 데이터의 손실이 가장 큰 사고로 이어질까? 신상품 디자인 데이터일까? 아니면 자기학습 기능이 있는 제조 공정일까? 또는 민감한 고객 데이터일

제6장 | 사업 토대 강화하기

245

까? 은행과 보험사는 이런 방식으로 오랫동안 위험을 평가해왔다. 이들은 이런 접근법을 크라운주얼Crown Jewels 프로그램이라고 부른다. 이 모델은 다른 산업 분야에서도 활용되고 있다.

고객 데이터가 자산이라는 사실을 명심하라

데이터를 취급하는 사람들만이 데이터의 가치를 이해하고, 보안이라는 주제를 심각하게 받아들일 것이다. 이것이 다른 직원들도 보안 교육을 받아야 하는 이유다.

빌 게이츠Bill Gates는 MS에서 2002년부터 보안 문제를 직접 책임졌다. 그는 모든 직원에게 보낸 편지에서 제품 보안이 최우선이라고 말했다. 신제품에 새로운 기능을 추가하는 것과 보안 강화 중 하나를 골라야 한다면 언제나 보안을 택하라고 주장했다. 2003년에는 소프트웨어 보안을 지속적으로 강화하기 위한 프로그램인 패치 화요일Patch Tuesday을 도입했다.

위험 관리의 일부인 사이버 복원력

사이버 보안은 기업의 위험 가운데 일부고, 그렇게 관리되어야 한다. 온라인 공격에 대한 위험 평가들은 기업의 다른 위험 평가와 통합돼야 하고, 담당 임원에게 보고되어 최고경영진 차원에서 논의되어야 한다.

사이버 복원력을 확보하려면 모든 업무 과정을 계획할 때 온라인 공격에 대한 예방책도 포함해야 한다. 인더스트리 4.0과 산업인터넷Industrial Internet 시대의 초기인 2012년에 GE는 보안 요소들을 기계, 소프트웨어, 네트워크 설계의 중요한 구성 요인으로 만드는 계획을 발표했다. 그리고 2014년에는 추가적인 보안 기술을 확보하기 위해 보안 전문 기업인 월드테크Wurldtech를 인수했다.

사이버 전쟁 게임으로 예방 시스템을 시험하라

악의에 찬 해커들이 공격하기 전에 다른 누군가가 사이버 공격을 해서 약점을 알아내준다면 회사가 해커들을 앉아서 기다릴 이유가 없다. 유나이티드항공이 이런 방식을 취하고 있다. 유나이티드항공은 보안 취약점신고제Bug Bounty의 일부로 항공 프로그램의 약점을 발견한 똑똑한 해커들에게 무료 마일리지를 제공한다. 바클레이즈은행Barclays은 약점을 즉시 보완하기 위해 전체 IT 시스템을 공격해줄 해커들을 고용했다. 한 유럽 전자 제품 기업의 CEO는 이틀 동안 자리에서 물러나 회사를 온라인 공격하는 모의 사이버 전쟁에 참여했다.

이런 상황을 이해하는 기업들은 사이버 공격이 성공했을 경우에 대한 대응 방안도 연습하고 있다. 데이터 유출 사실이 공개되면 잘못된 발언들이 심각한 결과를 초래할 수 있다. IT 관리자뿐 아니라 마케팅, 고객 서비스, 홍보 담당자도 올바른 대응 방법을 준비하고 있어야 한다.

IT 구조의 통합 요소

운영체제, 통신 기록, 애플리케이션은 IT 시스템의 기존 구성 요인들이다. 잘못된 검사, 관리, 시스템 구성 때문에 공격 가능한 지점이 생기면 각 구성 요소가 보안 위험이 될 수 있다. 하드웨어, 미들웨어, 응용소프트웨어와 상관없이 보안 요소가 모든 구성 요인에 내장되어 있어야 한다. 보안 요소들의 복원력은 지속적으로 검증받고, 개발 과정 동안 수정되고 보완되어야 한다. 이 모든 구성 요인은 지속적인 검증과 관리를 통해서만 확인할 수 있는 거대한 잠재적 보안 문제다.

최근 들어 급격한 디지털화의 추세를 따라 많은 기업이 필수적인 관리 기술도 습득하지 않은 채 성급하게 신기술을 도입했고, 그 결과 기존 시스템과의 상호작용을 이해하지 못하고 있다. 새로운 디지털 기술을 구축하기 위한 예산은 기존 IT 시스템 예산에서 할당받는다. 이는 경영 측면에서는 타당하지만, 중기적인 IT 보안에는 심각한 결과를 초래할 수 있다.

한 가지 중요한 대응 방안은 별도의 보안 구역을 설정하는 것이다. 예를 들면 유럽의 한 스포츠 의류 회사는 플레이존Play Zone을 도입해 온라인 홍보 활동을 신속하게 전개할 수 있도록 했다. 플레이존은 자체적인 보안 구역으로 기존 시스템과 분리돼 있다. 즉 보안 문제가 발생할 경우, 다른 시스템에 영향을 미치는 일 없이 홍보 활동을 즉각 중단하거나 삭제할 수 있다.

또 다른 중요한 문제는 보안 요소들에 대한 소유권이다. IT, 보안 조직, 상품 개발 조직 사이의 책임 논쟁으로 자원과 예산이 묶이면서 적이 내부에 있는 경우도 흔하다. 하지만 보안 기술은 기업 지배 구조에서 최우선적으로 다루어져야 한다. 예를 들면 GE는 이사회에 IT 보안 관련 기능을 부여했다. 각 사업 단위들과 본사 부서들은 정기적으로 보안 감사를 받는다. GE의 소프트웨어 부문 책임자인 빌 루Bill Ruh는 "우리는 GE에서 소프트웨어 플랫폼에 초점을 맞추고, 중요한 기반 시설 요인들을 보호하고, 고객들이 온라인으로 믿을 수 있고 안전한 업무를 할 수 있도록 돕는다"고 말했다.

모든 데이터를 같은 수준으로 보호해야 하는 것은 아니다

공격과 방어에 관해 일가견이 있는 프레더릭 대왕은 "모든 것을 방어하는 사람은 아무것도 방어하지 못한다"고 말했다. 마찬가지로 각각의 다른 업무 과정에는 우선순위 목록에 따라 더 많은 암호화나 다른 강도의 비밀번호를 이용하는 방식으로 각기 다른 수준의 보호가 적용된다.

예를 들면 은행들은 일반 업무일 때는 온라인 고객들에게 표준적인 신원 확인 절차를 적용한다. 하지만 고객이 큰돈을 이체하거나 특이한 거래를 할 경우, 고객에게 문자메시지로 전송된 추가 암호를 요구한다.

공격당하기 전 능동적 방어가 좋다

대부분의 경우, 외부나 내부 자원을 통해 잠재적 공격에 관한 많은 정보를 얻을 수 있다. 앞으로 기업들은 모든 활용 가능한 정보를 하나의 위험 분석표로 통합하는 능력을 개발해야 한다. 그리고 침입자로부터 시스템을 보호하는 특정 목적에 대비한 방화벽을 구축해야 한다. 이런 보호 조치들이 가동되면 기업은 잘 보호받는 상황에서 공격을 물리칠 수 있을 것이다. 예를 들면 2011년에 방위산업 회사인 록히드마틴은 사이버 위협을 조기에 탐지하기 위해 넥스젠Nexgen 연합 결성을 주도했다. 클라우드 컴퓨팅 기업인 EMC는 실시간 인터넷 추적, 자동 위협 분석, 컴퓨터 네트워크 해킹과 싸우는 방법에 대한 전문 지식이 있는 네트위트니스NetWitness 를 인수해 넥스젠 연합의 보안을 강화했다.

사이버 공격에 대한 보안을 강화하려면 기업 전체에서 책임 있는 자리에 있는 관리자가 참여해야 한다. 어떤 데이터가 가장 가치 있는지를 평가할 경우에는 영업 담당 임원, 고객 데이터 손실과 관련된 위험을 평가할 경우에는 준법 지원 책임자, 데이터 접근권을 결정할 때는 인사 담당 관리자가 참여해야 한다. 또 회사 IT 시스템에 연결돼야 하는 협력사들과 보안 문제를 협상할 때는 구매부 책임자가 관여해야 한다. 이런 복잡한 노력들을 조정하려면 CEO가 모든 책임을 져야 한다.

2차 세계대전 당시 이니그마Enigma 암호화 장비들과 마찬가지로, 부호화와 판독 그리고 암호화와 해독 사이에 벌어지는 전투는 끝이 없다. 이 경쟁이 그 어느 때보다 빠르고, 교묘하고, 치열하게 이어지고 있다. 가치 사슬이 디지털 세계에 끊임없는 변화를 유발하면서 사이버 공격자들이 얻을 수 있는 잠재적 이익이 증가하고 있다.

기계와 장비의 디지털화가 필요하다 - 마크 파텔

2016년 10월, 포드는 블랙베리BlackBerry에서 직원 400명을 채용, 고객들에게 더 많은 소프트웨어와 서비스를 제공하는 데 필요한 커넥티드카 전문가를 두 배로 늘렸다.[17]

데이터를 수집하고, 와이파이로 중앙 서버에 전송하는 네트워크로 연결된 장비와 센서가 보편화된 인더스트리 4.0 시대로 전환됨에 따라 기계와 장비 제조사도 디지털 방식으로 제품을 개선해야 한다. 전적으로 아날로그에 의존하던 다른 산업들은 이미 디지털 전환을 마쳤다. 예를 들면 오늘날 일반적인 자동차에는 애플의 맥북프로보다 더 많은 컴퓨터 명령어들이 쓰인다. 2012년에 스마트폰 제조사들은 이미 하드웨어 개발자보다 두 배나 많은 소프트웨어 개발자를 고용했다. 모든 기계와 장비 제조사 중 3분의 2 이상이 고객들에게 소프트웨어 솔루션을 제공한다.

그렇다면 기업들은 어떻게 해야 아날로그 제품에서 디지털 전환에 대비한 제품으로 가는 경로를 성공적으로 따라갈 수 있을까? 장비에 적합한 소프트웨어는 어떻게 장착할까? 기업들은 새로운 기술과 인재뿐 아니라 새로운 조직 구조와 업무 절차도 도입해야 한다. 열 가지 방법을 통해 내장 소프트웨어 방식으로 전환이 가능하고, 이 가운데 다섯 가지는 전략과 실행에 중점을 두고 있다.

전략 : 가치를 만들어내는 것에 집중하기

과거에 기계공학을 전문으로 했던 기업이라면 아무 준비 없이 갑자기 소프트웨어를 설치하기 위한 설득력 있는 전략을 개발하기가 매우 어렵다는 사실을 알게 될 것이다. 고객들이 원하는 것이 무엇일까? 얼마나 비용을 지불해야 할까? 경쟁자들은 뭘 하고 있을까? 불행하게도 많은 기업이 이런 질문에 답할 경험이 부족하다. 다음 다섯 가지 원칙은 진정한 가치를 창출하는 소프트웨어 전략을 개발하는 데 도움이 될 것이다.

1. **전략에 맞는 디지털 전환을 위해 세부 계획을 수립하라** : 소프트웨어는 전통적인 기계 제품보다 지속적인 지원과 더 잦은 업데이트를 필요로 한다. 기업에 자체적인 소프트웨어 전략이 필요한 것도 이 때문이다. 이런 전략은 미래에 경쟁사와 자사 제품을 차별화할 소프트웨어 능력과 필요한 소프트웨어의 종류, 목표 달성을 위한 마감 시한을 담고 있어야 한다. 하지만 가장 먼저 할 일은 소프트웨어가 고객들이 접하는 어떤 문제와 어떤 비효율성을 해결할 수 있는지를 시장조사를 통해 확인하는 것이다.

예를 들면 인텔은 첨단분석 기법에 사용되는 고성능 칩셋을 사용하는 고객들을 위해 다양한 디지털 지원 방식을 개발했다. 인텔은 시장조사를 통해 고객들이 문제에 부딪힐 때 종종 자신들이 혼자 해결해야 한다고 느낀다는 사실을 발견했다. 소프트웨어 개발 계획은 인텔의 전반적인 전략과 가장 중요한 제품에 대한 정량적 목표에 근거한다. 그리고 브랜드 이미지가 전략의 매우 중요한 요소라면, 이는 강력한 첨단 소프트웨어로 뒷받침돼야 한다. 자동차 회사인 메르세데스는 오락과 내비게이션 시스템에서 자율주행에 이르는 디지털 역량을 육성하는 데 막대한 자원을 투입했다. 오늘날 자동차는 어디를 가나 소프트웨어로 가득하다. 메르세데스는 최고급 브랜드로서 기계적 측면뿐 아니라 디지털 측면에서도 경쟁사보다 앞서 나가야 한다.

2. **최고경영진이 전략 개발에 참여해야 한다** : 이 책에 소개된 다른 디지털 전환 사례와 마찬가지로 여기서도 동일한 원칙이 적용된다. 즉 CEO가 없다면 아무것도 성취하지 못할 것이다. 최고경영진만이 가능한 추진력이 없다면 디지털 전환 노력은 더 작은 프로젝트에만 초점을 맞추게 될 것이다. 전사에 걸친 대규모 전환이 가진 잠재력을 결코 얻지 못할 것이다. 목표들이 충돌할 경우, 최고경영진만이 전략적 결정을 내릴 수 있다. 예를 들면 다음 같은 문제가 있다. 기업이 하드웨어 판매를 늘리기 위해 소프트웨어를 개발하고 싶어 하는 것일까? 아니면 소프트웨어 판매를 통한 추가 수입을 올리기 위해 소프트웨어를 개발하고 싶어 하는 것일까?

3. **스타트업의 전략을 모방하지 말고 기업의 장점에 집중하라** : 대부분의 전통적인 제조업체들의 경우, 스타트업과 직접적인 경쟁에 뛰어드는 것은 거의 의미가 없다. 스타트업은 속도, 기민함, 특화된 기술을 가지고 있다. 대신 기존 기업은 고객 기반, 브랜드 매력, 산업 지식 같은 장점이 영향력

을 발휘하는 제품에 집중해야 한다. 더 좋은 소프트웨어를 개발하도록 돕는 경쟁 기업들과 연합을 결성하는 방식으로 공격적인 새로운 시장 진입자들을 격퇴시킬 수 있다. 예를 들면 아우디, BMW, 다임러는 노키아에게 인수한 지도 서비스 히어를 통해 협력사로 함께 일하고 있다. 히어는 자율주행에 필요한 자동차 등급의 정밀한 지도 서비스를 제공한다. 히어는 다른 자동차 회사들에게도 공급되기 때문에 자동차 산업 외부의 지도 서비스업체들과는 거리를 유지하고 있다.

4. **확고한 위치를 차지하고 네트워크 효과를 성취하라** : 이는 매우 야심 차지만 확실히 가능한 목표다. 많은 기업이 독특한 상품과 서비스를 제공해 자신의 분야에서 난공불락의 기업이 됐다. 예를 들어 지멘스는 세계 15대 자동차 회사 중 14곳에서 사용하는 장비와 자동화 소프트웨어를 개발하는 데 성공, 전 세계 자동차 제조 자동화 설비 시장의 80퍼센트를 점유했다. 경쟁력이 확고한 제품을 생산하는 기업은 외부 소프트웨어 개발자들을 참여시켜 앱을 개발할 수 있다. 소프트웨어가 지능화될수록 제품의 인기도 높아진다. 예를 들면 애플은 아이폰을 출시한 뒤 자체적인 앱스토어를 만들었고, 앱스토어는 많은 수익을 내고 있다.

5. **가격 전략을 수립하라** : 고객은 공짜 상품을 신뢰하지 않고, 기업은 수입이 발생하지 않기 때문에 공짜 상품을 좋아하지 않는다. 전략가들이 많은 수입이 발생하는 가격 전략을 세워야 하는 이유도 이 때문이다. 첫 번째 대안은 기본 소프트웨어는 구매한 장비에 무료로 탑재시키고, 다양한 기능이 있는 고급 소프트웨어는 추가 비용을 받는 프리미엄freemium 전략이다. 전체 패키지 또는 소프트웨어 단독으로 사용할 때마다 비용을 지불하는 사용 기반 요금제Pay-Per-Use가 또 다른 선택이 될 수 있다. 세 번

째 선택은 소프트웨어, 기계 장비, 프로그램에 대해 사용 횟수와 상관없는 요금을 지불하는 가입 서비스 모델이다.

실행 : 전문 인력과 전문 기술 확보하기

디지털 능력을 가진 인재들은 전통적인 산업 분야의 기업들을 입사하고 싶은 회사 리스트 가장 밑에 둘 것이다. 디지털 인재들은 구글이나 성공한 스타트업에 취업하는 것을 더 선호하기 때문이다. 전통적인 산업 분야는 성공적인 개발 업무에 필요한 자유가 없고, 스타트업과 같은 수준의 기술적 수단과 도전도 부족하다는 이미지가 있다. 기업들은 이런 편견을 어떻게 극복할 수 있을까?

■ **핵심 인물의 마음을 움직여라** : 개발자 세계의 스타를 끌어온다면 그 기업이 소프트웨어 사업을 중대하게 생각한다는 사실을 보여줄 수 있을 뿐 아니라 그 사람의 인맥으로 디지털 인재들에게 접근할 수 있다.

■ **소프트웨어 생태계에 참여하고 인수 가능성을 평가하라** : 생태계를 활용하거나 다른 기업을 인수하는 이점은 새로운 팀들이 첫날부터 생산적으로 일할 수 있다는 것이다. 이는 시간이 가장 중요한 요인일 경우 특히 중요하다. 새로운 팀이 오랫동안 함께 일해왔다면 직원들의 이동 위험성도 더 적을 것이다. 개발자 대부분이 성공적으로 협력하고 있는 팀을 떠나고 싶어 하지 않기 때문이다.

■ **디지털 인재들이 기대하는 환경을 조성하라** : 단순히 급여를 많이 주라는 뜻이 아니다. 우리는 디지털 인재들이 무엇을 정말로 가치 있게 생각하는지를 조사했다. 그들은 훌륭한 일을 원한다. 이는 대부분의 경우, 내부

의 네트워크와 필요한 재량권을 가지고 최고의 기술을 활용해 도전적인 일을 하는 것을 뜻한다. 이들은 개발자들과 자유롭게 만나는 강력한 최고경영진을 원한다. 그리고 업계에서 평판이 탁월하고 역동적이고 사회적 책임이 있는 근무 관행과 직원들이 편안함을 느끼는 근무 환경을 제공하는 기업을 위해 일하고 싶어 한다. 물론 급여도 적당한 수준이이야 한다. 기본급에 더해 단기적 성과에 대한 상여금과 장기적 성장 계획도 있어야 한다.

- **개발자들이 독립적으로 일할 수 있도록 하라** : 소프트웨어 개발자들은 많은 시험 운영과 프로그램 수정이 필요한 프로젝트에서 동료들과 긴밀하게 협력하는 데 익숙하다. 개발자들의 근무 스타일은 기계 장비를 개발하는 업무 흐름과 다르기 때문에 프로그래머들을 기존 조직에 통합시키는 것은 좋은 생각이 아니다. 소프트웨어 개발 팀은 자체적인 관리와 업무 시스템을 갖춘 독립적인 사업 부서로 조직할 경우, 가장 효율적으로 일한다.

- **통합적 소통 시스템을 활용하라** : 많은 기업이 하드웨어를 먼저 만들고 소프트웨어를 개발하는 순차적인 과정을 따른다. 이는 시간 낭비다. 소프트웨어 개발자들은 장비가 완성되기 훨씬 전에 새로운 디지털 도구들을 활용해 가상 시제품으로 프로그램 검증을 시작할 수 있다. 전체 개발 과정이 원활하도록 하드웨어와 소프트웨어 엔지니어들은 서로에게 정기적으로 진행 상황을 알려주면서 새로운 제품에 필요한 요구 사항을 함께 개발하고, 목표와 일정을 조정해야 한다.

제조업 분야 기업 대부분에게 선택권이 없다. 장비는 소프트웨어와 함께 출시돼야 한다. 그렇지 않으면 경쟁력이 없을 것이다. 우리의 조언은 디지털화된 제품을 개발하는 데 도움이 되지만, 마법의 공식은 아니다. 디지털 전환 과정에서 발생할 전혀 예상하지 못한 일들에 대비하라.

모든 기업에 필요한 스티브 잡스Steve Jobs - 스티브 반 쿠이켄Steve Van Kuiken

공격은 최선의 방어란 말을 자주 듣는다. GE의 CDO 빌 루가 일하는 방식이기도 하다. 그는 "당신이 생산성과 상품 효율성을 높이는 방법을 모른다면 누군가가 알아낼 것이다. 결국 모든 기업이 소프트웨어 회사가 돼야 한다. 소프트웨어 자산이 없다면 붕괴될 것"이라고 말했다. 그는

■ 가장 중요한 디지털 의제를 책임지는 CDO ■

목표

- 현재 사업의 디지털화와 오프라인 기능을 온라인 기능으로 재편
- 신기술 도입, 혁신 촉진, 인터넷 트렌드의 이해 그리고 신기술 적용과 잠재력에 대한 아이디어 제공

주요 업무

최신 기술 추진
- 기술 트렌드 관찰
- 신기술에 대한 정보 전달
- 비즈니스 솔루션 개발에 신기술 적용

요구 사항 조정
- 담당 부서 프로젝트에 자원 제공
- 광범위한 부서 간 요구 사항에 대한 조정 능력

새로운 해결책 개발
- 개발업체와 함께 신기술 실행
- 아웃소싱 업체를 포함한 다양한 분야에서 업무량 관리

조직에서의 위치

- CEO에게 직접 보고

핵심성과지표

시간에 따른 핵심성과지표
- 목표 날짜에 맞춰 출시한 소프트웨어의 비율
- 전체 개발 시간

비용에 따른 핵심성과지표
- 온라인을 통한 거래량(%)
- 예산에 맞춘 프로젝트의 비중(%)

품질 핵심성과지표
- 온라인을 통해 완료된 판매 비율
- 온라인 사용자 수 증가
- 구매 전환율 증가
- 다양한 구매 단계에서 이동률 하락

GE에 합류했을 때 GE의 장비를 분석하는 데 집중했다. 그는 이를 방어적 전략이라고 설명했다. 그의 전략은 GE를 공격적으로 만드는 것이었다. 그는 "GE는 고객들이 우리 제품뿐 아니라 모든 장비에 능숙해지도록 도울 것"이라고 말했다.

빌 루는 오늘날 여러 기업들에서 인원이 많지 않지만 점점 늘고 있는 CDO 집단 가운데 한 사람이다. 애덤 브로트먼Adam Brotman은 스타벅스에서 디지털화를 추진하고 있다. IBM, SAP 같은 거대 기술 기업에서는 밥 로드Bob Lord와 조너선 베커Jonathan Becher가 디지털화를 담당하고 있고, 엘리베이터 제조사인 쉰들러에서는 미카엘 닐스Micael Nilles가 디지털 부문을 책임지고 있다.

CDO들은 여러 분야에 재능이 있어야 한다. 전략가이면서 디지털 기기를 잘 알아야 하고, 고객들과 직원들을 잘 이해해야 한다. 디지털 전략을 세우는 것은 단지 여러 업무 가운데 하나일 뿐이다. 무엇보다 CDO는 회사 내부와 외부에서 인적 네트워크에 능숙한 사람이어야 한다. 기업 외부에서는 가장 흥미로운 기술적 발전과 가장 유망한 스타트업을 찾아내고, 내부에서는 모든 조직원에게 디지털 전환의 이점을 잘 이해시켜야 한다. 디지털 전환으로 직원들에게 무엇을 기대할 수 있는지를 아는 것만큼 고객들이 기업에게 무엇을 기대하는지, 어떤 기술을 사용하는 데 편안함을 느끼는지 이해하는 것도 중요하다.

CDO는 부서 이기주의를 허물어야 한다

트래블엑스Travelex의 CDO 숀 콘월Sean Cornwell은 디지털을 부서들의 장벽 속에 내버려두는 것은 실패를 계획하는 것이라고 말한다. 아우디의

롤런드 빌링어Roland Villinger는 훌륭한 CDO는 모든 사람을 화합시킬 줄 알아야 한다고 주장한다. 그는 "기술 개발자들은 시간과 공간을 달라고 하고, 영업 팀은 모든 것을 더 빨리 달라고 하고, 법무 팀은 무조건 안전하게 가려고 한다. IT 팀이 무슨 말을 하는지는 원래 아무도 알아듣지 못하고, 외부 협력 업체는 문화부터 다르다. 이 모든 것을 하나로 합하는 것이 내 임무"라고 말한다. 빌링어는 CDO로서 디지털 인재들을 아우디로 불러들이는 일도 맡고 있다. 그는 아우디가 어떻게 모든 일반적인 채용 경로를 통해 인재들을 찾는지 설명하면서 "우리는 모든 곳을 찾아본다. 하지만 우리의 인적 네트워크를 이용할 수 있을 때 가장 성과가 좋다. 가장 좋은 방법은 누군가가 우리에게 인재를 추천해주는 것"이라고 말했다.

그는 업무가 여러 부서와 관련이 있기 때문에 부서 이기주의적 사고를 깨야 한다. 빌링어는 "우리는 자신의 분야에만 집중하는 무사안일주의에 젖어 있다. 실제로는 통합적인 디지털 생태계를 건설하고 있다는 사실을 확실하게 알려줘야 한다"고 주장한다. 아우디가 생산하는 각 자동차 플랫폼에는 자체적인 구조를 가진 가상 디지털 플랫폼이 존재한다. 빌링어는 어떤 모델이 회사 전체를 위해 개발돼야 하고, 어떤 모델이 브랜드 차별화를 위해 개발돼야 하는지 토론하기 위해 폭스바겐 그룹 전체에 있는 동료들과 정기적으로 회의한다. 그는 "이 과정은 세밀한 균형을 요하는 일이다. 한편에서는 브랜드 정체성을 강화하고 싶어 하고, 다른 한편에서는 규모의 이점을 활용하고 싶어 한다. 우리가 이 일을 제대로 해낸다면 천하무적이 될 것"이라고 주장한다. 그는 이를 위해 자동차 성능과 디자인만 중시하는 구세계와 연결성 및 디지털 서비스가 어우러져야 한다는 신세계를 하나로 묶어야 한다. 빌링어는 "내 역할은 일종의 파괴자, 즉 변화를 주도하는 사람이다. 모든 사람을 한배에 태우는 것이 내 임무"라고 말한다. 이는 쉬운 일이 아니다. 디지털 방식으로 생각하는 사람들은 빠르게 행동하고, 해결책을 시험해보고, 실패를 받아들일 준비가 되어 있다.

GE의 CEO 제프리 이멀트는 "우리는 새로운 디지털 산업 세계를 위한 지침서를 만들고 있다"고 말한다. 이 대담한 전략을 실행하기 위해 CDO인 빌 루는 전사적인 디지털 문화를 만들고, 디지털 시대에 맞게 현재의 비즈니스 모델을 최적화해야 한다. 클라우드 기반의 프레딕스 플랫폼은 GE가 디지털 장벽을 허무는 데 도움을 준다. 루는 "우리는 GE를 포함해 모든 산업 기업에 있는 엔지니어링, 제조, 공급망, 유지관리, 서비스를 연결하고 있다. 이런 분야는 지금까지 분리돼 있었다. 우리가 하는 일은 이런 분야들을 연결하는 것"이라고 말한다.[18]

구글과 아마존은 초창기 고객 중심 경영의 선두 주자였다. 고객에게 더 많은 권한을 주고, 고객의 요구를 충족시키는 것이 CVS헬스CVS Health의 중심 전략이다. CVS헬스의 CDO 브라이언 틸저Brian Tilzer은 "디지털 기술은 모든 곳에 존재하고, 변경이 가능하다. 양자의 강력한 조합을 통해 우리는 언제 어디서나 고객들의 권한을 강화할 수 있다. 우리가 디지털 분야에 대한 투자를 두 배로 늘린 것도 이 때문"이라고 말했다. 이것역시 CDO의 중요한 업무 가운데 하나다. CDO는 처음 접촉에서 구매까지 고객과 회사의 모든 접점을 정확히 알고 있어야 한다. 고객들이 어느 지점에서 빠져나가는가? 고객들이 상품을 배열하고 선택하는 것을 도우려면 어떤 디지털 도구들이 적합할까? 무엇이 가치 있을까? 경쟁자들은 뭘 하고 있을까? 실리콘밸리나 베를린에서 새로운 경쟁자들이 등장할까? CDO는 이 모든 질문에 대한 답을 찾아야 한다.

내부 인재 육성하기

내부 인재 육성은 HVAC와 냉장 기업에서 디지털 전환을 이끌고 있는 맥스 비스만Max Viessmann에게 매우 중요한 철학이다. 그는 "모든 사람을 동참시키려면 시간을 들여야 한다. 디지털 승자와 아날로그 패자를 나누는 일이 돼선 안 된다"고 말했다. 디지털 팀 구성원 가운데 많은 수가 기존에 일하던 사람들이다. "외부 출신의 비율은 그렇게 높지 않다." 디지털에 친숙함을 보여준 사람은 누구나 프로젝트 팀에 들어올 수 있었다. 그리고 능력을 입증한 사람은 프로젝트 팀에 남을 기회가 주어졌다. 비스만은 자격을 걱정하지 않았다. 그는 "우리 회사에는 장비 엔지니어, 경영 전공자, 사회과학자 등 다양한 분야의 사람들이 있지만, 이는 중요하지 않다." 중요한 것은 그들의 태도였다. "나는 내 시간 중 3분의 1을 직원들에게 우리 모두가 디지털 방식에 친숙하지 않다는 사실을 설명하면서 보낸다. 우리는 디지털 전문가가 되려고 노력하는 중"이라고 말했다.

승강기 회사인 쉰들러도 오래전에 디지털화를 시작했다. CDO인 미카엘 닐스는 〈월스트리트저널Wall Street Journal〉과의 인터뷰에서 "3~4년 전에 우리는 디지털화에 관해 방어적으로 논의했다. 우리에게 어떤 일이 벌어질 수 있을까? 우버가 우리 산업 분야도 파괴할까? 지금은 '어디에 기회가 있을까'라고 묻는다"고 말했다. 쉰들러는 디지털 전환의 일환으로 전 세계에 설치된 자사 승강기를 IoT와 연결시키고 있다. 승강기 사용자와 승강기를 설치한 고객에게 새로운 서비스를 제공하는 것이 목적이다. GE, 화웨이Huawei와 협력해 IoT를 위한 부품을 개발하고 있다. 닐스에 따르면 수집된 데이터는 새로운 서비스 개발에 필수적인 플랫폼을 구성한다. 그는 미래에는 기업들이 하드웨어에 제공하는 소프트웨어로 차별화될 것이라 확신한다. "앞으로는 상품 하나로 차별화를 이루지 못할 것이다."

필요한 권한을 가진 CDO가 점점 보편화되고 있고, 모든 산업 분야의 모든 유명한 기업이 이사회에 CDO를 추가로 참여시키고 있다. 시스코와 IBM 같은 거대 기술 기업부터 폭스바겐, CVS헬스, 로레알L'Oreal, 스타벅스, 윌리엄스소노마Williams Sonoma, 그리고 뉴욕시 등 전 세계 모든 조직이 CDO의 역할을 받아들이고 있다.

영향력과 권한을 가진 CDO는 — 각 기업에서 스티브 잡스 같은 존재 — 기능적인 장벽을 허물고, 영구적인 혁신자로서 디지털 전환을 위한 실행 계획을 짜는 데 도움이 된다.

지속적으로 진화하는 디지털 조직 – 줄리 고란Julie Goran

고정된 조직 체계 없이 지속적으로 진화하는 조직 모델이 가능할까? 그렇다. 그리고 실제로 잘 작동한다. 네덜란드 은행 그룹인 ING는 전통적인 고정 조직에서 애자일 조직 모델로의 전환을 시작했다. 본부는 직원 아홉 명으로 이루어진 스쿼드squad(분대) 300개로 나뉘었다. 특정 목표를 위해 일하는 다기능 팀들이다. 스쿼드는 다시 트라이브tribe라는 13개 상위 조직에 속한다. 트라이브는 각각의 목표가 있고, 이 목표는 다시 하위 목표와 스쿼드를 위한 임무로 구분된다. 스쿼드 구성원들은 변화에 재빨리 대응한다는 규칙에 따라 함께 일한다. ING에는 관리자가 없다. 모두가 함께 배우고, 함께 문제를 해결하고, 함께 결정을 내린다. 모든 트라이브의 성공과 실패는 분기별로 사업보고서Quarterly Business Review를 통해 공유된다. 분기 사업보고서는 더 광범위한 기업의 목표와 트라이브의 목표를 단계적으로 수행하고 우선순위, 자원, 다양한 트라이브의 중점 분야를 조정하는 플랫폼 역할을 한다. 예산, 성과 관리, 자금 조달 등 많은 핵심 업무도 애자일 운영 모델을 지원하기 위해 근본적으로 달라졌다. 이 새로운 모델의 성공은 매우 인상적이다. 소프트웨어들도 1년에 대여섯 차례에서 주간 단위로 업데이트됐고, 직원 몰입도 지수도 크게 향상됐다.[19]

애자일 기업은 극단적으로 유연하며 재빨리 대응할 수 있는, 단순하고 안정적이며 효율적인 조직으로 디지털 시대에 최적화돼 있다. 이것이 우리에게 필요한 것이다. 디지털화는 기회와 함께 많은 도전을 불러온다. 갑작스러운 발전을 통해 기업 세계의 변동성을 높인다. 기업 세계가 더 불확실해지고 더 복잡해지고 더 모호해진다. 과거의 조직 체계를 가진 기업은 점점 더 압박을 느끼게 된다. 서열 구조는 너무 느려서 디지털 방식의 속도를 따라갈 수 없고, 융통성 없는 예산 계획도 요구를 충족할 수 없기 때문에 프로젝트가 시작하기도 전에 능력 있는 경영진도 복잡성에 압도당하게 된다. 새로운 시대에는 혁신이 기존 비즈니스 모델을 파괴하고, 경쟁자들이 외부에서 새로운 생태계를 만들 수 있으며, 기업은 믿을 수 없는 속도로 성장할 수 있다. 디지털 시대에는 새로운 조직 체계가 필요하다.

애자일 조직은 안정적인 시스템과 역동적인 기술을 함께 갖고 있다. 애자일 조직에서는 최고경영진이 방향을 정한다. 단순하고 공통적인 보고 체계가 있고, 본사가 간소화된 업무 절차와 가치를 구체적으로 명시한다. 그리고 기회를 잡고 시도하고 실패를 받아들이는 시행착오에 근거한 빠른 학습 문화, 자율적으로 일하는 서열 없는 팀, 책임감 있는 직원들이라는 역동적 구성 요인들이 있다.

애자일 조직은 어떻게 일하는가

애자일 방법을 실행한 첫 업계로서 소프트웨어업계는 세 가지 원칙을 선언문으로 공개했다. agilemanifesto.org의 〈애자일 소프트웨어 개발 선언문Manifesto for Agile Software Development〉에서 개발에 성공하기 위해서는 포괄적인 문서보다 작동하는 소프트웨어가 더 중요하다고 밝힌 것처럼, 개인과 소통이 절차와 도구보다 중요하다. 고객과의 협력이 어떤 계약 협상보다 효과적이고, 동시에 변화에 대응하는 것이 계획을 따르는 것보다 좋다. 이는 관료주의에 반대하고, 창의적인 자유를 지지하는 선언문으로, 결코 끝나지 않을 것처럼 오랫동안 끌어온 프로젝트 — 마침내 프로젝트를 끝내고 보면 시장과 고객은 이미 다른 곳으로 떠난 뒤인 — 의 경험에서 탄생했다.

애자일 기업은 시간과 비용이 많이 드는 완벽 추구를 자제하고, 몇 가지 제한된 특징을 가진 제품을 출시하고 보는 디지털 세계 기업들을 본보기로 삼는다. 이런 기업들은 지속적으로 시장에서 실험해보면서 상품을 개선하고 완성하는 경험적 방법을 활용한다. 상품들은 최소기능제품 접근법으로 알려진, 단지 몇 가지 핵심 기능만 갖춘 상태로 출시된다. 이런 접근법의 대표적 사례로 미국의 자동차 회사 테슬라를 들 수 있다. 테슬라는 자동차를 판 뒤에도 소프트웨어 업데이트를 통해 성능을 지속적

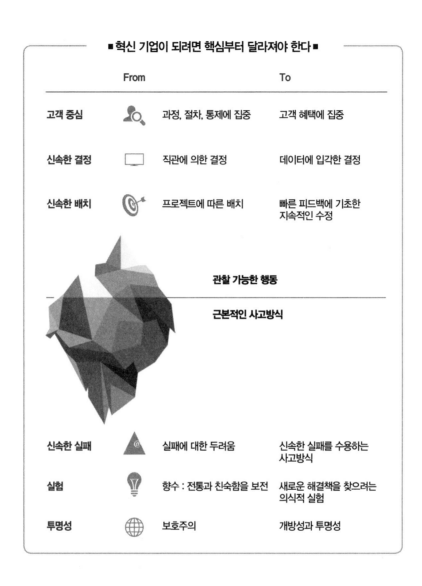

	From	To
■ 혁신 기업이 되려면 핵심부터 달라져야 한다 ■		
고객 중심	과정, 절차, 통제에 집중	고객 혜택에 집중
신속한 결정	직관에 의한 결정	데이터에 입각한 결정
신속한 배치	프로젝트에 따른 배치	빠른 피드백에 기초한 지속적인 수정
	관찰 가능한 행동	
	근본적인 사고방식	
신속한 실패	실패에 대한 두려움	신속한 실패를 수용하는 사고방식
실험	향수 : 전통과 친숙함을 보전	새로운 해결책을 찾으려는 의식적 실험
투명성	보호주의	개방성과 투명성

으로 개선한다. 고객들은 새로운 기능을 사용해보고 싶어 하기 때문에 이런 방식으로도 수익을 얻을 수 있다.

많은 기업에게 이런 접근법은 진정한 패러다임의 변화로 여겨진다.

앞으로는 많은 제품이 완벽한 상태가 아니라 지속적으로 개선되는 형태로 출시될 것이기 때문이다. 애자일 방식으로 일하기 위해서는 새로운 조직 구조가 필요하다. 미래에는 정해진 목표를 달성하기 위해 자율적으로 일하는, 안정적이고 상품 중심적인 팀들이 조직의 핵심이 될 것이다. 이런 팀들은 주어진 업무에 따라 IT, 디자인, 마케팅, 제어, 생산 등 모든 기능을 포함하는 다기능적인 팀원들로 구성될 것이다. 제품책임자는 팀에서 핵심 역할을 한다. 고객과 고객의 이익을 대표하고, 우선순위를 정하며, 팀 전체에 업무를 배정하고, 팀원들 사이의 업무를 조정한다. 하지만 관리자의 역할을 하는 것은 아니다.

팀들은 일반적으로 1~4주 동안 집중적으로 일하고, 언제나 동일한 절차를 따른다. 제품책임자는 처음부터 목표를 설명한다. 그러면 팀원들은 필요한 시간과 노력 그리고 언제까지 뭘 생산할 수 있는지를 추정하고 일을 시작한다. 팀원들은 매일 만나 그날 일에 대해 이야기하고, 문제를 해결하고, 진행 상황을 토론한다. 프로젝트가 끝날 때 팀은 제품책임자 및 제품과 관련이 있는 다른 당사자들에게 결과를 제시한다. 단기 집중 개발 프로젝트는 언제나 자체 평가로 끝난다. 잘된 것은? 잘못된 것은? 무엇을 배울 수 있는가? 그 결과, 개별 팀은 물론 조직도 다른 모든 팀들의 결과에서 지속적으로 배울 수 있다.

각각의 다기능 팀은 처음부터 제품과 서비스에 대해 책임을 지기 때문에 성과가 매우 좋다. 제품을 개발하는 팀은 이미 모든 중요한 기능을 갖췄기 때문에 결과를 위험에 빠뜨릴 수도 있는 다른 부서에 의존할 필요가 없다. 이런 책임감과 자율성이 팀 구성원들에게는 훌륭한 동기부여가 된다.

많은 직원이 새로운 역할을 맡아야 한다

기업이 이런 형태의 조직을 채택할 경우, 많은 직원이 새로운 기술을 배우고 새로운 역할을 맡아야 한다. 또 팀들이 더 많은 책임을 지기 때문에 관리자는 수가 더 줄어든다. 그 결과, 조직에 남은 관리자들 가운데 상당수가 관리자로서의 역할 대신 지식을 전수하는 코치 역할을 맡게 된다. 관리자의 지위를 유지하는 사람은 비전과 가치를 통해 조직을 이끌고, 모든 이해관계자들의 행동과 사고방식을 하나로 합치는 촉매제 역할을 한다. 물론 이들은 가장 중요한 재무와 성과에 관한 핵심성과지표를 통해 지속적으로 조직을 관리한다. 그리고 여러 팀이 관련된 업무를 조정하며, 직원, 기업주, 사회 전체 등 회사 내부와 외부의 핵심 관계자들과 소통한다. 많은 IT 관련 직원들도 새로운 역할을 맡게 된다. IT 업무를 담당하는 직원들은 초기에는 고객들에게서 멀리 떨어진 지원 부서에서 일했지만, 지금은 팀의 제품 기술 관리자로서 고객 요구에 대한 해결책을 찾아야 한다.

애자일 조직으로 바뀌려면 공급자와의 관계도 재정립해야 한다. 많은 기업이 데이터 분석과 소프트웨어 개발을 핵심 전략 분야로 인식하게 될 것이다. 그리고 이런 핵심 업무를 외부에 맡기지 않고 상당 부분을 자체적으로 해결하려 할 것이다. 종종 협력 관계나 유연한 자유 계약 형식으로 유지관리에 필요한 네트워크를 구축할 것이다. 예산을 연간 한 차례 편성하는 대신 벤처 투자가의 방식을 따라 예산 계획도 더 유동적으로 바꿀 것이다. 우선 시장에서 검증받을 수 있는 단순한 제품을 개발하기 위한 관리 가능한 예산이 편성될 것이다. 이 상품이 성공하면 점차 더 많은 자금이 할당된다. 반대로 상품이 실패하면 예산은 크게 삭감된다.

하지만 가장 큰 변화는 기업 문화와 관계가 있다. 애자일 조직은 하향식 계층 구조를 통해 규제를 적용하는 대신 신뢰에 의존해 운영된다. 스스로 결정된 팀들은 목표를 정하고 상부 지시 없이 일한다. 그리고 결과를 만들어냄으로써 각 팀에 부여된 신뢰를 정당화시킨다. 예를 들면 넷플릭스에서는 직원들의 자유 재량권이 상당히 커 휴가 기간을 스스로 정할 수 있다. 경영진이 간섭하지 않는 대신 팀의 허락을 받아야 한다.

통제보다 더 많은 책임을 지향하는 추세는 앞으로 더 커질 것이다. 상당수 직원이 자율 통제 팀의 구성원이 되면서 전통적인 관리 구조는 쓸모없어질 것이다. 이는 곧 팀 구성원들에게 더 큰 자유를 의미한다. 팀원들이 함께 근무시간을 정하고, 자격 요건을 교육시키고, 신규 채용과 해고 그리고 가능하다면 급여까지 결정할 것이다. 이는 고객과 직원에게 더 훌륭한 경험으로 이어질 것이다. 동시에 기업은 더 성장하고, 시장에서도 성공할 것이다.

디지털 네이티브 영입을 위한 전략 – 휴고 사라진, 새티 브헨Satty Bhens

생산 로봇, 챗봇, 디지털 비서 같은 형태의 업무 디지털화는 미래에도 직업을 가질 수 있을지 궁금해하는 많은 사람들에게 두려움을 안겼다. 예를 들면 2013년에 경제학자 칼 베네딕트 프레이Carl Benedikt Frey와 마이클 오스본Michael Osborne이 미국의 702개 직업이 가까운 미래에 로봇과 컴퓨터 프로그램으로 대체될 가능성을 평가한 결과가 큰 반향을 불러일으켰다. 이들은 20년 안에 미국 근로자의 절반 정도가 일자리를 잃을 가능성이 있다고 결론 내렸다.

하지만 직업 전체가 아니라 개인 활동에 초점을 맞추면 다른 결과가 나온다. 맥킨지글로벌연구소가 실시한 연구에 따르면, 가까운 미래의 기술 수준으로는 완전 자동화가 가능한 직업이 5퍼센트 미만이었다. 하지만 현재 다양한 직종에서 사람이 하는 일의 45퍼센트 정도가 자동화로 대체될 수 있다는 사실도 확인되었다. 자연어를 처리하고 분석하는 기계의 능력이 인간의 평균 수준에 도달하면 이 수치는 58퍼센트로 높아질 수도 있다. 유럽경제연구센터The Center for European Economic Research도 학술 활동의 20~30퍼센트가 자동화될 수 있는 것으로 추정했다. 이런 결과는 궁극적으로 프레이와 오스본의 예측과 비슷한 수준의 업무들이 자동화될 것이라는 의미지만, 전망은 상당히 다르다. 이상적으로 보면 기계들이 사람이 하는 일에서 단순한 부분을 담당하고, 사람은 더 창의적이고 성취감을 주는 일에 더 많은 시간을 쓸 수 있게 될 것이다.

하지만 모두가 창의적인 일을 할 수 있는 것은 아니다. 최근 연구 결과들을 보면, 경제학자들과 사회연구가들은 노동시장이 양극화될 것으로 예측했다. 창의적이고 높은 자격 기준이 필요한 노동은 그 어느 때보다 수요가 많아질 것이고, 개인화된 서비스를 제공하는 사람들은 직업을 유지할 것이다. 하지만 일상적 활동을 하는 평범한 자격 기준이 필요한 사람들은 강력한 컴퓨터와 로봇에 의해 대체될 것이다.

디지털 인재 확보를 위한 기업들의 전쟁

젊고, 수준 높은 자격을 갖추고, 기술에 친숙한 디지털 네이티브Digital Native(태어날 때부터 디지털 기기에 둘러싸여 성장한 세대. 2001년 미국 교육학자 마크 프렌스키Marc Prensky가 〈디지털 원주민, 디지털 이민자Digital Natives, Digital Immigrants〉라는 논문에서 처음 사용 – 옮긴이)를 영입하기 위한 경쟁은 이미 시작됐다. 단순히 높은 급여만으로 승부하는 싸움이 아니다. 기업은 유연성과 독립성에 대한 디지털 세대의 높은 기대치를 수용하기 위해 조직 전체를 바꿔야 한다. 이런 기대는 고용 세계 전반에 걸쳐 문화를 근본적으로 변화시킨다.

디지털에 능통한 인재는 많지 않다. 고위 경영자 1,000명을 대상으로 실시한 맥킨지글로벌연구소의 조사에 따르면, 응답자의 31퍼센트가 적절한 관리자와 전문 기술의 부족이 디지털 전환에 가장 큰 장애물이라고 답했다.

디지털 전문가를 영입하고 개발하는 것은 많은 기업들에게 최우선 과제다. 단순히 IT 전문가에 관한 문제가 아니다. 디지털화는 이미 오래전부터 단순한 IT 그 이상의 문제가 됐다. 디지털 상품과 서비스를 개발하고 판매하는 전문가, 데이터과학자, 소셜미디어 전문가 수준을 넘어선 것이다. 디지털화는 디지털 기술과 친숙하고, 기업가처럼 생각하며, 유연하고 빠르게 행동하는 새로운 세대의 직원들에 관한 것이다. 또 단순한 채용이 아니라 디지털 전문가를 고용하고, 이들을 경험 많은 직원들과 융화시켜 아날로그적 사고방식을 가진 사람들이 디지털 경제에 필요한 기술을 배울 수 있도록 하는 것이다.

이런 귀중한 인재를 찾아내고 떠나지 않도록 하려면 조직, 특히 인사 관련 부서에 많은 변화가 필요하다. 더 이상 인사부에만 채용을 맡겨둘 수 없다. 대신 디지털 경험이 있는 관리자들이 채용 과정을 책임져야 한다. 콘퍼런스나 온라인 커뮤니티를 통해 잠재적인 후보자들을 찾아내고, 후보자들은 전통적인 인터뷰를 하는 대신 컴퓨터 프로그래밍 능력으로 우열을 가린다. 성공적으로 채용했다면 기술을 정기적으로 평가하고, 발전 기회를 논의한다. 디지털 인재들을 오래 남아 있게 하려면 협력 관계에 있는 기업들이 최고 성과를 낸 사람에게 지급하는 수준의 급여를 토대로 급여를 정해야 한다.

디지털 인재에게 매력적인 기업이 되기 위한 노력

전통적인 기업은 스타트업처럼 매력적이지 않다. 어떻게 이런 결점을 보완할 수 있을까? 경험에 따르면 높은 급여는 해결책이 아니다. 급여가 다른 경쟁자들과 동일한 수준이라면, 영감을 주는 임무와 도전적이고 흥미로운 일 등 다른 요인들이 더 중요하다. 몇몇 대기업은 약점을 강점으로 만들어, 조직 전체를 디지털 시대에 맞게 완전히 바꾸고 싶다고 잠재적 후보자들에게 말한다. 이는 새로운 디지털 인재들에게 어울리는 일이다. GE는 디지털 네이티브들에게 임무를 설명할 때 정확하게 이런 접근법을 사용했다. GE는 2020년까지 세계 10대 소프트웨어 기업이 되고 싶어 한다. 모든 것이 스토리텔링이다. 독창적이고 고무적인 이야기로 미래상을 설명할 수 있는 기업은 디지털 인재들의 마음을 얻을 수 있다.

비슷한 성향을 가진 사람끼리 모이는 경향이 있기 때문에 일부 기업은 다른 인재들의 마음을 확실하게 끌 수 있는 디지털 세계의 거물과 계약한다.

다른 기업들은 유명한 인물을 영입하는 데서 한발 더 나아가 기업 전체를 인수한다. 이른바 인재 인수Acqui-hiring 방식이다. 예를 들면 2011년에 아마존은 소셜미디어와 온라인 소매를 결합, 사용자들이 구매 전에 친구들에게 조언을 얻을 수 있게 하는 앱을 개발한 쿠오루스Quorus를 인수했다. 그리고 팀 전체를 개발 조직과 통합했다.

디지털 인재를 찾는 새로운 방법

인사부는 종종 디지털 인재들을 평가할 때 무력감을 느낀다. 일반적인 평가 기준이 적용되지 않기 때문이다. 소프트웨어 개발 회사인 캐털리스트데브웍스Catalyst DevWorks는 IT 시스템 관리자의 이력서 수십만 건을 분석해, 훌륭한 대학 학위와 직업적 성공이 아무 상관도 없다는 사실을 발견했다. 그래서 캐털리스트데브웍스의 인사관리자들은 자격 기준에 집중하는 대신 지원자의 IT 전문 기술을 찾아내기 위한 똑똑한 알고리즘을 활용하는 검증 방식을 자체 개발했다.

이후로 많은 인사 관련 부서들이 온라인 시험, 게임, 분석을 도입해 채용 방법을 개선하고, 때로는 지원자가 기업 문화와 얼마나 잘 어울릴지를 알아보는 심리검사도 활용한다. 정말로 단순한 아이디어가 종종 효과를 거둔다. 한 기업은 지원자의 프로필과 관련 분야에서 크게 성공한 사람들의 프로필을 비교하기 위해 30분 정도 걸리는 검증을 실시하고 있다. 그 결과, 잘못 채용하는 사례가 상당히 줄어들었다.

그런데 기업은 어떻게 디지털 인재를 찾아낼 수 있을까? 가장 큰 온라인 오픈소스 소프트웨어 저장소인 기트허브Github 같은 온라인 플랫폼이 좋은 출발점이다. 기트허브에는 자신감에 찬 프로그래머들이 자신의 이름과 함께 소프트웨어를 올려놓는다. 기업은 특별히 기발한 해결책을 발견하면 개발자에게 연락한다. 그 프로그램의 개발자는 이미 능력이 검증됐기 때문이다. 또 톱코더TopCoder, 캐글Kaggle, 하이어아이큐HireIQ 같은 플랫폼에서 프로그램 대회를 개최하는 기업도 있다.

인재들이 회사로 찾아오지 않는다면 기업이 인재를 찾아나서면 된다. 많은 기업이 명문대나 디지털 네이티브가 많이 사는 도시 근처에 디지털 연구소를 만들고 있다. 예를 들면 세계 최대 유통사인 월마트Walmart는 스탠퍼드대학 인근에 월마트랩Wallmart Labs을 세웠다.

디지털 인재를 유지하는 방법

디지털 인재가 부족하다 보니 적합한 기술을 가진 사람들은 링크드인, 페이스북 등 모든 경로에 걸쳐 새로운 인재를 영입하려는 인사 담당자들의 지속적인 접촉 대상이 된다. 인재가 처음 출근한 날부터 성과 보상 프로그램으로 회사에 붙잡아두는 것이 중요해진 것도 이 때문이다. 인재가 조직에 잘 적응할 수 있도록 미국의 런업LearnUp 등 전문가들이 만든 프로그램을 활용할 수도 있다. 예를 들면 구글은 이런 형태의 교육을 활용해 생산성을 약 15퍼센트 높였다.

디지털 기술을 이용하면 직원들 사이의 불만과 직장을 떠나고 싶어하는 생각을 찾아낼 수 있다. 예방적 분석은 팀들 사이의 사회적 상호작용을 분석하고, 관련 지표가 발견되면 경고를 보낸다. 그러면 인사 부서

■ 최고의 인재를 유치하고 유지하는 디지털 기업 원칙 7 ■

1. 작은 팀들이 가장 일을 잘한다
2. 팀 내 역할은 유연하고 유동적이어야 한다
3. 협력과 지식의 공유는 필수다
4. 실험과 실패를 허용하라
5. 비용이 아닌 사업 영향력에 대한 성과를 측정하라
6. 유연한 목표와 성과 평가를 활용하라
7. 관리자가 아니라 성과를 만들어낸 사람에게 보상하라

가 개입해 직원에게 멘토, 새로운 자리, 심지어 승진까지 제안한다. 인사 문제에 디지털 기술을 활용하는 것도 역시 구글이 가장 앞서 있다. 구글은 인적자원관리 분석 팀을 만들어 팀의 역동성과 조화가 성과에 어떻게 영향을 미치는지, 소프트웨어 엔지니어들의 창의성을 가장 잘 자극하는 방법이 뭔지 연구했다. 구글은 이 소프트웨어를 통해 직원 개인들의 생산성뿐 아니라 전체 개발 팀의 생산성도 향상시킬 수 있다고 자랑한다.

협력 네트워크 관리 기술 방법 – 아난드 스와미나탄

애플은 정답을 안다. 애플의 헬스키트HealthKit 플랫폼은 의학계 종사자들을 한곳에 모은다. 의사, 연구원, 병원, 환자뿐 아니라 똑똑한 앱 개발자까지 모두 개방형 플랫폼에 연결돼 있다. 거미줄 한가운데 있는 거미처럼, 애플은 중앙에 있으면서 천식, 파킨슨병 등을 연구하고 싶어 하는 의사들을 연결시키거나 애플 고객에게 애플이나 협력자가 개발한 앱을 활용해 개인의 상태를 더 잘 관리할 수 있는 기회를 제공한다. 이런 앱을 판매하고 받는 수수료는 부가적인 수입원이다. 애플이 진정 원하는 것은 하드웨어와 데이터 판매다. 이는 디지털 시대의 새로운 금맥이다.

헬스키트는 제대로 작동하는 협력자 네트워크의 시험 모델이다. 모든 참여자가 헬스키트를 통해 도움을 받는다. 의사와 연구원은 연구 네트워크를 조직하는 데 시간을 들일 필요가 없고, 아이폰 사용자는 훨씬 유용한 라이프 스타일 기능을 제공받는다. 애플은 아이폰 판매 증가와 데이터라는 혜택을 얻는다. 애플은 협력자 관리의 선구자다. 애플이 세계에서 가장 가치 있는 기업의 자리에 오른 것은 외부 프로그래머들이 개발한 앱과 아이디어 덕분이다.

애플의 디지털 성공 사례는 이미 아날로그 세계로 전파됐다. 디지털화의 복잡성과 속도는 검증된 과거의 혼자 모든 것을 담당하는 방식Do-It-Yourself을 쓸모없게 만들었다. 모든 산업 분야에 걸쳐 빠르게 등장하는 새로운 생태계에서 한 기업이 모든 역할을 하기란 불가능하다. 디지털 세계로 진출하고 싶다면 협력자들과 함께 일할 수 있을 정도로 개방적이어야 한다.

자동차 산업 분야에서는 오랫동안 다양한 업체들과의 협력이 이루어져왔다. 하지만 디지털 방식의 사고는 새롭다. 미래의 자동차는 전통적인 협력사뿐 아니라 완전히 새로운 디지털 기업을 포함한 생태계 안에 존재할 것이다. 진정한 혁신은 자동차를 하드웨어, 소프트웨어, 서비스로 이루어진 하나의 시스템으로 제공하는 수많은 협력사들 사이의 새로운 상호작용이다. 자동차 개발자들은 스타트업, 거대 디지털 기업, 첨단 기술 기업, 그리고 다른 디지털 서비스 제공 업체들과 함께 일한다.

예를 들면 지멘스는 IBM과 로컬모터스Local Motors라는 작은 스타트업과 제휴를 맺고 개방형 네트워크를 실험하고 있다. 크라우드소싱 개념에 기초해 수많은 독립 프로그래머와 엔지니어가 3D 프린터로 고객들이 있는 곳에서 생산할 수 있는, 로컬모터스라는 스타트업의 이름과 잘 어울리는 자동차를 설계했다. 결정 단계와 제품 설계부터 첫 번째 시제품 생산까지 두 달이 걸렸다. 자동차 산업의 일반적인 생산 기간에 비해 극히 짧다.

올바른 협력사를 찾고 관리하기
기업은 협력 관계에서 세 가지 역할 중 하나를 택할 수 있다. 즉 생태계의 창시자나 조정자가 되거나, 협력 관계의 구성원이 되거나, 더 큰 전체의 일부로 자체적인 생태계를 만들 수 있다. 생태계의 중심에서 조정자로 행동하는 쪽을 택한 기업은 생태계와 연결시킬 다른 협력자들을 끌어들일 수 있어야 한다. 강력한 상표는 매출을 증가시킬 정도의 영향력이 있기에 다른 협력자들의 마음을 움직일 수 있다. 마찬가지로 애플처럼 이미 탄탄한 고객 기반을 갖춘 조정자나 통합관리자Aggregator(여러 회사의 상품과 서비스에 대한 정보를 모아 한 웹사이트에서 제공하는 회사 – 옮긴이)도 매력적이다. 디지털 기술로 자신들의 생태계를 경쟁자와 차별화시키거나 시장의 표준을 만드는 데 성공한 기업도 인기 있는 협력사다. 시장 표준이 만들어지면, 그 분야에서 돈을 벌고 싶은 기업은 시장 표준을 채택해야 한다. 그러지 않으면 게임에 참여하지 못한다.

중요한 시스템의 일부로 하위 생태계를 만들고자 계획한 기업이라면 하위 시스템이 주변 생태계와 완벽하게 상호작용할 수 있도록 해야 한다. 가령 한 기업이 냉난방을 제어하는 지능형 시스템을 제공하고 싶다면, 애플의 홈키트 같은 기존의 지배적인 가정 생태계 시스템 안에서 새로운 시스템이 수직적으로 일관된 다른 시스템과 — 예를 들면 디지털 엔터테인먼트나 지능형 조명 등 — 동일하게 작동할 수 있도록 해야 한다.

다음 네 단계 평가는 거대한 첨단 기술 기업이나 스타트업이 적절한 네트워크 협력자가 될 수 있는지를 평가하는 전통 기업들에게 도움이 될 것이다. 첫째, 잠재적 협력자가 활동하는 시장과 그 안에서 협력자의 경쟁력이 얼마나 큰지를 고려해야 한다. 당연히 시장이 역동적이고, 잠재적 협력자의 경쟁력이 높은 것이 이상적이다. 두 번째는 비즈니스 모델이다. 비즈니스 모델이 생존 가능하고, 미래에도 경쟁력이 있는가? 그 기업의 상품과 서비스는 어떠한가? 상품과 서비스가 얼마나 혁신적이고 얼마나 고객 중심적인가? 세 번째는 사람과 관련된 요인이다. 그 회사 경영진은 어떤 수준이고, 직원들은 얼마나 훌륭한가? 마지막으로 고려해야 할 것은 기업 문화다. 잠재적 협력사와 그 업체의 비즈니스 방식이 당신 기업의 문화와 잘 어울리는가? 이런 질문들에 대한 답변이 동일한 생태계 안에서의 협력이 가치 있는지에 관해 신뢰성 있는 지표를 제공한다.

참여 기업들은 협력적 네트워크를 유지하기 위해 다음 네 가지 기술을 갖춰야 한다.

1. 개별 협력자가 상품과 아이디어에 관한 업무 방식 및 네트워크의 목표를 정의하는 것부터 기본적 비즈니스 협약에 이르기까지 **방법론적 협력자 관리 기술**이 필요하다.

2. 기업과 생태계 사이의 상호 연결에서 문제가 발생하지 않는 협력을 보장하는 **내부 조직**이 필요하다.

3. 협력자 관리를 디지털화된 기업의 조직에서 하나의 기능으로 통합하는 **새로운 관리 업무**가 요구된다. 특히 최고경영진 수준에서 '우리 대 세계us against the world'에서 '함께 더 강하게stronger together'라는 사고방식으로 전환하기 위해 많은 것들이 필요할 것이다.

4. 협력 관계를 촉진하고, 다른 기업을 경쟁자가 아니라 협력자로 인식하도록 만드는 **문화**가 정착돼야 한다.

협력 관계가 성공하려면 많은 측면에서 관리가 필요하다. 모든 것은 측정 가능한 목표를 합의하는 것에서 시작된다. 모든 잠재력을 활용하려면 협력 관계에 있는 사람들이 전체 가치사슬을 조사하고, 협력을 통해 가장 많은 혜택을 얻을 부분이 무엇인지를 정해야 한다. 대부분의 경우, 가능한 가장 큰 성과를 달성하는 것이 우선이다. 생태계가 효율적이고, 비용 효율이 최대한 높으려면 예산 준수와 목표 달성 여부를 정기적으로 확인하는 것이 중요하다. 신제품과 서비스에 대한 협력자들의 아이디어는 지속적으로 평가돼야 한다. 모든 네트워크 협력자들은 생태계에 적합한 사람들을 활용해야 한다. 적합한 인재가 없다면 협력 관계는 성공할 수 없다. 마지막으로 협력자를 관리하는 새로운 역할을 담당하는 사람들은 추가적으로 교육을 받아야 한다.

경쟁자들이 협력하는 경우

네트워크 협력자들의 이해가 충돌할 때는 항상 협상 대상이 있기 마련이다. 디지털 세계에서 데이터를 공유할 경우에 특히 그렇다. 이 경우, 각각의 협력자는 공유하고 싶은 데이터나 데이터 모델 요소들과 공유할 수 없는 민감한 데이터를 스스로 정해야 한다. 또 이익을 어떻게 분배할지 논의해야 한다. 기업의 고객들이 공유 플랫폼에서 협력사의 상품을 구매할 경우, 어떻게 이익을 분배할 것인가? 협력자들의 앱이 생태계에서 벌어들인 수입에 대해 네트워크 조정자에게 수수료를 얼마나 낼 것인가?

아직까지는 경쟁이 아닌 협력의 철학이 모든 부문의 경영진에게 전파되지 않았다. 하지만 기업들은 이런 생각에 조금 더 개방적인 것 같다. 디지털화의 압력을 받아 경쟁에 관한 태도가 바뀌면서 직접적인 경쟁자들조차 각자의 전문 기술을 하나로 통합해 제공하고 있다. 아우디, BMW, 메르세데스 등 고급 자동차 브랜드를 예로 들어보자. 이들은 공동으로 노키아로부터 지도 서비스업체인 히어를 인수했다. 자동차업계가 개발하고 있는 초정밀 지도는 자율주행에 반드시 필요하다. 히어는 협력사 세 곳이 모두 필요로 하는 정밀 지도 분야에서 세계적인 선두 주자다. 자동차 회사들은 다른 관심 있는 기업에게도 지도 데이터를 판매한다. 이런 형태의 제휴는 협력cooperation과 경쟁competition의 합성어인 협력형 경쟁coopetition으로 알려져 있다. 조만간 협력형 경쟁에 대한 더 많은 사례가 만들어질 것이다.

앞으로 수년 동안 이동성, 스마트홈, 디지털 금융, 디지털 의료를 중심

■ 관리자가 자문해야 하는 질문 ■

3장에서 왜 모든 기업에게 디지털 개념이 필요한지 설명했다. 4~6장에서는 무엇을 해야 하는가를 이야기했다. 가장 중요한 새로 등장하는 경제 생태계를 설명하고, 기업 구조가 어떻게 변해야 하는지, 기술과 조직을 토대로 어떻게 기초를 세워야 하는지 살펴봤다. 디지털 선구자들의 아이디어, 개념, 사례는 다른 기업이 어떻게 바뀌고 있는지 잘 보여준다.

이제 당신이 관리자로서 어떻게 해야 하는지 고민해야 할 차례다. 당신이 속한 산업 분야에서 새로운 생태계는 어디에 있는가? 당신 기업의 구조가 디지털화와 첨단분석 기법을 통해 활용될 수 있는 잠재적 효율성을 막고 있는가? 당신은 이미 첨단 기술과 안전한 IT 시스템을 활용하고 있는가? 적합한 인재들을 확보했는가? 전략적인 협력 관계 구축에 투자하고 있는가? 시간을 가지고 자기 진단을 해보라. 이런 질문에 답함으로써 부족한 부분을 깨닫고, 다음 장에서 설명할 디지털화의 방법에 관한 준비를 하게 될 것이다. 다음 장에서는 어떻게 디지털 전환 계획을 수립하고, 어떻게 디지털 방식으로 성공적인 변화를 감독하며, 어떻게 전체 조직으로 전파시킬지 이야기할 것이다. 이것이 전사적인 디지털 전환이다.

으로 새롭게 등장할 디지털 메가 생태계digital mega-ecosystem는 고립적으로 활동하는 많은 기업을 네트워크 협력자로 바꿀 것이다. 이렇게 되면 기업 세계는 각자가 수많은 시냅스와 연결되고, 모든 것이 서로에게 연결된 신경 연결 통로와 비슷해질 것이다.

■ 경영진을 위한 핵심 질문 ■

		동의 수준 매우 낮다 ──→ 매우 높다				
		1	2	3	4	5
새로운 생태계 구축	1. 경쟁자들이 새로운 기술로 우리의 비즈니스 모델을 공격하고 있는가?	▦	▦	▦	▦	▦
	2. 스스로 개혁하기 위해 디지털 기술의 잠재력을 활용하고 있는가?	▦	▦	▦	▦	▦
	3. 전통적인 산업들의 경계에서 새로운 수익원들이 등장하고 있는가?	▦	▦	▦	▦	▦
사업 구조 개발	4. 고객경험을 근본적으로 개선하기 위해 디지털화를 완전하게 이해하고 있는가?	▦	▦	▦	▦	▦
	5. 시장을 선도하기 위해 새로운 상품을 신속하고 혁신적으로 개발하고 있는가?	▦	▦	▦	▦	▦
	6. 디지털화와 첨단분석 기법의 잠재력을 효율적으로 활용하고 있는가?	▦	▦	▦	▦	▦
토대 강화	7. 첨단 기술과 IT를 활용하고 있는가?	▦	▦	▦	▦	▦
	8. 수평적 애자일 조직을 가지고 있고 창업가적 사고방식을 권장하고 있는가?	▦	▦	▦	▦	▦
	9. 디지털 인재를 유치하고 목표로 정한 협력 관계를 구축하고 있는가?	▦	▦	▦	▦	▦

Digital@Scale : The Playbook You Need to Transform Your Company

3부 ——— 전사적 디지털화의 길

/

제7장

/

과감하고 전체적이고 신속한 실행이 필요하다

지금까지 디지털 전환 과정의 '왜'와 '무엇'을 알아봤다. 이제 구체적인 실행을 살펴볼 차례다. 지금부터 세 장에 걸쳐 디지털 기업으로 전환하는 과정의 핵심인 '어떻게'를 알아볼 것이다.

학습은 끝났다. 행동에 나설 때다. 우리는 왜 디지털화가 선택이 아닌 필수인지 배웠다. 그리고 새로운 생태계와 디지털화된 기업의 기능부터 새로운 기술과 조직의 토대에 이르기까지 다양한 가능성을 살펴봤다. 이번 장에서는 이를 행동으로 옮기고, 실제로 기업을 변화시키는 것에 관해 이야기할 것이다. '무엇'에 관해 설명한 이전 장과 마찬가지로 많은 질문에 답할 것이다. 어떻게 우선순위를 정할까? 어디서 디지털 기업으로의 전환을 시작할까? 디지털 기업은 어떻게 관리돼야 할까? 어떻게 기업을 애자일 조직으로 만들고, 의심하는 사람들에게 확신을 심어줄까? 세 단계 구조가 이런 질문을 정리하고, 올바른 답을 발견하고, 디지털 전환을 추진하는 데 도움을 줄 것이다.

첫째, 수년 동안 지속될 디지털 전환 프로그램의 단계를 정하는 계획, 즉 청사진이 필요하다. 이번 장에서는 어디서부터 시작할지, 무엇이 중요한지, 처음부터 어떤 과정을 올바르게 설정해야 하는지에 대해 설명할 것이다.

시험하고, 실패하고, 배우고, 이익을 얻으라. 디지털 기업은 이전의 아

■ 경영진을 위한 핵심 질문 ■

계획 세우기	1. 전사적 디지털화를 위한 계획을 세웠는가? 2. 어떻게 변화의 중심에 고객을 위치시킬까? 3. 어떤 구조가 필요한 변화를 지지할 것인가?
디지털 기업 작동시키기	4. 디지털 네이티브들은 몇 년이 아니라 몇 주 동안 생각한다. 당신 회사는 얼마나 신속하게 변화에 대응하는가? 5. 디지털화의 성공을 어떻게 정확하게 측정할 수 있을까? 6. 어떻게 디지털 경험과 산업에 대한 통찰력이 있는 팀을 구성하고 관리할까?
강력하게 확장하기	7. 어떻게 신속하고 체계적으로 그리고 강력하게 디지털 전환을 확대할까? 8. 어떻게 IT가 기업을 더 기민하게 만들 수 있을까? 9. 어떻게 조직을 디지털 전환에 합류시킬까? 디지털 전환에 따른 우려를 해결하기 위한 방안은 있는가?

날로그 기업과 매우 다르게 운영된다. 조직, 관리 기능, 업무 과정이 디지털에 맞춰져야 한다. 8장에서 디지털 운영 시스템을 가동시키는 방법과 첫 번째 시범 프로젝트를 성공적으로 출범시키고 문화를 바꾸는 방법을 설명할 것이다.

다양한 실험에서 성공한 프로젝트들은 회사 전체로 빠르게 확산될 것이다. 여기에는 용기가 필요하다. 9장에서 어떻게 IT 능력이 가장 중요한 무기가 되고, 어떻게 스타트업들이 당신을 도울 수 있고, 어떻게 속도가 당신의 새로운 신조가 되는지를 설명할 것이다.

처음부터 디지털 기업으로 탄생한 회사들을 관찰하는 것도 디지털 기업이 되기 위한 긴 여정에서 종종 도움이 된다. 이런 회사들은 공통적으로 모방할 가치가 있는 특징을 갖고 있다. 완벽보다 속도를 추구하고, 실험과 실패에서 배우고, 적은 예산으로 시작해 성공한 뒤에 예산을 늘리며, 직감보다 데이터에 근거한 결정을 내리고, 언제나 고객이 진정 원하는 것이 뭔지 생각한다. 모든 것이 초기에는 분명하지 않기 때문이다.

디지털 기업이 성공하려면 자체적인 경영 철학이 있어야 한다. 딜리버리히어로의 공동 창업자이자 CEO인 니클라스 외스트버그Niklas Östberg는 이 의미를 알았다. 33개국에 진출했으며, 최근 투자 유치 라운드 이후 30억 달러에 평가된 그의 회사는 배고픈 고객과 식당을 연결해주는 플랫폼을 제공한다. 온라인으로 주문을 받아 집까지 배달해주는 것이다.

외스트버그는 〈맥킨지쿼터리McKinsey Quarterly〉와의 인터뷰에서 식당과 고객 모두가 혜택을 보고 있다고 말했다. 고객은 선택의 폭을 넓히고, 품질과 맛에 대한 평가를 보고, 신속하고 쉽게 비용을 지불하고, 로열티 프로그램을 통해 돈을 절약할 수 있다. 식당은 추가 수요, 더 낮아진 비용,

가치 있는 정보에서 이익을 얻는다. 즉 어떤 음식이 어디서 가장 잘 팔리고, 어떤 지역에 뭐가 부족한지, 어떤 가격 장벽이 수요를 감소시키는지에 관한 정보를 얻을 수 있다. 이런 데이터에서는 배울 것이 많다.

디지털 경제에 속한 다른 많은 기업처럼, 외스트버그는 모든 해외 지사를 일반적인 연방제 형태로 경영한다. "우리는 지사의 CEO들에게 기업가 정신을 북돋는 자율과 권한을 준다. 하지만 당신이 게임의 법칙을 정해야 한다. 그리고 기업 문화도 정해야 한다." 기술이 이런 균형을 유지하는 데 도움이 된다. 외스트버그는 "우리는 데이터에 기초한 문화를 가지고 있다. 즉 지사의 관리자가 단지 자국에서 그렇기 때문에 그런 방식으로 해야 한다고 주장할 수 없다. 주장은 언제나 데이터에 근거해야 한다"고 이야기했다. 이것이 전형적인 디지털 모델이다. 권한은 위임하지만, 신뢰는 사실에 근거한 주장을 통해서만 주어진다. 순수한 직감에 따른 결정은 구식 경제 방식이다.

기업이 디지털 기회를 잡기 위해서는 개인화된 맞춤형 디지털 전략이 필요하다. 그 안에서 목표를 세우고, 프로젝트들을 시작하고, 협력 관계를 고려해야 한다. 이런 전략은 문화의 변화를 필요로 한다. 디지털 경제는 빠르게 움직이고, 신속한 확장을 요구하며, 아날로그 세계보다 단기적 이익 추구에 더 집중한다. 명확하게 체계화된 계획과 신속하게 적응하는 능력 사이에서 균형을 잡는 것이 많은 CEO에게 중요한 과제다.

벤처 투자가들에게서 이 문제의 해결법을 찾을 수 있다. 벤처 투자가들은 투자 여부를 결정할 때 특별히 경영진, 사업 개념, 추진 계획서, 이렇게 세 가지 요건에 주목한다. 초기에 적은 예산을 투입하는 방식으로 위험을 제한하고, 예산을 사업 추진 실적과 연계시킨 다음 양적이나 질적으로 계획된 목표들이 달성됐는지 확인한다. 목표들이 달성됐다면 추가 개발에 필요한 신규 자금을 투입한다. 결과가 불확실하다면 경영진이 어떻게 대응하는지, 어떻게 사업 계획을 바꾸고, 새로운 기술을 도입하는지, 벤처 투자가들에게 확신을 심어줄 수 있는지에 따라 투자 여부가 달라진다. 경영진이 벤처 투자가들을 설득하지 못하면 투자는 종료된다.

이런 방식에서 뭘 배울 수 있을까? 디지털 세계로 진출하기 위해서는 벤처 투자가들의 첫 번째 원칙을 모방해야 한다. 즉 팀과 그들의 경험을 확신할 때만 투자해야 한다. 두 번째 원칙인 좋은 사업 계획은 더욱 쉽게 이해할 수 있을 것이다. 결국 계획을 세워본 경험이 풍부해야 한다. 예산과 목표를 연계하는 세 번째 원칙은 정말로 어려운 문제다. 대기업들은 일반적으로 1년에 한 번 결정을 내리고 예산을 승인받는 연간 전략과 연간 계획을 세운다. 디지털 세계에서는 이런 형태의 주기적인 계획이 쓸모없다. 벤처 투자가들은 주기적인 계획이 무의미하다고 생각한다. 그들의 관심사는 새로운 돈을 투자했을 때 추진 계획에 맞춰 목표를 달성하는지에 있다. 이런 논리가 당신 조직에 뿌리내려야 한다. 다음 11가지 원칙이 새로운 디지털 경제로 가는 여정을 안내할 것이다. 이번 장에 이어 다음 두 장에서도 이 원칙들을 자세히 살펴볼 것이다.

계획 세우기

1964년, 캐나다의 미디어 분석가 마샬 맥루한Marshall McLuhan은 안내광고에 의존하는 신문사들이 처한 위험에 주목했다. 그는 이런 정보를 다루는 또 다른 매체가 등장하면 신문의 비즈니스 모델이 붕괴할 것이라고

	원칙	원칙의 의미
계획 세우기	1. 크게 생각하라 －회사 전체를 디지털화하라	• 전체적인 사고방식 • 가치 기여에 따른 우선순위 결정 • 격차 좁히기
	2. 놀라게 하라 －고객을 생각하라	• 모든 사업 단위에 걸쳐 중요한 업무 과정을 최적화하라 • 개념을 반복하라 － 고객과 함께 배우라 • 가치 기여도에 따라 전사에 걸쳐 디지털화를 도입하라
	3. 기능적 장벽을 허물라	• 기업의 디지털 성숙도를 결정하라 • 새로운 디지털 사업 단위를 만들라 • 디지털역량센터를 개설하라 • 의무를 부과하고 디지털 인재를 육성하라
디지털 기업 가동하기	4. 디지털 운영 시스템으로 전환하라	• 디지털 팀을 채용하고 확대하라 • 빠른 개념 반복(concept iteration)을 확립하라 • 추진 성과에 따라 방향을 조종하라
	5. 문화를 바꿔라	• 근무 환경을 개선하라 • 문화를 바꾸라 － 동시에 네 가지 측면에서 일하라 • 소통하라 － 디지털 방식으로 일하고 행동하라
	6. 변화를 이끌어라	• 벤처 투자가들처럼 운영 팀을 효율적으로 활용하라 • 벤처 투자가들처럼 경영하라 － 예산과 사업 계획을 연계하라 • 새로운 운영 시스템을 단호하게 적용하라
	7. 모든 단계에서 리더십을 고무시켜라	• 본보기로 이끌라 • "살인 면허"
강제로 확산하기	8. 디지털 전환은 전체에 관한 것이다	• 계획은 살아 움직인다 • 디지털 방식의 BOT(Build-Operate-Transfer)를 강화하라
	9. IT를 무기로 전환하라	• 방법은 출발점에 따라 다르다. • 투 스피드 전략을 위한 성공요인 • 애자일 시스템을 구축하라
	10. 스타트업들과 긴밀하게 협력하라	• 새로운 사업 아이디어는 조직을 자극하고 신선한 충격을 준다 • 스타트업들은 디지털 전환을 더 빠르게 한다
	11. 신속하게 움직여라	• 주저하지 말고 과감하게 행동하라

말했다. 21세기로 전환하는 시기에 정확하게 그런 일이 벌어졌다. 이때부터 부동산, 자동차, 일자리 광고는 모두 온라인으로 옮겨 갔고, 신문사들은 최악의 위기를 경험하고 있다.

하지만 모든 언론사가 그런 것은 아니다. 독일의 악셀스프링어는 디지털 기업으로 재탄생했다. 2005년 이후 악셀 스프링어 미디어 그룹은 세심한 계획에 따라 안내광고 시장인 온라인에서 성공한 광고 포털을 포함해 70개 디지털 기업의 지분을 인수해 90여 개의 자체 프로젝트를 추진했다.

디지털 전환에서 효과를 거두는 법

10년에 걸친 스프링어의 디지털 전환 과정은 세 단계의 변화에 초점을 맞췄다. 첫째, 디지털 기업들을 인수함으로써 완전히 새로운 생태계로 진출하고 동시에 사업 구조를 재편했다. 둘째, 기술적 기반을 혁신하고 기업 문화를 디지털로 바꿈으로써 토대를 강화했다. 셋째, 다섯 개 분야에 공격적으로 진출했다.

1.　**공격적인 구독자 확보** : 빌트플러스BILDplus라는 구독 서비스를 제공함으로써 온라인 기사는 무료라는 믿음을 깼다. 2016년에는 30만 명 이상이 기사와 동영상을 보기 위해 한 달에 4.99~14.99유로를 냈다.

2.　**공격적인 통합** : 2013년에 출범한 벨트N24WeltN24는 인쇄 매체, 텔레비전, 온라인 매체 세 곳에 걸쳐 제공된 최초의 서비스다. 이 서비스의 핵심은 뉴스룸Newsroom이다. 뉴스룸은 "온라인 퍼스트Online First"라는 구호에 따라 벨트 온라인Welt online과 다양한 디벨트Die Welt 인쇄 매체를 위한

콘텐츠를 만들고, N24의 방송기자를 위한 동영상을 촬영했다. 이런 추세에 따라 벨트N24 인터넷 사이트는 N24에서 만든 동영상 콘텐츠를 점차적으로 강조했다.

3. **공격적인 초기 단계 투자** : 2013년에 새로운 디지털 스타트업을 위한 인큐베이터인 악셀스프링어 플러그 앤드 플레이Plug and Play를 설립했다. 스타트업들은 초기 비용 2만 5,000유로, 3개월 동안의 사무 공간, 멘토, 기술적 지원을 받았다. 사업이 잘 진행되면 추가 자금이 지원됐다. 2016년, 악셀스프링어는 유망 스타트업 70곳의 지분을 소유했다.

4. **공격적인 미국 언론 인수** : 2016년, 비즈니스 포털인 비즈니스인사이더Business Insider를 인수했다. 비즈니스인사이더는 디지털 세대에게 〈월스트리트저널〉로 인식된다. 스프링어는 한 달 사용자 2억 명을 확보해, 영향력 측면에서 세계에서 여섯 번째로 큰 미디어 그룹이 됐다.

5. **공격적인 협력 추구** : 디지털 기업들은 의도적으로 협력을 추진한다. 이에 따라 스프링어는 삼성과 협력해 한국 스마트폰 고객들에게 매력적인 뉴스 포털 서비스를 제공하고 있다. 업데이UpDay 앱은 알아야 할 중요 소식을 전해줄 뿐 아니라 개인적인 관심 분야의 소식도 업데이트해준다. 휴대전화 세대를 위한 맞춤형 뉴스 서비스로 미래의 언론을 위한 마당을 제공한다.

스프링어는 디지털 시대에 맞게 개혁하는 데 10년이 걸렸다. 이 사례가 보여주듯 복잡한 전환 과정이 필요한 디지털 전환 프로그램에는 체계와 계획이 필요하다. 단기적 사고방식과 단순한 일회성 해법을 최적화하는 것만으로는 충분하지 않다.

크게 생각하라

디지털 전환 과정의 종료 시점이 되면 디지털화가 기업의 모든 측면을 바꿔놨을 것이다. 다들 이미 알겠지만, 종합적으로 사고하고 핵심적인 차이를 일찍 발견하고 가치 기여도와 영향력에 따라 문제의 우선순위를 정해야 하는 것도 이 때문이다.

종합적 사고

디지털 미래에 적합하게 기업을 바꿀 경우, 점진적 사고로는 충분하지 않다. 고립된 디지털 프로젝트의 충격이 조직 전체로 확산될 즈음에는 전통적인 경쟁자들이 당신을 이기고, 새로운 참여자들이 시장을 정복했을지도 모른다. 디지털화 계획은 기업을 전체적인 관점에서 봐야 하고, 세 단계에 따라 실행하며, 여러 해 동안 확산돼야 한다. 또 기업을 새로운 생태계로 이끌고, 사업 구조의 현대화는 물론 다가올 디지털 도전에 대비해 기술적이고 조직적인 토대를 갖춰야 한다.

현대적인 전략 과정이 가장 좋은 출발점이다. 하지만 현대적modern이라는 말이 무슨 의미일까? 현대적 전략은 책상이나 상아탑에서 만들어지지 않는다. 새로운 아이디어들이 필요하다. 기업은 처음부터 새로운 사고방식을 연구해야 한다. 1990년대와 2000년대 초에는 혁신적인 벤치마킹 접근법이 유행했다. 하지만 지금은 다른 곳에서 영감을 얻을 수 있다. 새로운 생태계가 전통적인 산업들 사이에서 등장하고, 새로운 기술과 함께 도약하고, 진정한 기업가들에 의해 발전하고 있다. 실리콘밸리부터 이스라엘까지, 한국부터 일본, 나아가 중국까지, 때로는 집에서 멀지 않은 곳에도, 새로운 생태계는 이 모든 곳에 스타트업들과 함께 존재한다. 새로운 생태계를 찾아내고 만나고 찾아가보라.

새로운 기업들은 쉽게 찾아낼 수 있다. 예를 들면 디지털톱50 Digital Top 50(유럽 전역에 걸쳐 구글, 로켓인터넷Rocket Internet과 협력해 개최), 스파크The Spark 등 맥킨지가 개최하는 스타트업 대회 결승전에 오른 기업들을 살펴보라. 아이디어가 엄청난 100개 후보 기업 중 10개가 결승에 진출했고, 이 가운데 세 곳이 — 릴레이어Relayr, 코눅스Konux, 나브비스NavVis — 스파크의 수상자로 선정됐다. 이 기업들 가운데 일부는 당신이 몸 담은 생태계를 바꿔놓을 잠재력이 있고, 아마도 이들 가운데 하나가 미래의 협력자나 최고의 인재를 배출하는 곳 또는 매력적인 인수 대상이 될 것이다.

다채널 서비스의 중요성이 분명해지면서 사업 구조를 바꾸는 데 필요한 변화를 찾아내기가 더 쉬워졌다. 고객들이 진정 뭘 기대하는지 가장 잘 알 수 있는 지표는 바로 그들의 행동이다. 상품 혁신도 마찬가지다. 하지만 공급망, 생산, 서비스에 대한 변화는 다음 질문을 포함해 약간의 기초 작업이 필요하다. 어떤 알고리즘이 예방적 유지보수를 하는 데 가장 큰 잠재력을 갖고 있을까? 어떤 센서들이 공급망을 개선할까?

활용 가능한 디지털 기술을 연구하고 평가하는 디지털워크스루walk-through(오류를 찾아내고자 제삼자에게 시스템이나 프로그램의 설계·명세를 확인하게 하는 것 – 옮긴이)는 새로운 기술의 영향력을 평가하는 방식으로 충분하지 않다. 대신 신제품을 만들고 실험하거나 개선돼야 하는 절차와 함께 타당성 연구나 개념입증Proof Of Concept, POC이 필요하다. 디지털 전환은 사소한 과제가 아니다. 성공을 보장하려면 계획 단계부터 두 가지 사항을 중요하게 고려해야 한다.

가치 기여에 따른 우선순위 결정

가장 중요한 계획이 세워지면 디지털 전환은 이제 무엇에 관한 문제가 아니라 언제에 관한 문제가 된다. 어떤 분야를 가장 먼저 시작할 것인가? 경영진은 가치사슬의 어느 지점에서 어떤 방식으로 어떤 가치가 생성되는지, 그리고 어떤 기간에 얼마나 많은 노력이 투입되는지를 평가해야 한다. 새로운 생태계로 진출함으로써 가장 큰 잠재력을 실현시킬 수 있을까? 아니면 빅데이터와 첨단분석 기법을 활용해 고객 요구를 더 잘 이해하는 것이 더 좋은 결과를 가져올까? 아마도 가장 빠른 가치 기여는 생산이나 물류에 대한 디지털 혁신에서 실현될 것이다.

이는 쉬운 결정이 아니다. 그래서 기업들은 종종 새로운 영역으로 진출하고 있지만 경험이 부족하다. 현재의 조직 형태가 디지털 전환을 감당할 수 있을지 알아보는 것도 중요하다. 대부분의 경우, 디지털 전환 계획은 활용 가능한 디지털 인재들에 의해 최종적으로 결정된다. 우선순위가 결정되면 디지털 전환을 추진하는 사람들이 그들의 일정을 정한다. 디지털 전환은 종종 몇 년이 걸리고, 목표를 달성하기 위해 방향을 틀어야 할 때도 있다.

격차 줄이기

긍정적인 측면 즉 가장 훌륭한 가치 기여를 고려한 다음에는 부정적인 측면을 생각해야 한다. 역량 분석 결과, 위험한 단점들이 드러나면 신속하게 대응할 필요가 있다. 기업 대부분이 빅데이터와 첨단분석 기술을 잘 활용하지 못한다. 2016년, 맥킨지가 빅데이터 분석과 활용에 관해 조사한 결과에 따르면, CEO 중 86퍼센트는 자신들의 기업이 빅데이터 분야에서 일부분만 성공적이라고 생각했고, 25퍼센트는 실패한 것으로 평가했다.

하지만 빅데이터에 대한 지능형 분석은 디지털 상품과 서비스를 최적화하는 데 가장 중요한 방법이다. 필수적인 기술이 부족하다면 신속하게 데이터 분석 기술을 육성하는 데 투자해야 한다. 협력 관계가 도움이 될 수 있다. 승강기 제조사인 쉰들러의 CDO 미카엘 닐스는 데이터 분석, AI, 셀프러닝 기계 분야에서 기업 역량을 신속하게 개발하고자 GE, 화웨이와 협력 관계를 추진했다. 이들은 실리콘밸리에 공동 사무실을 만들었다.

스와로브스키는 디지털 세계로 가기 위해 생산 분야에서 기민함 부족이라는 격차를 가장 먼저 좁혔다. 소량 주문도 매우 비용 효율적으로 처리하는 생산 라인에 500만 유로와 5만 시간에 달하는 연구 개발 시간을 투자했다. 현재 스와로브스키의 디지털 상품 목록은 훨씬 많은 소비자들의 개별적인 요구를 충족할 만큼 다양하다.

하지만 오늘날의 고객들은 모든 채널에 걸쳐 지불 수단이 다양한 다채널 서비스를 원한다. 스와로브스키는 많은 돈을 투자해 이 분야의 격차도 줄이기 시작했다. 오늘날 스와로브스키는 전 세계 도시에서 오프라인 상점을 운영할 뿐 아니라 자체 상품은 물론 다른 제조사들의 고급 액세서리까지 판매하는 디지털 판매 플랫폼을 운영한다.

스와로브스키는 또 다른 약점을 보완하기 위해 추가로 500만 유로를 투자했다. 스와로브스키는 아이디어와 기술을 활용하도록 돕는 협력 관계를 구축할 수 없었다. 그래서 낡은 공장을 개조해 사무실을 만들고, 첨단 기술 기업들이 스와로브스키의 개발자들과 함께 일하도록 했다. 가장

유망한 아이디어를 가진 기업들이 스와로브스키의 투자를 받게 되면서 몇
몇 성공적인 협력 관계가 구축됐다. 피트니스밴드 제조사인 미스피트Misfit
와의 협력이 그중 하나다. 팔찌에 장착된 추적기와 디스플레이에 전력을
공급하기 위해 스와로브스키의 엔지니어들은 아주 작은 태양전지를 공
급한다. 이 전지는 스와로브스키 엔지니어들이 태양에너지를 컬러 디스
플레이로 전환시키는 장식용 수정을 위해 개발한 것이다. 미스피트와 스
와로브스키는 이 분야에서 추가적인 협력을 기대하고 있다.

지멘스도 스타트업들과 관련된 자사의 협력 관계 관리 분야에서 개
선 가능성을 찾아냈다. 2016년에 디지털화 프로그램의 일부로 넥스트
47next47을 설립했다. 스타트업 담당 부서인 넥스트47은 향후 5년 동안
젊고 혁신적인 기업을 지원하고 지분을 인수하는 데 10억 유로를 활용할
계획이다. 이들은 AI, 자동화 기계, 분산 전력화Decentralized Electrification, 커
넥티드 모빌리티, 블록체인 분야에 집중하고 있다.

디지털 기업으로의 전환은 단거리 경주가 아니라 마라톤이다. 디지털
전환에 성공하기 위해서는 앞서 설명한 세 단계 과정에 대한 수년 동안
의 청사진이 있어야 한다. 기업이 어떤 새로운 생태계로 진출하고 싶어
하고, 그 분야에서 어떤 역할을 할 것인가? 디지털화가 마케팅에서 생산
에 이르는 기업 구조를 어떻게 바꿀 것인가? 디지털 전환을 이루기 위해
서는 조직과 기술적 토대를 어떻게 강화해야 하는가?

디지털화는 고객에 달렸다

애플, 구글, 아마존 같은 성공한 디지털 기업들에는 한 가지 공통점이
있다. 처음부터 끝까지 고객의 관점에서 상품과 모든 업무 과정을 설계

했다는 점이다. 고객 요구가 기업들이 뭘 어떻게 제공할지를 결정한다. 그렇다면 고객들은 뭘 기대하고 있을까? 상품과 서비스가 고객의 기대에 부응하지 못하는 데 따른 위험은 뭘까?

물론 대답은 산업 분야마다 다르다. 하지만 실제 제품의 특성을 제외하면, 고객들은 언제나 주문부터 배달 그리고 사후 서비스까지 모든 과정이 원활하게 이루어지기를 바란다. 그런데 이는 아직도 많은 기업에게 표준이라기보다 예외에 가깝다. 통신 회사의 기술지원 부서에 전화해본 사람은 누구나 이런 사실을 잘 안다. 너무 오래 기다리고, 문제를 찾아내는 데 너무 많은 절차를 거치고, 문제가 해결될 때까지 수많은 상담원을 거쳐야 하거나 아니면 실망해서 전화를 끊는다.

중요한 절차를 최적화하라

성공한 디지털 기업은 모두 고객을 상대하는 업무 절차를 우선순위에 둔다. 보통 그 수는 많지 않다. 고객과의 상호작용을 분석한 한 통신 회사는 다섯 가지 핵심 업무를 찾아냈다. 바로 계약 체결, 요금 지불 절차, 계약 관리(서비스 추가와 취소), 통신 두절이나 문제가 발생했을 경우 고객과의 소통 그리고 계약 종료다.

오늘 주문한 고객들은 배송이 완료될 때까지 다양한 조직과 절차를 거치면서 주문 처리가 늦어지는 것을 용납하지 않는다. 처음부터 끝까지 모든 절차에서 간소하고 원활한 업무 처리를 기대한다. 모든 과정이 디지털화되어 문의, 계약 변경, 불만 제기 등이 클릭 몇 번으로 처리되기를 바란다. 이런 서비스를 제공할 수 있는 기업은 경쟁력을 갖게 될 것이다.

기업은 업무를 재편하고, 디지털화하는 데 있어 고객여정 및 고객과의 접점에 집중해야 한다. 이는 성공한 온라인 유통사들이 개발한 아이디어다. 첫 접촉부터 마지막 구매에 이르기까지, 고객여정의 각 단계는 고객들에게 가능한 쉽고 편리하도록 계획되고, 탁월한 지원을 받을 수 있도록 구성되어 있다. 고객경험이 이 과정의 중심에 있다. 이런 개념은 B2B 분야와 내부 고객에게도 쉽게 적용될 수 있다.

업무 과정을 디지털화할 경우, 각 지점에서 다음 내용을 자문하길 바란다. 고객이 바라는 것이 뭘까? 디지털화 과정이 무엇에 의존하고 있나? 뭔가 잘못될 경우 가장 불편한 점은 뭘까? 너무 뻔한 질문 같지만, 이런 생각은 아직 기준과 거리가 멀다. 전통적인 조직들은 고객보다 효율에 집중하는 경향이 있다. 그렇다면 고객들에게 정말로 중요한 것은 뭘까? 어떤 고객여정이 의미가 있을까? 어떤 고객여정에서 출발해야 할까? 첫 번째 고객여정에서 두 번째 여정으로 어떻게 이동할까? 어떻게 하면 조직 전체에 디지털 추진력을 불어넣을 수 있을까?

ING디바DiBa 같은 인터넷 은행들은 고객들이 가장 불편해하는 것을 정확하게 찾아냈다. 은행 계좌를 개설하는 시간을 수 주일에서 몇 분으로 줄인 것이다. 그리고 사용자 친화적인 디지털 과정을 통해 전통적인 은행들로부터 상당수의 고객을 빼앗아 오는 데 성공했다.

투자 상품과 관련된 모든 절차는 고객들에게 순조로운 경험을 제공하는 데 초점이 맞춰져 있다. 문제가 발생하면 즉각 불편한 지점을 찾아낸다. 자사 승강기가 전 세계에서 하루 10억 명을 실어 나르는 쉰들러는 예방적 유지관리에 디지털화의 초점을 맞췄다. 쉰들러의 CDO 미카엘 닐스에 따르면 쉰들러는 고객들이 알아차리기도 전에 문제를 해결한다.

쉰들러는 애플과 협력해 유지보수 전략을 추진하고 있다. 기술자들

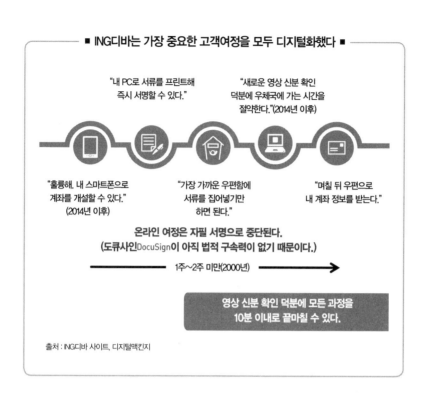

■ ING디바는 가장 중요한 고객여정을 모두 디지털화했다 ■

"내 PC로 서류를 프린트해
즉시 서명할 수 있다."

"새로운 영상 신분 확인
덕분에 우체국에 가는 시간을
절약한다."(2014년 이후)

"훌륭해. 내 스마트폰으로
계좌를 개설할 수 있다."
(2014년 이후)

"가장 가까운 우편함에
서류를 집어넣기만
하면 된다."

"며칠 뒤 우편으로
내 계좌 정보를 받는다."

온라인 여정은 자필 서명으로 중단된다.
(도큐사인DocuSign이 아직 법적 구속력이 없기 때문이다.)

1주~2주 미만(2000년)

영상 신분 확인 덕분에 모든 과정을
10분 이내로 끝마칠 수 있다.

출처 : ING디바 사이트, 디지털맥킨지

은 쉰들러를 위해 특별히 개발된 앱과 애플의 iOS를 이용해 서비스 점검을 위한 세부 계획을 수신한다. 승강기에 있는 각종 센서들 덕분에 원격으로 감시하면서 승강기 경로, 속도, 온도 등 중요 데이터를 지속적으로 측정할 수 있다. 하루에 약 2억 가지 정보가 전송되고, 이는 서비스 작업을 위해 데이터를 분석하는 컴퓨터 플랫폼으로 보내진다. 매일 아침 쉰들러의 현장 기술자들은 그날의 작업 목록과 함께 서비스 작업을 진행하는 데 가장 효과적인 경로와 작업에 필요한 예비 부품 목록을 스마트폰에 설치된 필드링크FieldLink 앱으로 내려받는다. 서비스 현장에 도착해 바로 작업을 시작할 수 있도록 앱으로 예비 부품을 주문할 수도 있다. 현장에서는 필드위키FieldWiki 앱으로 수리와 관련된 지시나 영상을 확인할 수 있다. 닐스에 따르면 쉰들러의 고객 서비스는 더욱 빠르고, 더욱 효율적으로 이루어지게 됐다.

어떤 고객은 단지 정확한 정보를 받지 못하는 문제를 불편해할 수도 있다. 세계 최대의 컨테이너 운송업체인 머스크Maersk는 고객들을 위해 실시간으로 컨테이너의 위치를 추적하는 앱을 개발했다. 이 앱은 화물이 예상 시간보다 늦게 또는 일찍 도착할 것 같으면 알림을 보낸다. 또 머스크의 운송 일정에 관한 정보나 가장 가까운 사무실의 주소를 안내해주기도 한다.

고객과 함께 배우기

디지털화로 이전에 없었던 상품과 서비스를 제공할 수 있게 되면서 고객들이 뭘 가치 있다고 생각하고, 뭘 사용하지 않는지 알 수 없게 됐다. 전통 기업들은 디지털 기업들이 어떻게 하는지를 한 번 더 살펴보는 것 외에는 별다른 선택의 여지가 없다.

기업들은 시간과 비용을 줄이기 위해 고객들의 기본적인 욕구를 충족시키고 핵심적 기능만 있는 상품, 즉 최소기능제품을 먼저 개발한다. 그리고 고객 반응을 기초로 빠르게 기능을 개선한다. 테슬라 전기차와 아이폰은 제한된 기능만 가지고 출시됐다가 점차 효율적으로 고객의 불편을 해결했다. 테슬라는 세계 최초로 고급 전기차를 출시했고, 아이폰은 숫자 패드와 키보드를 없앴다. 두 제품 모두 고객들의 도움과 피드백으로 꾸준히 개선됐다. 제조사는 새로운 하드웨어 제품이 출시될 때까지 짧은 주기로 새로운 소프트웨어 해결책을 제공함으로써 기존 제품을 신제품처럼 유지해야 한다.

가치 기여에 따라 디지털화 추진하기

당연히 고객의 피드백이 좋은 점만 드러내는 것은 아니다. 고객의 행동을 세밀하게 분석함으로써 고객 이동이나 매출 감소 등 개선점을 찾아낼 수도 있다. 매장과 식당에서 긴 줄은 분명 개선점 가운데 하나다.

2015년에 스타벅스는 앱에 휴대전화 주문과 결제 기능을 추가했다. 그 결과, 고객들은 각자의 선호도에 따라 이동 중에도 가장 가까운 매장에서 커피를 주문할 수 있게 됐다. 이는 또 스타벅스의 고객충성도와 이어져 있다. 휴대전화로 결제가 가능하기 때문에 고객들은 줄을 설 필요 없이 매장에 들어가자마자 주문한 커피를 받아서 나갈 수 있다. 스타벅스 앱은 고객들이 많이 사용하면서 큰 성공을 거뒀고, 매출 증가로 이어졌다. 또 스타벅스는 적어도 매출 증가만큼 중요한 보물인 고객들의 구매 습관에 관한 데이터를 확보했다. 그리고 가장 어려운 분야인 일대일 마케팅으로 가는 직접적인 방법을 이 데이터를 통해 배우고 있다. 현재 스타벅스는 고객 선호도에 기초한 맞춤형 상품 제안을 앱을 통해 고객들에게 전송할 수 있다.

아마존은 세제 등 가정용품을 사는 일상적인 쇼핑이 고객들의 불편 사항이라고 생각했다. 그래서 와이파이 기능이 있는 구매 도구인 대시버튼Dash Button을 도입했다. 고객들은 세제가 얼마 남지 않으면 그냥 버튼을 누르기만 하면 된다. 그러면 대시버튼이 와이파이를 통해 아마존에 구매 주문을 보낸다. 주소와 신용카드 정보가 아마존 계정에 저장돼 있기 때문에 고객은 더 이상 아무것도 할 필요가 없다.

전통적인 아날로그 기업들은 대체로 고객의 요구와 불편 사항을 추정한다. 반면 디지털 기업들은 방대한 데이터를 활용해 파악한다. 어떤 제품 변형이 어디서, 언제, 누구에게 잘 수용되는지 아니면 반응이 좋지 않은지를 정확하게 분석할 수 있다. 또 잠재 고객들이 어느 과정에서 불편을 경험하고 떠나는지를 정확하게 파악한다. 이런 지식 덕분에 데이터에 기초한 목표 고객 설정이 가능하고, 큰 혜택을 본다.

기능적 칸막이 제거하기

디지털 기업으로의 전환은 중대한 일이다. 조직 전체에 걸쳐 새로운 기술과 능력이 필요하다. 업무 과정을 다시 생각해야 하고, 조직 구조도 새로 구축해야 한다. 시험 프로젝트들도 실시해야 한다. 그리고 마지막으로 디지털 인재들도 완전히 다른 업무 방식과 통합되어야 한다. 전통적인 부서로 구분되는 조직은 이 모든 일을 제대로 할 수 없고, 흔히 변화의 범위와 속도를 따라가는 민첩성도 없다. 따라서 첫 번째 임무는 조직이 기능적 칸막이를 허무는 데 필요한 기술을 갖추도록 하는 것이다. 하지만 어떻게 기능적 칸막이를 제거해야 할까?

얼마나 디지털화에 앞서가고 있는가

모든 기업에 일률적으로 적용되는 디지털 기업으로의 전환 정책이란 없다. 디지털 전환 방식은 기업의 현재 디지털 경험 수준에 따라 다르다. 실용적인 관점에서 볼 때 다음 세 가지 단계로 구분할 수 있다.

- 1단계 : 디지털 경험이 거의 없고, 핵심 사업이 디지털 영역에 속하

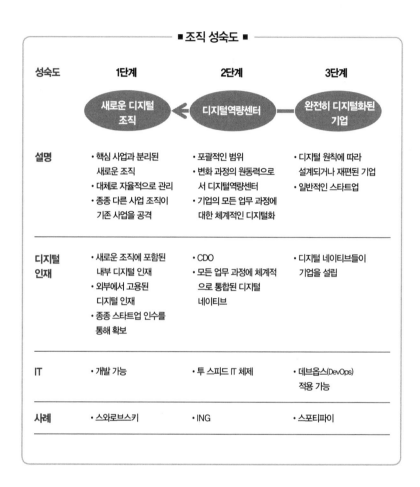

■ 조직 성숙도 ■

성숙도	1단계	2단계	3단계
	새로운 디지털 조직 ←	디지털역량센터 —	완전히 디지털화된 기업
설명	• 핵심 사업과 분리된 새로운 조직 • 대체로 자율적으로 관리 • 종종 다른 사업 조직이 기존 사업을 공격	• 포괄적인 범위 • 변화 과정의 원동력으로서 디지털역량센터 • 기업의 모든 업무 과정에 대한 체계적인 디지털화	• 디지털 원칙에 따라 설계되거나 재편된 기업 • 일반적인 스타트업
디지털 인재	• 새로운 조직에 포함된 내부 디지털 인재 • 외부에서 고용된 디지털 인재 • 종종 스타트업 인수를 통해 확보	• CDO • 모든 업무 과정에 체계적으로 통합된 디지털 네이티브	• 디지털 네이티브들이 기업을 설립
IT	• 개발 가능	• 투 스피드 IT 체제	• 데브옵스(DevOps) 적용 가능
사례	• 스와로브스키	• ING	• 스포티파이

지 않는 기업. 터빈, 변속기 시스템, 클러치, 동력전달장치 등을 만드는 전통적 기계장치 제조업체들이 여기에 속한다.

■ **2단계** : 디지털 문제에 직면해 있고, 다른 디지털 기업들에게 사업을 공격당하는 기업. 보험사, 통신 회사, 에너지 회사, 자동차 회사 등이 이에 해당된다. 이런 기업들은 모두 거대한 조직을 체계적으로 재편해야 하는 도전 과제에 직면해 있다.

■ **3단계** : 완전히 디지털화된 기업. 이런 기업들은 디지털 시대에 필요한 중요한 능력을 모두 갖췄고, 결단력 있게 사업을 확장한다.

당연히 온갖 종류의 중간 단계 기업도 있다. 하지만 이 책에서는 이 세 단계 중 1단계와 2단계에 있는 기업을 다루고 있다. 당신 회사는 몇 단계에 속하는가? 현황 파악 연습과 외부 벤치마킹을 통해 도움을 받을 수 있다. 3장에서 간단하게 소개한 디지털지수를 통해 상당히 정확하게 현황을 파악할 수 있다. 당신 기업이 현재 어느 위치에 있는지 알고 싶다면 다음 사이트를 참고하길 바란다(www.mckinsey.com/business-functions/digital-mckinsey/how-we-help-clients/digital-quotient).

일반적으로 디지털로 진출하는 1단계 기업은 가장 먼저 디지털 사업 조직을 만드는 데 집중해야 한다. 디지털 사업 조직은 자율적이면서 핵심 사업과 분리된 자체 임무를 가진다. 야심 찬 디지털 사업 계획을 개발하고, 시범 프로젝트를 주도하기 위해 디지털 경험이 있는 팀이 필요하다. 하지만 동시에 사업 계획에 따라 엄격한 관리를 받아야 한다. 2단계 기업은 이와 반대로 조직 전체를 단계에 따라 개혁하는 것을 목표로 한다. 이를 위해 사업 단위 운영과 긴밀히 연계된 디지털역량센터를 세워야 한다.

새로운 디지털 사업 조직 만들기

언제나 첫 단계가 제일 어렵다. 전통적인 기업에서 첫 디지털 사업 조직을 만들 때도 마찬가지다. 초기 선구자들은 아무것도 없는 상태에서 시작해야 한다. 디지털 역량을 구축하거나 디지털 상품과 서비스를 개발하는 구조화된 절차가 없다. 전통적인 조직에서 고립되고, 종종 예산도 확보하지 못한다. 하지만 자유가 있다. 빠른 의사 결정 경로를 구축할 수 있고, 기존 IT 시스템을 걱정할 필요가 없다. 그리고 복잡한 개발 프로젝트를 최종 제품 개발로 이어지는 소규모 단기 프로젝트로 나눠 진행하는 애자일 스크럼 개발agile scrum development 같은 현대적 방식을 활용할 수 있다. 디지털 조직에는 최근에 입사한 디지털 인재, 모기업의 핵심 사업을 담당하는 가장 우수한 인재, 때로는 최근에 인수한 스타트업이 참여해야 한다.

디지털 사업 조직에서 가장 중요한 것이 무엇인지에 관한 풍부한 경험에 따르면, 다음 네 가지 요인이 애자일 방법을 도입한 기업의 성패를 결정한다.

1. 조직 구조는 고정적인 팀들이 자율적으로 책임을 지고 있는 상품에 맞춰져야 한다.
2. 제품책임자들과 그 팀들은 IT 팀과 가능한 긴밀히 협력해야 한다.
3. 관리자들은 전체적인 전략의 일부로 자신들을 코치나 조정자로 생각하고 책임을 팀에게 맡겨야 한다.
4. 스타트업과 마찬가지로 최초 예산은 최소기능제품에 맞춘다. 그 제품이 성공하면 추가 개발을 위해 예산을 늘린다.

네 번째가 중요하다. 여기서 신세계와 구세계가 충돌하기 때문이다. 기존 경영진이 이런 조직을 생산적으로 관리할 수 있을까? 대부분의 경우, 그렇지 않다. 전통적 조직에는 중요한 디지털 기술과 경험이 없는 경우가 많다. 대신 경험 많은 전문가를 고용하거나, 디지털 사업 조직에 공동으로 투자하기 위해 성공 가능성을 크게 높여줄 전문가 네트워크를 가진 벤처 투자가를 참여시켜야 한다.

디지털역량센터 구축하기

2단계 기업 앞에는 수많은 경로가 있다. 이중에서 가장 필요에 적합한 경로를 택하는 것이 중요하다. 2단계 기업은 초기에 디지털 세계로 진출한 기업들에게 많은 것을 배울 수 있다. 이 기업들은 성공한 시험 프로젝트에서 출발해 핵심 업무 절차들을 확실하게 디지털로 전환하는 데 성공했다. 다음 단계는 디지털역량센터가 필요한 조직 전체의 디지털 전환에 관한 것이다.

디지털역량센터는 다음의 개념에 따라, 주로 사업 조직들에게 서비스를 제공하는 역할을 한다. 디지털전환책임자는 추진 속도를 정하고, 변화의 추진자로서 디지털 전환을 조정하고 관리하며, 각 사업 단위의 디지털전환책임자들과 긴밀히 협력한다. 디지털역량센터는 디지털 인재를 채용하고, 그들의 능력 개발을 책임진다. 디지털 벤처 사업 조직은 인수 대상을 찾아내고, 인수를 준비한다. 새로운 인수 기업들이 기존 사업 조직에 즉각적으로 통합될 수 없다면 이들을 수용하기 위해 디지털 부서를 설립한다. 협력자 관리 기능은 새로운 디지털 생태계 구축을 돕는다.

디지털기술연구소는 모든 전문가와 그들의 신기술을 하나로 모으는 곳이다. 여기에는 애자일 코치, 앱과 홈페이지의 사용자인터페이스를 책임지는 UX/UI 디자이너, 미래 혁신을 준비하는 프로젝트 관리자 등이 포함된다. 또 데이터 분석가와 디지털 미디어를 경험한 직원도 포함된

■ 디지털역량센터 : 조직 배치 사례 ■

- ▼ 디지털 전환의 주체
- ▽ 사업 조직을 위한 서비스
- ▽ 다양한 집단으로 구성된 디지털 사업 조직

기업

기업 지배 구조, 법률, 데이터 보호	디지털역량센터	IT	사업 조직 1	사업조직 n
디지털 자산에 대한 저작권	디지털전환 책임자	적응형 IT	디지털전환 책임자	디지털전환 책임자
	인사 : 디지털 인재	IT, 핵심 사업	제품책임자	제품책임자
	디지털 벤처 사업	IT 정책에 대해 권한	생산에서의 IoT 역량	생산에서의 IoT 역량
	디지털 부서		데이터보호 책임자	데이터보호 책임자
	협력자 관리		분석기법: 사업분석가	분석 기법 : 사업 분석가
	디지털기술 연구소			
	디지털 미디어 서비스			
	애자일 풀(pool)			
	디지털 혁신			
	첨단분석			

다. 디지털기술연구소는 기업 전체에 걸친 디지털화를 위한 최초의 디지털 물결을 일으킬 것이다.

이것은 IT 부서도 디지털 전환을 준비해야 한다는 의미다. 앞에서 살펴본 투 스피드 IT 체제를 확립하기 위해 데이터와 정보를 처리하는 능력과 시스템을 강화해야 한다. 여기서는 적응형 IT, 핵심 사업을 위한 데이터 처리 능력, IT 정책에 관한 권한 등 세 가지 능력이 특히 중요하다. 적응형 IT는 앱이 수집한 데이터를 처리하고, 빅데이터뿐 아니라 소프트웨어 도구와 인터페이스를 처리하는 기반 시설을 구축한다. 또 데스크톱 컴퓨터, 모바일 기기, 서버의 IT 환경을 강화하고 운영한다. 또 다른 팀은 스카이프, 클라우드, ID 관리 등 플랫폼과 공유된 네트워크 요소를 관리한다. 마지막으로 포괄적인 팀은 모든 디지털 상품에 대한 지식재산권을 공동의 정책에 따라 분명하고 지속적으로 관리한다.

디지털역량센터와 IT는 사업 조직들이 디지털화 과정을 성공적으로 마치도록 지원해야 하고, 각 조직은 디지털전환책임자가 디지털역량센터와 연계를 맺고 디지털 전환을 추진하도록 해야 한다. 제품책임자들은 고객과 접촉하는 업무 과정과 절차의 디지털화를 담당하는 다기능 팀을 관리한다. 그리고 디지털역량센터의 각종 자원을 이용해 시험 프로젝트들을 시작한다. 대부분의 경우, IoT를 위한 센서 배치나 센서들이 보내는 데이터를 분석하는 데이터 분석 능력 같은 업무와 관련된 구체적인 기술들이 필요하다.

디지털역량센터를 제대로 기능하게 만들고, 관련 사업 조직들을 디지털화하는 것은 복잡한 문제다. 시간이 가장 중요할 경우, 일부 기업들은

DBOT Digital Build Operate Transfer(BOT란 개발 프로젝트를 수주한 사업자가 사업에 필요한

자금을 조달하고, 건설을 마친 다음 자본 설비 등을 일정 기간 운영하는 것. 주로 기반 시설 건설 등에서 활용되며, 디지털 방식으로 진행될 때는 DBOT라고 함 - 옮긴이) 방식의 접근법을 활용한다. DBOT의 목적은 디지털 기술과 디지털 사업 조직을 더욱 빠르게 구축하는 것이다. 이런 접근법을 이용하는 기업들은 일시적으로 외부 전문가 팀을 활용해 별도 사업 조직으로 새로운 비즈니스 모델을 먼저 만든다. 이런 접근법은 디지털 세계와 잘 연결된 전문가들이 디지털 인재 채용과 새로운 사업 조직 구성 등 가치 있는 서비스를 제공할 수 있다는 뜻이다. 사업 단위 조직의 관리자들은 핵심 팀을 구성한 다음 일을 시작한다. 완전한 팀이 구성되고 수개월 안에 긍정적인 결과를 기대할 수 있다. 이 기간이 지난 뒤에는 외부 전문가들이 점차 내부 전문가들로 대체될 수 있다.

의무를 부과하고 디지털 전문 인력 구축하기

디지털화를 추진하고, 사업 조직에 서비스를 제공하는 디지털역량센터는 약 15명으로 시작할 수 있다. 여기에는 관리자, 중요한 디지털 전환을 담당하는 직원 두 명, 인사 담당과 프로젝트에 참여하는 조직 구성원 각 한 명이 포함된다. 디지털기술연구소는 애자일 방식과 분석에 능숙한 전문가 10명 정도로 구성돼야 한다. IT에 있는 다른 직원 두 명은 적응형 IT를 책임진다. 가장 먼저 앱의 지원 시스템, 빅데이터를 위한 기반 시설, 소프트웨어 도구, 인터페이스가 작동해야 한다. 기업 규모와 디지털화의 수준에 따라 데스크톱, 모바일 기기, 서버를 위한 시스템을 운용하는 데 추가 자원이 필요할 수도 있다.

어느 기술 대기업은 애자일 방식으로 다섯 개 팀을 먼저 교육시킨 다음 현장에 투입하는 방법을 통해 점차 조직을 디지털 방식으로 전환했다. 첫 번째 교육과 업무 배치에서 얻은 경험이 교육 훈련 자료에 반영됐고, 이 자료는 다음 20개 팀을 교육시키는 데 도움이 됐다. 여기서 얻은 경험이 또다시 다음 팀을 교육시키는 데 활용됐다. 동시에 이 기업은 다기능 팀들을 제품 개발에 고정적으로 배치하고, IT가 고객들과 더 가까워질 수 있도록 했다. 그리고 개발에 소요되는 시간뿐 아니라 오류의 비율도 줄였다.

디지털 네이티브란 용어가 반드시 사람에게만 쓰이는 것은 아니다. 디지털 방식으로 태어난 기업에게도 적용될 수 있다. 구글과 아마존이 가장 좋은 예다. 스타트업 단계부터 오랫동안 발전해온 스포티파이 같은 기업도 많다. 이런 기업들의 디지털 전환은 약간의 최적화 작업이 남아 있지만, 여전히 다른 기업들에게는 좋은 본보기다. 디지털 기업들은 많은 공통점이 있다. 이 가운데 가장 중요한 것은 모든 결정이 직감이 아닌 데이터에 기초해 내려진다는 것이다. 이런 기업의 직원들은 종종 불완전한 데이터를 토대로 가설을 만들고, 이 가설을 근거로 불완전한 제품을 만든다. 이 제품은 시장에서 검증받고 성패가 신속하게 결정된다. 예를 들면 구글은 해마다 수천 가지 아이디어를 실험하고, 실패를 축하한다. 실패를 통해 가장 많이 배우기 때문이다. 디지털 네이티브들의 또 다른 공통점은 속도다. 애자일 팀들은 시제품을 신속하게 개발하고, 시장 검증을 거쳐 재빨리 포기하거나 수집된 데이터를 근거로 제품을 개선한다. 전통적인 기업에게 이는 엄청난 도전이다.

다음 장에서는 2단계 기업이 — 디지털 문제에 직면해 이미 약간의 경험이 있는 — 이 책에서 소개한 디지털화를 실행하는 데 필요한 사람과 조직 측면에서 어떻게 토대를 구축하는지 설명할 것이다. 9장에서는 디지털 전환 계획을 조직 전체로 확산하는 방법을 알아볼 것이다.

제8장

디지털 기업 강화하기

계획을 마쳤다면 이제는 디지털화를 위한 조직을 갖춰야 할 때다. 즉 이론에서 실행으로 도약해야 한다.

2016년 말, 페이스북 창업자 마크 저커버그Mark Zuckerberg는 자신의 페이스북 페이지에 지난 몇 달 동안 자신을 바쁘게 만들었던 일에 대해 썼다. 그는 자신의 집에 있는 수많은 연결되지 않은 스마트 시스템들을 통제하는 소프트웨어를 만들고 있었다. 냉난방 조절 장치, 문과 창문 잠금 장치, 오디오 기기, 텔레비전을 통제하는 데 사용하는 소프트웨어다. 저커버그는 자신이 프로그래밍을 하는 동안 마주쳤던 어려움을 재미있게 설명하면서 직원과 모든 경쟁자에게 세 가지 진지한 메시지를 전했다. 첫 번째는 이 주제가 개인적으로 매우 중요해 CEO로서 많은 시간을 투자하고 있다는 것이고, 두 번째는 혼자 프로그램을 만들 수 있을 정도로 기술적으로 능숙하다는 것이며, 세 번째는 경쟁자들에 대한 것으로, 우리가 매우 경쟁이 치열한 분야에서 서로 경쟁하면서 각자 비전을 실현하게 될 것이라는 메시지였다.

이것이 성공한 디지털 기업의 관리자들이 기업을 이끄는 방법이다. 스토리텔링은 가장 효과적인 경영 도구 중 하나다. 많은 면에서 전통적인 아날로그 기업의 관리자들과 업무 방식이 다르다. 아날로그 기업의 관리자들은 페이스북, 구글, 아마존으로부터 디지털 전환과 관련해 배울 것이 많다.

이번 장에서는 가장 중요한 디지털 전환 방법과 원리를 어떻게 적용할 수 있는지 설명하고자 한다. 디지털 운영 시스템은 어떤 것인가? 어디서 맞는 팀을 찾을 수 있을까? 고객은 어떤 역할을 하는가? 기민함agility이란 어떤 의미고, 영원한 실험과 학습이란 또 무슨 뜻일까? 기업 문화 변화는 어떤 역할을 하고, 어떻게 이를 추진할 것인가? 디지털 기업에서 권한은 어떤 형태로 나타날까? 어떤 팀이 책임지고, 어떤 핵심성과지표와 원칙이 이용되는가? 디지털 기업은 어떻게 경영되는가? 경영진의 역할은 무엇인가? 디지털 인재들은 어디서 찾을 수 있을까?

기업들은 디지털화의 수준에 따라 다양한 도전에 직면한다. 앞에서 살펴본 것처럼 1단계 수준의 디지털 초보 기업들은 자율적인 디지털 조직을 만든다. 하지만 이 기업들은 이번 장에서 설명할 모든 것들을 완벽하게 수행할 필요가 없다. 중요한 것은 속도다. 이번 장에서는 어느 부분을 공부할지 자유롭게 선택하면 된다. 모든 사업 조직을 점차적 디지털화하는, 조금 더 발전된 2단계 기업들은 이 장에서 일종의 디지털 전환 청사진을 발견할 수 있을 것이다. 1단계와 2단계에 있는 기업들의 공통점은 디지털 방식으로 태어난 기업 모방하기라는 최종적인 목표 아래 조금 더 디지털 방식으로 행동해야 한다는 것이다. 이 과정은 디지털 운영 체제로의 전환, 문화적 변화의 정착, 핵심성과지표와 추진 일정에 따른 조정, 디지털 네이티브 기업처럼 경영하기라는 네 가지 원칙을 따라간다. 이제 이런 것들이 어떤 의미가 있고, 첫 번째 시범 프로젝트를 어떻게 시작할지 살펴보자.

디지털 운영 체제로의 전환

기업을 디지털 방식으로 바꾸기 위해서는 세 가지 토대가 필요하다. 첫째, 기술적으로 능숙한 만큼 열정적인 팀을 구성하고, 둘째, 완벽보다 속도를 가치 있게 생각하고, 셋째, 벤처 투자가처럼 목표와 계획에 기초한 프로젝트 경영을 도입하는 것이다.

팀원을 채용하고, 팀을 키우기

데이터과학자, IoT 소프트웨어 개발자, UX 디자인 전문가, 제품책임자, 스크럼마스터scrum master. 모두 디지털 세계의 직업들이다. 이 직업명들이 실제로 무슨 의미인지, 무엇이 이런 사람들을 움직이게 하는지 알고 있는가? 두 가지는 분명하다. 이런 사람들이 분명히 필요하다는 사실과 적합한 후보자가 많지 않다는 점이다. 어디서 이들을 찾고, 어떻게 채용할 수 있을까?

취업 박람회를 통한 채용은 제한적이다. 젊은 미래의 주인공 대부분이 가장 많은 시간을 보내는 채널을 통해 재미있고 의미 있는 일로 디지털 네이티브들을 끌어들여야 한다. 소셜미디어, 블로그, 스타트업 콘퍼런스가 좋은 출발점이다. 해커톤과 스타트업 경진 대회 같은 새로운 형식을 활용해 디지털 네이티브를 파악하라. CES Consumer Electronics Show, 디스럽트 샌프란시스코 해커톤 Disrupt SF Hackathon, 사우스 바이 사우스웨스트 인터랙티브 South by Southwest Interactive, 론치 페스티발 Launch Festival 혹은 핵 MIT HackMIT와 UC버클리 스타트업 대회 UC Berkeley Startup Competition 같은 대학 내 경연 대회에 참석하라.

이런 행사들은 전통적인 기업에게 좋은 기회다. 디지털 인재들은 대기업이라서가 아니라 단조로운 직무나 구체적인 도전이 없기 때문에 흥미를 잃는다. 채용 담당자들이 흥미로운 이야기를 만들고, 일에 대한 열정에 불을 지펴야 한다. 잠재력 있는 후보들은 일반적으로 진정한 가치와 강렬한 기업 이야기에 매력을 느낀다. 인재를 불러들이고 새로 시작하는 고용주 브랜드 Employer Brand(입사부터 퇴사에 이르는 전 과정에서 조직원들이 기업이 제시하는 가치를 동일하게 경험토록 하는 소통 활동. '기업 브랜드'라고도 한다 – 옮긴이)를 구축하는 데 필요한 열정이 넘치는 사람들과 함께 고위 임원들, 더 높게는 CEO가 채용 면접을 진행해야 한다. 마지막으로 기업은 후보자들에게 앞날이 매력적인 기업처럼 보이도록 열심히 노력해야 한다. 그리고 관련 분야에서 우위를 점한 매력적인 기업들로부터 인재를 지키기 위해 노력해야 한다.

숙련된 디지털 네이티브들은 야심 찬 프로젝트와 아이디어를 좋아한다. 단순히 공장의 물류 시스템을 최적화하는 것보다 로봇공학과 자동화의 미래를 재편하고 싶어 한다. 이는 인사 담당자들에게 종종 표현 방식의 문제가 된다. 인사 담당자들 자신도 디지털 공동체의 일부가 돼야 한다. 외계에서 온 사람들처럼 보여서는 안 된다. 이는 많은 인사 부서들에게 대응하기 힘든 도전이다. 초기 계획 단계에서 이런 차이를 해결해줄 전문 대행 기관과 프리랜서가 있다. 그렇기 때문에 노련한 디지털 인재 채용 담당자를 가장 먼저 채용 대상 리스트에 올려야 한다.

이 모든 훌륭한 조언에도 불구하고 디지털 팀을 구성하는 데 실패한다면 모든 필요한 인재들이 속한 스타트업을 인수하는 방법도 있다. 월마트가 좋은 예다. 2011년, 월마트는 소셜미디어 기업인 코스믹스Kosmix를 3억 달러에 인수했다.

인재를 찾아내기도 어렵지만, 인재를 지키기는 훨씬 더 어렵다. 업무는 도전적이고 미래 지향적이어야 하며, 접근성이 좋은 위치에 개방된 업무 공간을 제공하는 등 근무 환경도 매력적이어야 한다. 창의성은 장벽의 수와 반비례한다. 교육과 일대일 코칭도 논의되어야 할 뿐 아니라 집중적인 멘토링과 개개인을 위한 자기계발 계획도 고려돼야 한다.

하지만 모든 자리가 경험 많은 디지털 인재들로만 채워져야 하는 것은 아니다. 기업 스스로 인재를 육성해야 한다. 젊은 사람들에게 개방적이어야 하고, 추천서나 평판이 아닌 잠재력을 보고 채용해야 한다. 모든 조직 구성원에게 새로운 디지털 기술을 경험하고 배울 기회를 줘야 한다. 여기에는 인재들이 자연스럽게 발전할 수 있는 공간을 제공하는 일도 포함된다. 예를 들면 구글은 근무시간의 20퍼센트를 각자 하고 싶은 일을 하는 데 사용할 자유를 주고 있고, 3M도 몇 년 전에 이와 비슷한 제도를 도입했다.

빠른 개념 반복을 확립하는 능력

빠른 개념 반복은 스티브 잡스가 신봉했던 것이다. 잡스가 2007년에 처음으로 아이폰을 출시했을 때 경쟁자들은 속도가 더 빠른 UMTS Universal Mobile Telecommunications System(2세대 이동통신 시스템인 GSM에서 진화한 유럽형 3세대 이동통신 시스템 - 옮긴이) 방식을 사용했지만, 아이폰은 속도가 느린 GSM Global System for Mobile(유럽의 2세대 디지털 셀룰러 이동통신 시스템 표준안 - 옮긴이) 통신 표준을 사용했다. 초기의 아이폰은 위성 항행에 필요한 GPS 신호도 수신하지 못했다. 디지털 네이티브들은 이를 최소기능제품이라고 부른다. 최소기능제품은 몇몇 필수 기능만 제공한다. 상품이 성공하려면 시장에서 고객들이 겪는 문제들을 해결해야 한다. 아이폰은 터치스크린 디자인으로 숫자 패드와 키보드를 대체하면서 불편한 점을 개선했다. 애플의 개방형 인터페이스 덕분에 휴대전화 단말기로 내려받을 수 있는 앱이 빠르게 늘어났고, 그 결과 아이폰의 매력도 커졌다. 나머지 일은 고객들이 다 했다. 애플의 엔지니어들은 고객 반응을 실시간으로 개발에 반영했고, 얼마 지나지 않아 아이폰은 세계에서 가장 인기 있는 스마트폰이 됐다.

디지털 전환을 추구하는 기업들은 엔지니어와 디자이너에게 완벽주의를 내려놓게 하고, 최소기능제품 접근법을 채택해야 한다. 이런 접근법은 가정에만 기초해 비용이 많이 들고, 시간이 오래 걸리는 제품 개발을 막는다. 미국의 혁신 전문가 스티브 블랭크Steve Blank는 기업들에게 고객을 제품 개발 과정의 협력자로 인식하라고 권한다. 특히 얼리어답터들은 선구자와 비슷해 적극적으로 활용할 필요가 있다. 그렇다고 해도 기업들은 여전히 처음 출시된 상품의 개선점을 찾아내야 한다. 이는 쉬운 일이 아니다.

루프트한자Lufthansa도 탑승 수속 절차를 디지털화하는 과정에서 최소 기능제품 방식을 따랐다. 탑승 수속 절차의 디지털화는 지속적이고 반복적인 방법을 따라 여러 단계에 걸쳐 기술적 가능성과 고객 요구에 맞춰 채택됐다. 승객들이 얼마나 많은 변화를 기꺼이 받아들일 것인가라는 중요한 문제에 대해 계속해서 답을 찾아야 했다. 루프트한자는 탑승 수속을 할 때 줄을 서서 기다리는 것이 언제나 항공 여행의 가장 불편한 점이라는 사실을 발견했다.

그래서 첫 번째 조치로 탑승 수속을 밟는 기계를 설치했다. 문제가 생길 경우, 친절한 직원들이 현장에서 승객들을 도왔다. 다음 단계에서는 집에서 PC로 탑승 수속을 밟고, 탑승권을 인쇄할 수 있는 선택권을 고객들에게 제공했다. 이런 조치는 더 많은 편의성을 보장했고, 탑승 수속 기계에서 한 단계 더 나아간 것이었다. 승객들은 PC로 탑승 수속하는 것을 좋아했다. 고객 스스로 하드웨어를 제공하기 때문에 루프트한자는 비용을 크게 줄일 수 있었다. 스마트폰과 앱의 보급으로 모든 절차가 모바일 형식으로 바뀌면서, 디지털 방식에 적응한 루프트한자 고객들은 PC와 프린터에서 자유로워질 수 있었다. 지금은 스마트폰에 보관된 탑승권을 스캔만 하면 된다.

하지만 탑승 절차의 개선은 아직 끝나지 않았다. 과거의 린 생산방식처럼 지속적인 개선이 중요하다. 예를 들면 페이스북의 첫 협력 기업들 가운데 하나인 루프트한자의 경쟁사인 KLM항공은 고객과 상호 소통하기 위한 새로운 채널로 페이스북 메신저의 챗봇을 활용하고 있다. KLM 항공의 고객들은 이제 페이스북 메신저로 탑승권을 받을 수 있다. 이런 서비스는 KLM항공이 페이스북을 통해 더욱 개인화된 서비스를 고객들에게 제공할 수 있다는 의미다. 왓츠앱 메신저처럼 여행객들은 현재 수속할 수 있는지, 어떤 변경 사항이 발생했는지를 알려주는 푸시 알림(서버가 전송한 메시지를 수신하는 모바일 디바이스의 기능 – 옮긴이)을 받는다. 이런 기능은 탑승 절차를 개인화시킨 것이다.

디지털 운영 시스템의 핵심 요소는 문제를 해결하는 구체적인 방법이다. 디지털 기업들은 제품이나 절차를 개선하거나 다시 개발하고 싶을 때 디자인 사고에 의존하는 경향이 있다. 여러 분야 사람들로 이루어진 팀들이 디자이너들이 활용하는 전통적인 방법을 활용해 문제를 해결한다. 즉 관찰하고, 이해하고, 아이디어를 개발하고, 신속하게 시제품을 만들고, 시장에서 검증한 다음 고객 반응을 즉각 제품 개선에 반영하는 것이다. 고객 관점에서 볼 때 단순하고 간단한 해결책을 만들어내는 것이 목표다. 결국 해결책들은 고객 이익을 위해, 그리고 고객의 관점에서 개발된다.

무엇보다 고객 인터페이스는 가능한 단순하고 직관적이어야 한다. 지금의 모바일 앱은 미래에 음성 기반 인터페이스로 변할 것이다. 아마존 알렉사, 구글 홈, 애플 시리 같은 음성 비서들은 화면과 키보드보다 훨씬 더 쉬운, 단순하고 직관적인 입력 방식을 제공한다. 온라인 유통사들은 고객들이 여러 단계를 거치는 것보다 클릭 한 번으로 모든 구매 절차를 마칠 수 있는 계산 절차를 개발하고 있다. 페이팔이나 아마존 같은 디지털 네이티브 기업들은 이미 이런 서비스를 제공한다. 고객 요구에 초점을 맞쳐 구매 절차를 과감하게 단순화시킨 혁신적인 디자인 개념의 사례들도 있다. 세제처럼 고객들이 자주 이용하는 상품을 버튼 한 번 눌러서 재구매할 수 있도록 하는 아마존의 대시버튼이 이런 사례 가운데 하나다.

혁신과 상품 개발 과정에서 디자인 사고를 뿌리내리도록 하려면 경영진 자체가 이런 기술을 이해하고, 이상적으로는 기술들에 대한 경험이 있어야 한다. 디지털 업무 절차를 개선하기 위한 팀들의 경연 대회인 해커톤에 참여하는 것이 훌륭한 출발점이 될 수 있다. 팀원이나 관리자가 고객 역할을 하면서 항상 고객의 관점에서 주장하는 것은 매우 효과적인 연습이다. 모든 기업이 고객에게 초점을 맞춘다고 하지만, 고객의 목소리가 우연히 반영되거나 마지막 단계에서 고려되는 경우도 너무 흔하다.

목표에 따라 프로젝트 조정하기

무엇이 디지털 기업의 대표적인 특징일까? 사실에 기반을 둔 가정을 하고, 데이터에 기초해 결정을 내린다는 것이다. 사실을 확인하려면 자체적으로 생산하든, 제3자에게 얻든 새로운 데이터를 수집해야 한다. 기업들은 언제나 측정 가능한 목표를 — 예를 들면 업무 처리 비용을 줄이거나 고객 수용, 전환율Conversion Rates(사이트를 방문한 사람 중 구매 등 특정하게 유도된 행위를 한 방문자의 비율 – 옮긴이), 업무 처리 속도를 높이는 등 — 잘 지키는지 확인해야 한다. 당연히 여러 목표를 동시에 추진할 수 있다.

이런 목표들은 디지털화되는 각 업무 과정에 맞게 의미 있는 측정 지표들이 포함된 핵심성과지표에 기초를 둬야 한다. 각 목표는 회사의 사업 목표나 벤치마킹을 통해 설정할 수 있다. 그리고 지정된 날짜에 목표와 실제 결과를 비교해 프로젝트가 계획대로 진행됐는지 아닌지를 결정한다. 이번 장의 세 번째 섹션에서 이 과정이 실제로 어떻게 이루어지는지를 설명할 것이다.

기업 문화의 변화를 안착시켜라

경영학자 피터 드러커Peter Drucker에 따르면 "전략은 문화를 이길 수 없다Culture eats strategy for breakfast". 우리는 그 중요성을 과소평가하지만, 기업 문화는 디지털화에서 중요한 역할을 한다. 전통적 기업 문화를 통해서는 디지털 전환에 성공하지 못할 것이다. 변화를 유발하는 것은 최고경영진에게 달렸다. 내게서 우리로, 통제에서 신뢰로, 지시에서 자율로, 위험 회피에서 위험 감수로, 완벽주의에서 시행착오로, 충분한 것에서 불가능한 것으로의 변화가 필요하다. 이런 문화의 변화는 멋진 고층 사무실이나 팀을 즐겁게 하는 친절한 관리자 같은 표면적인 변화보다 훨씬 더 중요하다.

근무 환경 개발하기

기업은 어떻게 디지털 세계와 어울리는 기업 문화를 개발할까? 디지털 전환은 업무 환경의 변화로 시작된다. 여기에는 유연한 근무시간, 팀들이 편안함을 느끼는 사무실 환경, 업무에 적합할 뿐 아니라 쓸 때도 재미있는 기술 장비들이 포함된다.

디지털 시대의 사무실은 직원들만큼 변화에 유연하다. 언제나 같은 사무실의 같은 책상에 앉아 일하는 직원은 거의 없다. 대부분 재택근무를 하거나 고객을 만나러 가는 길이거나 아니면 다른 지사의 사무실에서 일할 것이다. 사무실에 올 때마다 직원들은 빈자리를 찾아본다. 일하는 카페뿐 아니라 팀들이 참여하는 업무에 필요한 회의실도 있다. 조용히 명상해야 한다면 안락한 의자가 있는 방들도 준비돼 있다. 물론 언제나 모든 사람이 온라인을 통해 일할 수 있고, 어디에 있든지 회사의 네트워크와 연결된다.

문화 변화 : 동시에 네 가지 차원에서 대응하기

무형자산도 하드웨어만큼 중요하다. 기업의 가치관과 기준이 협력과 개방적인 소통에서 서열을 넘어서는 연대감에 이르기까지 새로운 활력을 만들어낼까? 경영 원칙들이 목표로 정한 문화와 잘 어울릴까? 문화 변화를 통해 직원들은 관리자로부터 권한을 위임받았다는 것을 체감할까? 변화를 추진하는 관리자들에게 적합한 보상이 주어졌을까? 기업 문화와 디지털화의 필요성이 조화를 이루기 위해서는 다음 네 가지 측면이 고려돼야 한다. 조직 내에서 이해를 끌어내고, 공식적인 구조를 만들고, 기술을 축적하고, 역할 모델로서 행동하는 것이다.

디지털 방식으로 이야기하고 행동하라

내부와 외부에서 효율적으로 소통하지 않는다면 문화 변화는 불가능하고, 디지털 전환은 실패할 것이다. 효율적인 소통은 기업들의 현재 상황과 관계없이 모든 기업에게 중요하다고 주장할 수도 있다. 하지만 디지털 전환에서 그 중요성은 완전히 차원이 다르다. 소통이란 직원들에게 정보를 전하는 것이 아니라 동기를 부여해 열정적으로 변화에 참여하도록 만드는 것이다. 이는 과거의 전통적인 가치를 철저히 조사해야만 가능하다. 회사 내부와 주변의 다른 구성원들도 설득해야 한다. 고객, 주

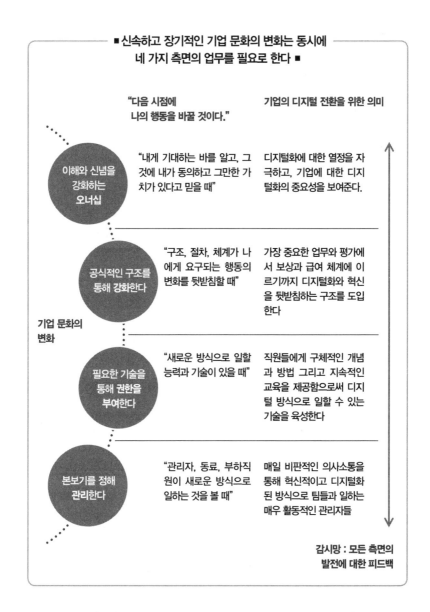

■ 신속하고 장기적인 기업 문화의 변화는 동시에 ─
네 가지 측면의 업무를 필요로 한다 ■

"다음 시점에   기업의 디지털 전환을 위한 의미
나의 행동을 바꿀 것이다."

이해와 신념을
강화하는
오너십

"내게 기대하는 바를 알고, 그   디지털화에 대한 열정을 자
것에 내가 동의하고 그만한 가   극하고, 기업에 대한 디지
치가 있다고 믿을 때"   털화의 중요성을 보여준다.

공식적인 구조를
통해 강화한다

"구조, 절차, 체계가 나   가장 중요한 업무와 평가에
에게 요구되는 행동의   서 보상과 급여 체계에 이
변화를 뒷받침할 때"   르기까지 디지털화와 혁신
                                   을 뒷받침하는 구조를 도입
                                   한다

기업 문화의
변화

필요한 기술을
통해 권한을
부여한다

"새로운 방식으로 일할   직원들에게 구체적인 개념
능력과 기술이 있을 때"   과 방법 그리고 지속적인
                                   교육을 제공함으로써 디지
                                   털 방식으로 일할 수 있는
                                   기술을 육성한다

본보기를 정해
관리한다

"관리자, 동료, 부하직   매일 비판적인 의사소통을
원이 새로운 방식으로   통해 혁신적이고 디지털화
일하는 것을 볼 때"   된 방식으로 팀들과 일하는
                                   매우 활동적인 관리자들

감시망 : 모든 측면의
발전에 대한 피드백

주, 공급 업체, 협력자가 가장 중요한 설득 대상이다. 이런 모든 집단의
요구 사항을 고려해 분명하고 적극적으로 소통할 필요가 있다.

오늘날 전통적인 소통 채널은 효율적인 새로운 미디어로 보완된다. 직원들이 경영진과 이야기할 수 있는 타운홀 미팅, 블로그, 뉴스레터가 사내 잡지나 휴일에 직원들에게 보내는 메시지를 대체한다. 동시에 외부와의 소통은 트위터나 유튜브 동영상의 형태로 이루어진다. 디지털화와 함께 메시지를 주고받는 횟수도 증가하고 있다. 직원들과 외부 관계자들은 연간이나 분기가 아니라 즉각적으로 이용할 수 있는 정보를 기대한다. 라스베이거스의 CES나 디트로이트 자동차 쇼 같은 중요한 행사에 참여하는 기업들은 실시간 동영상, 트위터, 블로그, 페이스북에 지속적으로 올리는 게시물과 함께 전시 제품들을 보여준다.

과거와 달리 일방적인 소통은 좋지 않다. 타운홀 회의는 직원과 관리자를 잇고, 문제들을 논의할 기회를 준다. 논의된 내용과 답변은 블로그, 트위터, 페이스북으로 공유된다. 이런 방식이 어색하다고 생각하는 기업은 직원들과 외부인들의 모든 발언과 비판이 개선의 기회를 제공하는 디지털 시대와 동떨어져 있는 것이다. 가장 중요한 것은 모든 소통과 메시지가 잘 계획되고 조정된 소통 전략을 따라야 한다는 점이다. 다음 세 가지 요인이 중요하다.

1. 일반적인 의사소통은 간결하고 분명한 핵심 메시지에 초점을 맞춰야 한다. 간결할수록 효과적이다.

2. 다음 핵심 질문을 포함해 분명한 소통 계획과 절차를 준수해야 한다. 누가 콘텐츠를 제공하고, 어떤 주제를 다루고, 어떤 매체를 활용하고, 어떤 경우가 가장 좋고, 어떤 내외부 채널을 사용하는가?

3. 콘텐츠를 최신으로 유지하고, 측정 가능한 결과를 분석하고, 소통

개선을 이끌어낼 소통 책임자가 필요하다.

새로운 소통 채널에 대한 열정에도 불구하고 전통적인 매체는 디지털 전환에서 여전히 중요한 전략적 무기다. 여기서도 GE가 모범 사례다. GE는 〈디지털 산업Digital Industrial〉이라는 2015년 연차 보고서를 통해 GE에서 이루어지는 디지털화의 중요성을 그 무엇보다 잘 보여줬다.

변화 이끌어가기

우리의 역할 모델인 벤처 투자가들의 사례로 돌아가보자. 우리에게는 자금 투입과 프로젝트 추진 계획을 연계한 벤처 투자가 모델에 기초하는 디지털 전환 조정위원회가 필요하다. 이 디지털 전환 조정위원회를 통해 지속적으로 측정하고 분석할 수 있는 의미 있는 핵심성과지표가 만들어진다.

CDO : 영웅 또는 치부 가리개?

디지털 전환에는 속도 조절 이상의 역할을 하는 경영진으로 구성된 적절한 팀이 필요하다. 여기에는 개방적으로 사고하는 감독위원회, 예산과 경영 도구들을 역동적으로 조정하는 최고재무책임자를 포함한 고위 임원들, 포괄적인 권한을 가진 CDO가 포함된다. 조정 경기와 급류 타기의 차이점을 생각해보라. 조정은 지속적이고 예측 가능한 상황을 포함하지만, 급류 타기는 항상 예상치 못한 도전들을 헤쳐 나가야 한다. 이것이 디지털화라는 급류 타기에서 조타수가 단지 속도를 조절하는 사람이 아니라 코치나 팀 지도자에 더 가까운 이유다.

CDO는 디지털 전환에 대한 열정을 보여주고, 모든 직원에게 이런 열정을 전파하는 핵심적 역할을 한다. 또한 전략가, 고객 분석가, 제품 책임자, 기술 전문가 등 거의 모든 역할을 한다. 조직의 각 부서를 연결하고, 다기능 팀을 구성하며, 인적 관계를 활용해 외부 인재들을 채용한다. 사람들에게 동기를 불어넣고, 이사회에서 조직과 업무를 잘 대변해야 한다.

GE의 CDO 빌 루는 이 분야에서 최고 전문가 가운데 하나다. GE의 산업인터넷 전략 부서와 모든 사업 조직의 소프트웨어 개발을 책임질 뿐 아니라 GE디지털의 CEO기도 하다. GE디지털은 2016년에 소프트웨어와 서비스 제공으로 60억 달러가 넘는 매출을 기록했다. 이런 포괄적인 책임 덕분에 루는 모든 의사 결정에서 중요한 발언권을 가진다. CDO는 단순히 디지털 전문가가 아니라 경영적인 권한도 가져야 한다. CDO에게는 충분한 규모의 자체 예산이 배정돼야 하고, 이를 통해 CDO는 인재 채용 등에 대한 권한을 확보해야 한다. 지멘스는 투자 기회를 찾기 위해 2016년 10월에 설립한 넥스트47에 향후 5년간에 걸쳐 11억 달러의 예산을 배정했다.

다양한 독립 부서를 가진 조직에서 CDO는 다양한 도움을 받아야 한다. 내부의 디지털전환책임자Digital Transformation Officer, DTO들이 각 부서에 배정돼 있지만, 이들은 회사 전체의 디지털 전환을 책임지는 조직의 일원이기도 하다. 디지털전환책임자는 각자의 사업 단위에서 변화의 원동력이다. 이 직무에는 비즈니스 모델을 이해하고, 디지털 방식으로 생각하고 행동하는 독립적이고 자신감 있는 사람이 적합하다.

예산과 목표를 연계하는 벤처 투자가처럼 경영하라

예산과 관련해 관리자들은 벤처 투자가의 방식을 따라야 한다. 벤처 투자가는 수년 동안 쓸 예산을 미리 정해놓지 않는다. 대신 혁신적인 상품과 사업에 투자할 경우, 더 작은 규모의 관리 가능한 분할 예산을 집행하는 전략을 택한다. 개발이 정해진 목표에 도달하면— 예를 들어 첫 번째 최소기능제품 출시나 성공적인 첫 번째 고객 확보— 후속 자금을 신속하게 승인한다. 긍정적인 고객 피드백 같은 목표를 달성하지 못할 경우, 예산을 줄이거나 사업을 중단하는 등 적절한 조치를 취하는 것도 중요하다. 가장 중요한 예산 집행 목표는 개념과 첫 최소기능제품부터 시장 출시와 규모 확대까지 모든 혁신 과정에 걸쳐 정해져야 한다.

전통적인 기업은 프로젝트를 폐지하기 어렵고, 책임지는 사람들의 평판을 생각해 실패한 계획을 계속 유지하려 한다. 이는 자금과 인력을 낭비할 뿐 아니라 정말 중요한 혁신을 찾아내는 경주에서 귀중한 시간까지 낭비하는, 매우 비이성적인 행동이다. 얼리어답터 사이에서 실패로 판명된 상품이 나중에 갑자기 엄청난 성공을 거둘 수 있을까? 기업에는 비판적인 질문을 쏟아내는 스타트업 이사회 같은 조직이 필요하다.

측정, 분석, 최적화

기업이 데이터를 기반으로 사안을 결정하려면 모든 업무에서 지속적으로 관찰 가능한 핵심성과지표를 만들고 주문 입력, 매출, 수익을 초과하는 지표를 측정해야 한다. 화장품 회사인 로레알은 이를 전략에 활용해 세 가지 핵심성과지표에 따른 디지털 전환을 계획하고 있다. 로레알은 '20-50-100 프로그램'이라는 계획에 따라, 2020년까지 전체 매출의 20퍼센트를 디지털 채널을 통해 달성하고, 고객의 50퍼센트와 직접적인 관계를 맺으며, 내부적으로 정한 브랜드 러브 스코어Brand Love Score에서 100퍼센트 지지율을 달성하고 싶어 한다. 이 전략은 경영진과 직원 모두에게 분명한 목표와 측정 가능한 성공을 제공한다.

하지만 디지털화에 대한 일상적인 관리는 전략과 관계가 없다. 대신 다음 두 가지 기준을 충족하는 핵심성과지표를 설정해야 한다. 첫째, 단순해야 한다. 둘째, 핵심성과지표에 의해 평가받는 사람이 지표에 영향을 미칠 수 있어야 한다. 예를 들면 아마존의 프리미어 서비스 프라임Prime에서는 제품을 책임지는 관리자의 성과를 두 가지 핵심성과지표로 평가한다. 프라임 고객의 증가율과 서비스 가입 고객들의 탈퇴율이다. 프라임 고객들의 수익성 등 다른 핵심성과지표는 성과의 측정 지표가 아니다. 프라임 상품 관리자가 직접적으로 영향을 미칠 수 없는 총상품 마진 등 다른 많은 요인들에 의존하기 때문이다.

구글은 직원들과 프로젝트의 성과를 평가하기 위해 단순한 핵심성과지표를 운영한다. 초기 투자자 가운데 한 사람인 조 도어John Doerr는 인텔로부터 목표성과제도를 도입했다. 경영진, 부서장부터 개별 직원까지 전 사원이 스스로의 목표를 정한다. 이 목표는 최대 다섯 가지 프로젝트에 대해 다수의 핵심성과지표로 계량화한다. 더 많은 목표를 관리하는 사람은 우선순위를 정해야 한다. 예를 들면 웹디자이너들은 사이트 개선과 같은 목표를 정하지 않는다. 대신 '30퍼센트 더 빠른 사이트 구축'처럼 개선이 필요한 것을 목표로 정한다. 디지털 네이티브들은 각 핵심성과지표를 0 아니면 1로 평가하고, 각 프로젝트에 대한 핵심성과지표들에서 평균을 산출한다. 목표 성취율은 75퍼센트가 적합하다고 평가된다. 그보다 높은 성취율은 목표가 너무 낮게 설정됐음을 암시하고, 그보다 낮은 성취율은 프로젝트의 지속 여부를 결정하기 위한 검토가 필요하다. 목표 성과 결과는 CEO의 결과를 포함해 구글 내부 사이트에 공개된다. 이는 이달의 직원을 찾기 위해서가 아니라 모두가 다른 사람들이 뭘 하는지 알 수 있도록 하려는 의도다. 스포티파이, 스플렁크Splunk, 슬랙Slack 같은 많은 스타트업이 목표성과관리제를 활용한다. 하지만 대기업에도 동일하게 적용될 수 있다. 구글이 완벽한 사례다.

다음 도표는 온라인 소매점 사이트를 최적화하고 싶어 하는 팀이 의미 있는 핵심성과지표를 선택하는 과정을 나타낸 것이다. 왼쪽에서 오른쪽으로 가면서 사이트 방문에서 주문 상품 배달까지 고객여정의 전 과정을 볼 수 있다. 위아래에는 전환율, 사이트 방문 횟수, 머무르는 시간, 기술적 성과 등 측정 지표가 위치한다. 각각의 세로줄에는 측정 가능한 지표가 열거돼 있다. 많은 것들이 측정 가능하다. 어떤 수치가 가장 의미 있는지를 파악하는 것이 핵심이다.

고객에 맞춰진 핵심성과지표는 최종 소비자 측면에서만 유용한 것이 아니다. 산업 기업들도 B2B 영역에 적용할 수 있다. 이런 기업들은 종종 고객과 디지털 방식으로 소통하는 데 약점을 보이고, 홈페이지로 소통을 시작한다. 적절한 핵심성과지표들을 선택하면 디지털 소통 성과를 측정하기 쉬워진다. 기업이 약점을 인정하면 이를 해결하기 위한 조치를 취할 수 있다. 기업 고객들도 분명하고 단순한 것을 원하는 최종 소비자들처럼 이런 조치들을 높이 평가할 것이다.

현명하게 적용된 핵심성과지표들은 성공적인 디지털화에 매우 중요하다. 지표들은 연관이 있고, 계량화가 가능하며, 측정할 수 있어야 한

■ 표적고객성과를 위한 조정 정비어보고 ■

■ 온라인 점포 개념과 직접 관계있음
■ 온라인 점포 개념과 직접 관계없음

	인지	검색	상품 설명 페이지	장바구니 담기	계산	거래	배송	사후관리	충성도
전환율	소식지 구독률(%) 마케팅 채널에 의한 클릭률(%)	전체 세션 중 검색 세션 수(%) 마케팅 채널에 의한 클릭률(%)	홈페이지에서 상품 설명 페이지로의 전환율(%) 검색 결과에서 상품 설명 페이지로 전환율(%)	상품 설명 페이지에서 장바구니로의 전환율(%)	쇼핑 카트에서 확인으로의 전환율(%) 확인에서 거래 정보 입력 페이지로 전환율(%)	거래 정보 입력 페이지에서 거래로의 전환율(%)	거래에서 취소하지 않는 주문으로의 전환율(%) 취소되지 않은 주문에서 반품되지 않은 주문으로의 전환율(%) 전체 전환율(%)	클릭당 티켓율 페이스북, 트위터를 통한 고객 참여(#)	신규 대 재구매 고객 비율(%) 적극적인 고객들(#) 충성 고객(#) 소지자 수신자(#)
규모	세션(#) 순방문자(#) 마케팅 채널에 대한 인상수(#)	사이트 배너 클릭률(%) 1회 방문 시 평균 페이지뷰(#)	상품 자세히 보기 전환율(%)	상품 입고 가능성(%)		주문(#)	분할 배송(%)		
성과		페이지 평균 로딩 시간 점포 가용성(%) 접속자 수가 많은 페이지에서의 접속 중단(및 최대 0명/월)(%) 결과 없는 검색(%)				주문에서 발송까지의 시간 약속된 날짜에 배달(%) 반품 후 상품 가용성(%)			
재무	총 마케팅 비용(EUR)	분할 지불(%)			평균 장바구니 규모(EUR) 순매출(EUR) 구매부(EUR)		외상매물처리(%) (고객에게 청구서 발송) 반품 후 순매출(전월)(EUR)		

328

다. 어떤 면에서 보면 린 경영이 진화한 것이기도 하다.

모든 단계에서 리더십을 장려하라

디지털 기업에서 경영진은 완전히 다른 규칙에 따라 일한다. 이 가운데 첫 번째가 참여하는 것이다. 아마도 관리자들에게 '살인 면허'가 필요할 것이다.

최고경영진은 모범으로 조직을 이끌어야 한다

전통적인 기업의 최고경영진과 중간관리자는 디지털화에 따라 힘든 도전의 시기를 맞이하고 있다. 이런 기업들은 디지털화 이전에도 엄격한 서열 구조와 순종적인 직원들 때문에 서서히 소멸되고 있었다. 그러나 디지털화를 하려면 상당한 수준의 책임과 권한을 아래로 이전해야 한다. 디지털 전환은 CEO로부터 시작된다. 기업 문화의 변화를 촉발하는 사람도 CEO다. 디지털 전환에 대한 책임은 이사회와 최고경영진에게 있다.

진실성과 확신이 매우 중요하다. 평상복 차림으로 근무하는 새로운 복장 규정도 일정한 역할을 할 수 있지만, 창의적이고 영감을 주는 진정한 의사소통이 운동화나 넥타이를 매지 않는 것보다 훨씬 효과적이다. 자신의 이메일을 인쇄하라고 지시하거나 대신 답장을 쓰게 하는 관리자는 영감을 주지도 못하고, 진정성도 없다. 모두가 마크 저커버그처럼 블로그를 운영하거나 벤처 투자가인 벤 호로위츠Ben Horowitz, 테슬라의 일론 머스크Elon Musk처럼 트위터를 자주 하는 것이 아니다. 하지만 오늘날의 CEO는 적어도 최신 소셜미디어에 대한 확신이 있고, 잘 사용할 수 있으며, 무엇보다 소셜미디어를 활용하고 싶어 해야 한다.

디지털 기업들은 소셜미디어를 통한 스토리텔링의 대가들이다. 이들은 유머로 자신들의 메시지를 포장하고, 이야기에 영감을 싣는다. 이는 동기부여와 경영의 중요한 수단이다. GE의 CEO 제프리 이멀트는 이런 경영 수단을 자신의 것으로 만들었다. 그는 지난 5년 동안 GE가 산업인터넷 분야에서 어떻게 1등 기업이 될 것인가에 관한 매력적이고 종종 감성에 호소하는 이야기를 모든 채널을 통해 전해왔다. 그 결과, 자신의 이야기뿐 아니라 자신의 헌신을 통해 고객과 협력사에게 깊은 인상을 심었다. 그는 매달 GE의 중앙 데이터 분석 시스템인 프레딕스를 사용하는 협력 기업들을 만나, 프레딕스 시스템의 어떤 기능이 정말로 의미가 있고, 협력사들이 빅데이터 분석을 활용해 어떻게 생산성과 유지관리를 개선할 수 있는지 알아본다. CEO의 이런 헌신적인 행동은 협력 관계가 전략적으로 중요하고, CEO가 관여하는 문제라는 강력한 메시지를 전달한다.

살인 면허

디지털 네이티브들은 서로 친숙하다. 어떤 유통 대기업의 성공한 창업자가 최근에 임명된 CDO에게 이런 말을 하고 회의실을 떠났다. "제임스, 당신이 임무를 완수하려면 살인 면허가 필요할 거야. 그렇지 않으면 현상 유지론자들과 회의론자들이 당신을 쓸모없게 만들 테니까." 하지만 그의 말은 방해하는 사람들을 정말로 제거하라는 의미가 아니다. 전통적 방식의 업무 처리에 관해 걱정하지 않고 결정을 내릴 권한과 지원체제를 가지고 있다는 뜻이다. 예를 들면 새로운 디지털 조직은 규제적인 IT 지침과 지시의 방해를 받아서는 안 된다. 그렇지 않으면 이메일 시스템을 선택하는 것 같은 기본적 문제에 관해서도 새로운 CDO와 IT 책임자 사이에 갈등이 생길 수 있다. 또한 새로운 디지털 조직은 새로운 디지털 인재들을 채용하는 데 있어서도 인사부의 간섭을 받아서는 안 된다.

CDO들은 이런 모든 전투에서 가치를 입증해야 한다. 이들은 기업을 위해 언제 싸우는 것이 유리하고, 언제 후퇴하는 것이 좋은지 알아야 한다. 하지만 이는 그렇게 단순한 문제가 아니다. CDO는 혼자 싸우도록 남겨져서는 안 된다. 자신을 지원해주는 CEO가 필요하다. 디지털 전환을 담당하는 책임자에게 힘을 싣고, 과거 방식을 철폐하는 등 인기 없는 결정을 지지하는 것이 경영진이 할 일이다.

스타벅스는 CDO를 지원하는 것이 왜 중요한지를 보여주는 가장 좋은 모범 사례다. 애덤 브로트먼은 2012년부터 스타벅스의 디지털화를 주도하면서 CEO에게 직접 보고해왔다. 그는 스타벅스의 성공적인 디지털 전환의 주역이다. 모든 매장에 와이파이를 설치하고, 고객들이 이동 중에도 주문할 수 있는 모바일 앱을 개발하고, 마이리워즈MyRewards라는 고객충성 프로그램을 개발했다. 스타벅스의 디지털 팀은 최근 엄청난 매출 증가와 고객 만족도 향상, 매장 운영 효율성 증가에 중요한 역할을 했다. 5년 만에 스타벅스의 시가총액은 190억 달러에서 500억 달러로 증가했다.

제9장

디지털 전환, 강력하게 확산시키기

마지막으로 가장 중요한 주제인 조직 전체로 디지털화를 확산시키는 방법에 대해 살펴보자.

맥스 비스만이 2016년 여름에 가족 회사인 난방 시스템업체 비스만의 CDO를 맡았을 때 비스만의 디지털화는 2단계로 진입했다. 비스만은 "내가 가장 먼저 한 일은 계획의 80퍼센트를 중단시키는 것이었다. 1단계 디지털화의 모든 측면을 이해하고, 철저히 분석한 뒤에 모든 자원을 성장 동력에 집중하고 싶었기 때문"이라고 말했다. 디지털 전환을 시작하기 위해 비스만이 따라 한 이론적으로 탁월한 계획은 뭐였을까? "상황이 매우 빠르게 변하고 있기 때문에 우리는 매일 새로운 뭔가를 배운다. 이런 결과를 바탕으로 새로운 목표를 정하는 것은 기업 조직에 엄청난 부담을 주지만 도움도 된다"고 그는 말했다.

비스만의 경험은 디지털 전환을 추진하는 기업들에게 전혀 새로운 것이 아니다. 기업들은 전환 계획을 세우고, 조직과 업무 과정을 조정하면서 진행한다. 디지털화 과정을 강화하고 조직 전체로 확산시키고 싶을 경우, 현실에서 발생하는 상황들 때문에 계획을 수정해야 한다는 사실을 깨닫는다. 예를 들면 고객들의 피드백을 통해 새로운 디지털 상품과 업무 과정이 필요하다는 것을 알게 된다. 조직 전체에 디지털 사고와 업무 방식을 확산시키고 싶은 기업이 7장에서 결정론적으로 설명한 디지털 전환 계획을 그냥 따라 할 수는 없다. 대신 8장에서 설명한 디지털 훈련소를 완성하고 벤처 투자가의 사고방식을 습득한 뒤 지속적으로 디지털 전환 과정을 조정하고, 또다시 수정해야 할 것이다. 전사적인 디지털 전환은 높은 유연성을 필요로 한다.

디지털 전환은 전체에 관한 문제다

지금까지 디지털 기업을 가동하고, 첫 번째 시범 프로젝트에 필요한 구성 요소들을 통합하고, 프로젝트 결과를 수집해왔다. 이제 디지털 전환을 신속하게 확산해야 할 시점이다. 디지털 전환의 출발점은 고객과 직접 대면하는 여러 업무들이다. 지금까지 설명한 것처럼 디지털 기업이 고려하는 모든 사항의 중심에는 고객이 있다. 고객의 피드백과 고객 관련 데이터가 사실상 고객을 가장 중요한 '직원'으로 만든다. 이것이 가능해야만 생산과 공급망부터 판매, 마케팅, 관리에 이르기까지 기업 내부의 과정들을 검토할 수 있다.

계획은 살아 움직인다

개인 프로젝트와 마찬가지로 전사적 디지털화에도 업무 추진에 대한 단계별 추진 목표가 필요하다. 하나의 추진 목표를 달성하면 승인을 받고, 다음 절차를 위한 자금을 받을 수 있다. 디지털 기업에서 예산은 단계별 목표에 따라 집행되기 때문이다. 예정된 기간에 목표를 달성하지 못했다면 이런 질문을 해봐야 한다. 계획에 대한 접근법을 바꿔야 하는가? 계획에 잘못된 점이 있는가? 계획을 수정하거나 개선해야 하는가? 디지털화는 알 수 없는 곳으로의 여행이다. 전환 계획이 방향을 정하지만, 언제나 새로운 결과와 경험에 따라 조정될 필요가 있다. 더 많은 과정을 디지털화할수록 조직에서 예외가 더 많이 사라지고, 새로운 디지털 시스템이 표준이 된다.

디지털 BOT로 디지털 전환을 강화하라

속도가 더 빨라야 한다면 자동차 산업에서 탄생한 BOT 방식, 즉 만들고 운영하고 양도하는 방식을 빌려 올 수도 있다. 자동차 회사들은 부품 협력사들에게 자신들의 공장에 생산 시설을 건설하고 운영하라고 요구한다. 협력사가 그 시설을 정상적인 가동 상태로 만들면 장비에 대한 통제권은 합의에 따라 자동차 회사로 이전된다. 디지털 BOT는 공장이 아니라 전문가에 관한 것이다. 기업들은 디지털화의 속도를 높이기 위해 디지털 전문가들에게 초기의 전환 과정을 빠르게 디지털화하도록 요청

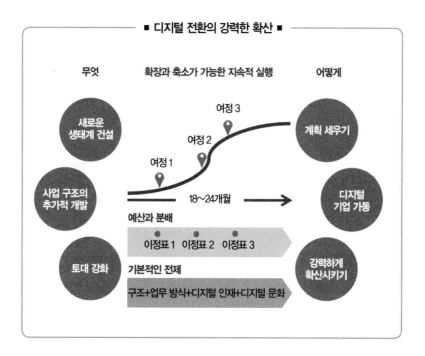

■ 디지털 전환의 강력한 확산 ■

| 무엇 | 확장과 축소가 가능한 지속적 실행 | 어떻게 |

새로운 생태계 건설

사업 구조의 추가적 개발

토대 강화

여정 3
여정 2
여정 1

18~24개월

계획 세우기

디지털 기업 가동

강력하게 확산시키기

예산과 분배
이정표 1 이정표 2 이정표 3

기본적인 전제
구조+업무 방식+디지털 인재+디지털 문화

할 수 있다. 일반적으로 6~9개월 정도가 지나면 투입됐던 전문가들은 기업의 직원들로 점차 대체될 수 있다.

디지털 BOT는 디지털 전환을 촉진하는 다른 방법들보다 훨씬 뛰어나다. 예를 들면 디지털 업무를 영구적으로 제3자에게 위임하면 기업들이 필요한 디지털 전문 기술을 얻지 못하고 서비스 제공자에게 위험하게 의존하게 된다. 디지털 경험이 많은 협력사와 함께 별도의 독립적인 회사를 설립하는 방법에도 많은 위험이 있다. 전통적인 기존 기업에서 미래의 디지털 사업을 분리시키고 고객 관계, 기술, 제품 등 중요한 기능들을 외부로 이전한다는 의미이기 때문이다. 또 기존 조직에 긍정적인 충격을 주는 기업의 능력을 제한한다.

세계 최대의 유통 기업인 월마트는 어떻게 대기업이 아날로그에서 디지털로 전환해 디지털 세계를 깜짝 놀래는지를 보여주는 완벽한 사례다. 월마트랩은 디지털 전문가 60명으로 이루어진 조직에서 인도, 브라질, 미국에 사무실을 둔 조직으로 성장했다. 2016년을 기준으로 월마트랩의 직원은 3,500명에 이른다. 이들은 오프라인 매장, 사이트, 이동식 단말기에서 월마트 고객들의 쇼핑 경험을 새롭게 만드는 방법을 연구한다. 이들은 "세계적으로 전자상거래를 새롭게 정의한다Redefining e-commerce globally"는 대담한 목표를 가지고 있다.

IT를 무기로 만드는 방법

IT는 디지털 전환에 성공하기 위한 중요한 요인이다. 디지털 전환 정책의 방법, 범위, 시기는 기업의 출발점에 따라 다르다. 하지만 모든 디지털 전환 정책의 목적은 IT를 디지털화의 무기로 만드는 것이다.

방법은 출발점에 크게 좌우된다

기업의 디지털화 수준이 IT에 어떻게 접근할지를 결정한다. 1단계 기업의 목표는 분명하다. IT 기반과 관계없이 조직의 요구에 유연하게 대응할 새로운 디지털 조직을 위해 기민하게 대응할 IT 팀을 구성해야 한다. 1단계 기업은 최고의 모범 사례 개념을 즉각 디지털 조직에 적용, 과거 아날로그 세계의 방식으로 돌아가지 못하도록 해야 한다. 3단계 기업은 디지털 전환을 상당 부분 완료한 상태다. 이런 기업은 디지털 방식으로 탄생했거나 디지털 전환을 했고, 고객 대면 분야, 공급 업체와의 협력 분야, 지원 부서 등 모든 분야에서 애자일 방식으로 일한다.

다시 한 번 강조하지만, 2단계 기업에서 일하는 사람들이 가장 할 일이 많다. 이런 기업 대부분이 애자일 팀을 고립시키는 IT 조직을 가지고 있다. IT 운영의 상당 부분이 기존 산업에서 유래된 과거의 폭포수 방식Waterfall Philosophy(폭포수처럼 지속적으로 아래로 향하는 순차적인 소프트웨어 개발 방식—옮긴이)에 따라 운영된다. 폭포수 방식에 따르면 IT는 제품 사양 목록에 있는 여러 요구 사항을, 배울 것이 거의 없는 힘든 과정을 거쳐 순차적으로 한 단계씩 채워나간다.

구글 같은 디지털 네이티브 기업들은 IT를 경영 도구가 아닌 무기로 쓰기 때문에 2단계 기업에게 좋은 역할 모델이 된다. 하지만 2단계 기업이 디지털 네이티브들과 비슷한 수준으로 도약하고자 야심을 품는 것은 너무 위험하다. 전통적인 IT 세계는 여전히 그 나름의 역할이 있다. 데이터의 무결성과 적합성은 전통적인 IT 시스템에 의해 유지되고 보호돼야 한다. 이런 이유로 데이터 무결성에 대한 투자는 가장 중요한 과제다.

디지털 전환은 일반적으로 고객 대면처럼 성공을 위해 매우 중요한 업무부터 시작한다. 변화에 기민하게 대응하는 애자일 조직과 업무에서 얻은 경험들이 다른 업무 과정으로 확산돼야 한다. 2주 만에 최소기능제품을 개발하고, 시장에서 검증을 받고, 다시 고객의 반응을 추가 개발에 반영하는 다기능 팀을 다시 생각해보라. 속도와 유연성은 정말 중요한 경쟁력이다. 루프트한자는 탑승 절차를 디지털화하는 과정에서 이를 깨달았다. 고객 조사 결과를 새로운 업무 과정에 반영하는 데 6~12개월이 걸렸는데, 지금은 2~6주면 충분하다. 불과 몇 주 안에 고객의 요구에 대응할 수 있는 기업들은 IT를 진짜 무기로 변화시킬 수 있다.

투 스피드 기업을 위한 성공 요인들

투 스피드 IT 체제의 결과로 아날로그 세계에서 디지털 세계로 진출한 기업들은 디지털 네이티브 기업들이 실천하는 데브옵스 방식을 채택해야 한다. 데브옵스는 개발Development과 운영Operations의 줄임말로, 개발과 운영을 분리하지 않고 동시에 진행한다는 의미다.

데브옵스는 개발자와 운영자를 위해 공동의 성과 보상과 업무 절차를 활용하고, 공동의 도구를 제공한다. 팀, 도구, IT 기반이 서로에게 최적화돼 있다면 더 빠르게 더 품질 좋은 소프트웨어를 개발할 수 있다. 이를 실현하려면 기술과 인력에 광범위한 투자를 해야 한다.

미국 캐피털원은행Capital One의 CIO 로브 알렉산더Rob Alexander는 디지털 전환을 성공적으로 이끌었다. 캐피털원은 공격적인 인재 채용으로 디지털 전환을 시작했다. 외주를 통해 단기적인 문제들을 해결했지만, 장기적으로 은행이 핵심 기술을 습득할 수 없다는 것을 깨달았던 것이다. 새로운 사람을 채용했고, 곧바로 애자일 개발과 데브옵스 방식을 채택했다. 애자일 방식을 활용한 몇몇 시범 프로젝트 이후에 알렉산더와 그의 팀은 애자일 방식이 단지 특정 분야에만 혜택을 주는 것이 아니라는 사실을 발견했다. 현재 캐피털원은 전체 IT 분야에 애자일 방식을 도입하고 있다.

알렉산더는 애자일 방식을 시장에서 결과를 검증받고, 상품이 시장을 점령할 만큼 강력해질 때까지 지속적으로 개선될 수 있도록 하는 끊임없는 학습을 포함한 보편적 방법이라고 설명한다. 캐피털원은 거대한 첨단기술 기업처럼 운영하는 기업이 금융업계에서 승자가 되리라 확신하기 때문에 디지털 전환에 매우 열정적이다. 알렉산더는 디지털 전환에 금융업의 미래가 있다고 생각한다.

애자일을 선도 시스템으로 전환하기

투 스피드 기업으로 전환하는 초기에는 새로운 애자일 IT가 기존 시스템과 중복된 상태이긴 하지만, 전통적인 IT가 전체 시스템을 지배한다. 애자일이란 개념 도입과 함께 IT가 처음으로 무기가 된다. 비록 처음에는 고립된 일부 분야에 국한되지만, 기업이 마침내 빠르게 대응할 수 있기 때문이다.

하지만 점차 애자일 IT가 전통적인 IT를 통해 확산된다. 예를 들면 고객을 직접 대응하는 업무 분야에서 전통적 시스템으로 관리되는 고객 통합 데이터의 특정 부분이 더 이상 중요하지 않게 되면 기본 데이터베이스는 수정되어야 한다.

어느 정도 시간이 흐르고 다양한 업무 과정이 애자일 시스템으로 전환된 다음에는 구조적인 질문들이 제기된다. 언제, 어떻게 새로운 애자일 시스템이 지배적인 중심축이 되어야 할까? 어떻게 데이터 적합성과 무결성을 위험에 빠뜨리지 않으면서 전통적인 시스템을 개선할 수 있을까? 이 시점이 중요하다. 어느 특정 시점이 되면 고속의 IT 구조가 전체 시스템 구조를 결정하게 될 것이다. 우리 경험에 따르면, 변화가 성공하려면 IT 관리가 새로운 팀으로 이전되고, 과거의 백전노장들이 그들이 좋아하는 시스템을 구하려는 시도를 하지 않도록 막아야 한다.

IT가 진정한 기업의 무기라 되려면 단순히 각 부서에 인재를 투입하는 것만으로는 부족하다. 경영진, 이사회, 감독 위원회, 중간 간부 수준에서도 디지털 역량을 키워야 한다. IT는 기업의 새로운 핵심 능력이고,

CDO는 경영위원회에서 영향력이 있어야 한다. 이렇게 될 때에만 디지털화가 성공할 수 있다.

스타트업과 긴밀히 협력하기

기업 혼자 모든 것을 하려 한다면 디지털 접근법을 회사 전체로 확산시키기 힘들 것이다. 스타트업과의 협력 또는 스타트업을 인수하는 방식으로 기존 조직에 새로운 자극을 불어넣을 수 있다. 젊은 디지털 전문가들이 새로운 아이디어 개발을 돕고, 디지털 전환을 가속시키며, 신선한 추진력을 제공하기 때문이다.

새로운 사업 아이디어가 조직을 자극하고 신선한 충격을 준다

언더아머Under Armour, ING, GM은 같은 아이디어를 갖고 있었다. 모두 자신들의 디지털 목표를 뒷받침할 급성장하는 스타트업을 인수하거나 지분을 투자했다. 언더아머는 빠르게 성장하는 스포츠 및 건강 앱인 맵마이피트니스MapMyFitness, 마이피트니스팔MyFitnessPal, 에드몬도Edmondo를 인수했다. 그 결과, 언더아머는 현재 소비자 기반의 대용량 데이터에 접근할 수 있는, 세계에서 가장 큰 디지털 헬스 플랫폼을 통제한다.[20] ING는 인터힙Interhyp이라는 형태로 온라인 담보대출 중계 플랫폼을 운영하고 있다. GM은 리프트Lyft에 5억 달러를 투자했다. 또 자율주행차 스타트업인 크루즈오토메이션Cruise Automation을 10억 달러에 인수하고, 자동차 공유 서비스 기업 메이븐Maven을 출범시켰다.[21] 이 모든 것들이 GM에게 미래 시장의 방향을 알려줄 뿐 아니라 자동차 산업에 영향을 미치는 현재 추세에 대한 대비책을 제공해준다.

하지만 스타트업 인수의 전략적 혜택과 별도로, 스타트업에 속했던 디지털 네이티브들과 함께 일하기 위해서는 전통적 기업의 직원과 관리자가 디지털 방식으로 생각하고 행동해야 한다. 예를 들면 맵마이피트니스의 전 CEO 로빈 서스턴Robin Thurston은 언더아머에 인수된 후에 CDO가 됐다. 서스턴은 앞서 언급한 언더아머의 건강 관련 인수 사업과 유명 운동선수들로부터 최신 정보를 얻을 수 있는 건강 플랫폼 레코드Record를 이끌고 있다. 스타트업들은 디지털 전환을 더욱 빠르게 만든다.

당연히 스타트업들이 대기업의 디지털 전환을 책임질 수는 없지만, 빠르게 성장하는 젊은 기업들과 함께 일하는 것만으로도 정책 결정자들은 변화에 기민하게 대응하는 애자일 개발 방법에 대한 관심을 불러일으킬 수 있다.

대기업들은 종종 보유 자산을 사업 부서로 만든다. 언더아머와 건강 사업 조직이 좋은 예다.

많은 기업이 벤처 캐피털 및 투자 펀드를 만든다. 예를 들면 도요타는 2017년 초에 3억 1,000만 달러를 15개 기술 스타트업에 투자했다. 이 분야에서 가장 의미 있는 사례는 일본의 인터넷 통신 회사인 소프트뱅크SoftBank다. 소프트뱅크는 세계적인 규모의 투자 펀드를 설립했다. 소프트뱅크 비전펀드Vision Fund는 1,000억 달러 규모로, 사우디아라비아 정부의 투자를 받았고, 최근에는 애플로부터 자금을 유치했다. 애플의 홍보 담당 임원 조시 로젠스톡Josh Rosenstock은 로이터Reuter와의 인터뷰에서 투자의 중요성을 이렇게 설명했다. "우리는 비전펀드로 인해 애플이 전략적으로 중요한 기술 발전을 가속화할 것이라 믿는다."

적용 방침으로서의 속도

속도에는 전염력이 있다. 애자일 방식으로 빠르게 제품을 개발하고, 시장에서 신속하게 검증하고, 반응을 즉각적으로 추가 개발에 반영하는 조직은 관례적이고 개발에 시간이 걸리는 전통적인 기업들과 완전히 다르다.

주저하지 않고 단호하게 행동하기

복잡하고 포괄적인 전환 과정에서 회의론자들이 선도자들의 발목을 잡지 못하도록 하려면 속도가 절대적으로 중요하다. 애자일 방식을 채택하고 최소기능제품의 — 지속적으로 기능이 개선되는 기본 제품 — 신속

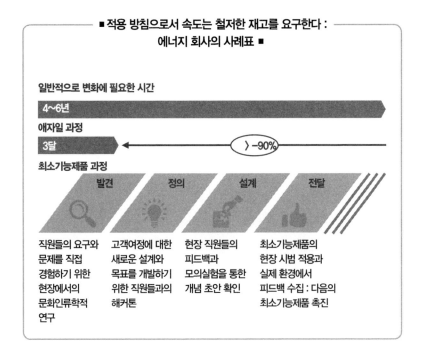

■ 적용 방침으로서 속도는 철저한 재고를 요구한다 : 에너지 회사의 사례표 ■

일반적으로 변화에 필요한 시간

4~6년

애자일 과정

3달 ＞ -90%

최소기능제품 과정

발견	정의	설계	전달
직원들의 요구와 문제를 직접 경험하기 위한 현장에서의 문화인류학적 연구	고객여정에 대한 새로운 설계와 목표를 개발하기 위한 직원들과의 해커톤	현장 직원들의 피드백과 모의실험을 통한 개념 초안 확인	최소기능제품의 현장 시범 적용과 실제 환경에서 피드백 수집 : 다음의 최소기능제품 촉진

한 확산에 집중하면 전통적인 개발 시간을 90퍼센트까지 줄일 수 있다.

한 거대 에너지 회사의 개발 팀들은 발견, 정의, 설계, 전달의 모든 단계를 포괄하는 동적인 집중 개발 방식을 활용해 6주 만에 첫 최소기능제품을 검증했다. 현장 엔지니어들이 가스 누출을 탐지하고, 그 심각성을 평가해 긴급 정도에 따라 적절한 행동을 취하도록 돕는 앱을 개발한 것이다.

개발자들은 최초 발견 단계 동안 엔지니어들과 함께 현장을 방문해 어떤 정보가 필요한지를 파악하고, 특정 상황에서 태블릿을 한 손으로 사용하는지 아니면 양손을 다 사용하는지, 언제 본사 사무실의 지원이 필요하고, 어떻게 지원받을 수 있는지를 평가했다. 또 누락되거나 부정확한 데이터, 서류에 기록해야 하는 정보의 양 등 불편한 부분들에 주목했다. 전문가들은 이를 문화인류학적 조사법Ethnographic Research이라고 부르는데, 이는 디자인 사고 개발 과정의 일부다.

6주 동안의 개발과 수차례에 걸친 해커톤 이후 현장 검증을 위한 시험용 앱이 개발됐다. 그리고 또다시 6주 동안 반복적인 실험을 거쳐 시장 출시를 위한 최종 제품이 만들어졌다. 과거에는 이런 형태의 프로젝트들에 최고 6년이란 시간이 걸렸고, 마지막까지 빛을 보지 못하는 경우도 있었다. 앱의 신속한 시장 출시는 스노볼 효과Snowball Effect를 유발했다. 조직과 경영진 모두 결과에 놀랐고, 디지털화에 대한 믿음이 더욱 굳건해지면서 디지털 전환 속도를 한층 높였다.

신속하게 확산하라

앞서 살펴본 에너지 회사와 그 신속한 최소기능제품 개발 사례를 활용해 디지털화가 기업 전체로 어떻게 확산되는지를 설명하고자 한다. 이 에너지 회사는 3년에 걸친 프로그램의 일부로 모든 핵심 업무 절차에 대한 디지털화를 계획했다.

에너지 회사가 보여준 길

이 에너지 회사는 디지털 전환의 첫 단계에서 가장 중요한 업무 절차를 분석하고, 디지털화가 가장 큰 혜택을 줄 수 있는 분야가 어디인지 평가했다. 예를 들면 생산 측면에서 목표는 빅데이터를 이용해 수요와 공급 곡선을 일치시키는 것이었다. 재생에너지의 공급 변동성을 고려할 때 이는 단순한 문제가 아니다. 에너지 수송 측면에서 핵심 분야는 유지관리인데, 예방적 분석을 통해 상당히 효율적으로 관리될 수 있었다. 스마트 파이프라인 네트워크는 에너지 배분을 최적화하기 위한 선택이다. 서비스 측면에서는 현장 엔지니어들은 지도, 데이터, 필요한 소프트웨어 도구들에 지속적으로 접근해야만 한다. 판매에서는 데이터 분석과 세분화가 고객과의 상호 소통을 최적화한다. 다른 업무 도구에는 제3의 공급업체를 포함해 에너지를 실시간 거래할 수 있는 플랫폼의 설립과 자동화된 지원 시스템이 포함된다. 따라서 다양한 선택지를 제공하는 것을 우선순위로 둬야 한다.

이런 기대를 충족하기 위해 IT는 모든 단계에서 다양한 도전에 — 투스피드 IT 체제의 필요성을 보여주는 완벽한 본보기 — 직면했다. IT는 가치사슬의 생산 단계에서 에너지 공급을 관리하고, 비용을 청구하기 위해 분산된 수많은 에너지 생산자들의 협력자이자 조언자로서 다양한 업무에 대한 전례 없는 접근권이 필요하다. 에너지 수송과 관련해서는 표

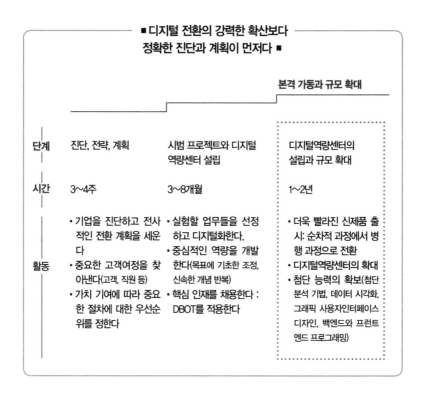

■ 디지털 전환의 강력한 확산보다
정확한 진단과 계획이 먼저다 ■

본격 가동과 규모 확대

단계	진단, 전략, 계획	시범 프로젝트와 디지털 역량센터 설립	디지털역량센터의 설립과 규모 확대
시간	3~4주	3~8개월	1~2년
활동	• 기업을 진단하고 전사적인 전환 계획을 세운다 • 중요한 고객여정을 찾아낸다(고객, 직원 등) • 가치 기여에 따라 중요한 절차에 대한 우선순위를 정한다	• 실험할 업무들을 선정하고 디지털화한다. • 중심적인 역량을 개발한다(목표에 기초한 조정, 신속한 개념 반복) • 핵심 인재를 채용한다 : DBOT를 적용한다	• 더욱 빨라진 신제품 출시: 순차적 과정에서 병행 과정으로 전환 • 디지털역량센터의 확대 • 첨단 능력의 확보(첨단 분석 기법, 데이터 시각화, 그래픽 사용자인터페이스 디자인, 백엔드와 프런트엔드 프로그래밍)

준화를 보장해야 한다. 표준화는 일상적인 업무지만, 스마트 파이프라인 네트워크에 있는 센서가 보내는 데이터를 분석하고, 이를 현장 엔지니어들을 위한 행동 지침으로 만들기 위해 기민하게 대응해야 한다. 이런 이유로 현장 엔지니어들은 모바일 앱을 통해 계획, 데이터, 소프트웨어 도구들에 실시간으로 접근해야 한다. 이를 위해 애자일 IT 방식뿐 아니라 클라우드 기반의 해결책을 이용하는 일상적인 업무도 필요하다. 최종 목표는 장비들이 고장 나기 전에 서비스를 받을 수 있는 예방적 관리다. 예방적 관리는 장비 관리 업무에서 새로운 사고방식을 필요로 한다. 기업이 사용자 친화적인 정보와 서비스로 고객에게 가까이 갈수록 IT 팀

의 대응력도 민첩해져야 한다. 안정적이고 전통적인 IT 구조는 이 과정의 마지막에 있는 관리 부분에서만 중심적 역할을 할 뿐이다. 이 에너지 회사는 디지털 전환이 다음 다섯 분야를 특히 개선해주기를 바랐다.

1. **안전** : 각 팀은 예비 수단이나 임시 해결책을 동원하지 않고 효율적인 업무 절차를 개발하고 싶어 했다. 모든 관련자가 처음부터 올바른 결정을 내릴 수 있게 돕는 데이터를 확보하고, 고객과 직원을 위험에서 보호하기 위해서였다.

2. **신뢰성** : 각 팀은 전사적으로 사용할 수 있는 공동의 표준과 구조를 개발하고, 효과적인 의사소통과 협력을 위한 도구를 만들어야 했다.

3. **고객 만족** : 고객들은 신속하고 효율적인 지원을 받고, 기업과 쉽게 소통하며, 계약을 간단하게 관리할 수 있게 돕는 소프트웨어와 앱을 원했다.

4. **규정 준수** : 에너지 회사에게 규정 위반은 곧 큰 손실이기 때문에 법적인 요구 사항을 엄격하게 준수하는 것이 특히 중요하다. 안전과 관련한 통제와 감시 업무는 지속적으로 개선돼야 했다.

5. **경제** : 중복 업무를 피하고, 인접 분야의 해결책을 적용하고, 절차를 간소화하는 방법은 잘 알려져 있다. 문제는 이런 방법을 일관성 있게 적용하는 것이다.

측정할 수 있는 것만 개선할 수 있다는 논리에 따라 디지털 전환 팀들은 각 분야에 대한 의미 있는 측정 지표들을 만들었다. 예를 들면 안전은 질병 수준, 현장 사고 발생 수, 에너지 공급 중단, 파이프라인 훼손, 생산 현장 사고 등을 근거로 평가했다.

신뢰도는 고객 1인당 평균 에너지 공급 중단 시간으로 평가했다. 고객 만족도는 유명한 시장조사 기관이 조사한 결과를 기초로 평가했다. 경제는 비용, 매출, 수익곡선으로 평가했다. 규정 준수의 경우는 위반 사례 건수를 집계했다. 이런 사례들은 기업이 발전 상황을 계량화할 수 있는, 단순하지만 의미 있는 측정 지표를 어떻게 개발했는지를 보여준다.

전환 팀들은 목표로 정한 사항들을 개선하기 위해 다양한 디지털 기술을 검토하고, 고객을 직접 대응하는 업무부터 디지털화하기 시작했다. 최근에는 환경이 크게 변했다. 오늘날 고객들은 스마트폰으로 요금을 내고, 블로그나 온라인 커뮤니티로 가격과 서비스를 조사한다. 그리고 트위터에 에너지 공급 중단과 오랜 대기 시간에 대한 불만을 올리고, 자동화된 음성 대화 시스템으로 서비스를 예약하고, 문자로 요금 납부를 확인하며, 에너지 소비를 관리하기 위해 네스트 같은 스마트홈 시스템을 활용한다. 에너지 회사가 고객과 소통하기 위해 모든 기술적 가능성을 활용한다면 일반적인 고객 지원에 들어가는 비용을 최고 95퍼센트까지 줄이면서도 더 좋은 서비스를 제공할 수 있다.

거대 에너지 회사들에 대한 젊은 기업들의 도전은 업무 대부분을 디지털화할 수 있다는 사실을 보여준다. 젊은 기업들의 경우, 고객과의 소통 중 90퍼센트가 디지털 방식으로 이루어진다. 반면 전통적인 기업들은 디지털 소통 방식이 20퍼센트에 불과하다. 온라인을 통한 고객 지원 비용은 우편 비용의 6분의 1, 콜센터 비용의 절반으로 훨씬 저렴하다. 가장 중요한 것은 디지털 채널을 이용하는 고객들의 만족도가 훨씬 높다는 점이다. 조사 대상의 76퍼센트가 디지털 방식의 소통에 만족했다. 반면 전통적인 채널로 접촉한 고객들은 단지 57퍼센트만이 만족했다. 이런 모든 측정 지표는 지속적으로 측정이 가능한 핵심성과지표의 일부일 뿐이다.

도구는 준비됐다. 이제 실천할 시간이다

목표와 측정 지표가 결정됐고, 도구들도 준비됐다. 다음 단계는 실행이다. 이 에너지 회사는 먼저 디지털 전환을 시작할 네 개 분야를 정했다. 바로 고객 관련 업무, 공급 업체, 현장 근로자, 행정 분야였다.

1. **고객** : 이 에너지 회사는 전체 고객여정 가운데 고객과 대면하는 업무에서 가장 큰 잠재력을 찾아냈다. 가치사슬 전체에 걸쳐 고객 접점을 디지털화할 기회를 찾아 비용을 절감하는 동시에 서비스를 개선했다. 고객 접점의 디지털화는 녹색 에너지를 생산하고 공급하는 고객들이 판매량을 최신 상태로 유지하게 돕는 앱을 통해 생산 단계에서부터 시작한다. 이 에너지 회사는 수송과 배급 분야에서 고객들에게 에너지 공급 중단 사태나 병목현상을 실시간으로 알리는 디지털 경고 시스템을 설치할 수 있다. 고객 접촉과 서비스 측면에서는 중요한 데이터를 한눈에 보여주는 앱을 고객에게 제공한다.

고객 게시판 기능을 하는 이 앱은 고객들에게 그들이 얼마나 많은 에너지를 소비하는지, 과거 소비량과 어떻게 비교하는지를 알려줄 뿐 아니라 수요가 많은 시간대를 피해 세탁기를 쓰는 등 에너지를 절약하는 방법을 제안한다. 이런 서비스들은 고객들에게 진정한 부가가치를 제공하고, 동시에 낮은 수요 때문에 비수기 가격을 적용하는 낮 시간 동안에 균

■ 앱을 통해 개선될 수 있는 에너지 회사의 업무 과정 ■

목표 그룹	가치 창조 단계	사례
고객 관련 업무	수송과 배급	• 에너지 공급 중단과 병목현상에 대한 실시간 정보 제공
	판매와 서비스	• 소비, 청구서, 요금 납부, 절약 제안 등을 보여주는 소비자 게시판
	기업 센터	• 머신러닝, 아바타 등을 통한 콜센터 지원 • 고객 세분화와 고객여정을 최적화하기 위한 빅데이터와 첨단분석
공급 관련 업무	생산	• 상호작용이 가능한 디지털 거래 플랫폼
	수송과 배급	• 실시간으로 공급 중단 통보
현장 서비스 업무	생산	• 관리와 서비스 최적화(보수 유지와 예방적 유지를 위한 쌍방향 관리 계획 도구 등) • 지식 관리(요령을 체계적으로 정리)
	수송과 배급	• 팀 관리와 실시간 의사소통 • 팀장·관리자를 위한 팀 배치와 계획 • 안전 점검 목록
내부 업무	생산	• 수요와 공급에 대한 실시간 예측
	수송과 배급	• 계획과 연결 활성화를 위한 지원 • 절도와 사기를 찾아내는 분석 기법
	판매와 서비스	• 머신러닝과 분석 기법을 통한 교차·연쇄 판매와 고객 관리 최적화 • 요금 독촉장의 디지털화

형 잡힌 에너지 소비를 할 수 있도록 돕는다. 기업 입장에서 콜센터는 광범위한 질문들에 답할 수 있는 머신러닝 시스템과 디지털 비서들의 지원

을 받을 수 있다. 까다로운 질문은 담당자에게 전화로 연결한다. 기업은 첨단분석 기법을 활용해 수백만 개의 고객 데이터로 세부적인 고객 프로필을 만들 수 있다. 가정에 더 많은 AI가 적용될수록 더 많은 데이터가 생성된다. 이는 빅데이터를 다루는 능력이 에너지 공급 기업에게 핵심 역량이 된다는 의미다.

2. **에너지 공급자** : 디지털화의 두 번째 단계는 공급자 여정supplier journey에 관한 것이다. 생산 단계의 디지털화는 남는 에너지를 거래하는 디지털 플랫폼 제공과 관련이 있다. 수송과 배급 단계의 디지털화는 에너지 공급과 중단에 관한 실시간 데이터와 연계돼 있다. 판매와 고객 접촉 분야의 디지털 전환은 종이가 없는 요금 청구다. 관리 단계에서는 공급자와 에너지 회사에 관한 데이터를 통합하는 것이다.

3. **현장 기술자** : 생산 단계에서는 현장 기술자들에게 안전 점검, 예방적 관리, 수리 요령을 알려주는 앱이 제공된다. 수송과 배급에서는 태블릿에서 사용하는 앱 두 개가 개발됐다. 첫 번째는 관리자들에게 기술자들이 어디에서 일하는지, 어떤 문제를 다루는지, 그 밖의 업무 진행 상황을 대략적으로 알려주는 실시간 팀 관리 앱이다. 이 앱은 매우 성공적이어서, 기술자들의 수리 건수가 약 50퍼센트 늘어났다. 앱은 애자일 개발 방식을 통해 개발됐다. 프로그래머들과 앱 사용자들이 같은 팀에서 지속적으로 협의하고, 기술자들이 현장에서 시험 버전을 신속하게 검증한 다음 피드백을 추가 개발에 빠르게 반영했다. 이 모든 과정을 통해 사용하기 쉽고 생산성을 크게 향상시키는 매력적인 앱이 개발됐다. 두 번째 앱은 계획 담당자가 서비스 팀을 준비시키고 배정하는 것을 돕는 보완 앱으로, 같은 과정을 거쳐 개발됐다. 두 앱은 현장 기술자들의 생산성을 크

게 향상시켰다.

4. **관리** : 가치사슬의 생산 단계에서 수요와 공급을 실시간으로 예측하기 위한 앱이 개발됐다. 수송과 유통 단계에서는 고객 서비스 자문 위원을 위한 앱이 만들어졌다. 이 앱은 고객들의 서비스 요청을 보여주고, 고객의 요구를 평가하고, 고객들에게 견적을 제시한다. 또 모든 과정에 걸쳐 필요한 서비스를 요청하거나 요금을 지불할 수 있다.

이 에너지 회사는 아직도 디지털화를 위해 노력하고 있지만, 사실은 이미 완전하고 구체적인 개선에 성공했다. 한 유명 시장조사 기관의 조사에 따르면, 이 기업은 1년 만에 고객 만족도 순위가 세 단계 상승했고, 매출도 전년도에 비해 20퍼센트나 증가했다.

■ 관리자가 자문해야 하는 질문 ■

3장에서는 모든 기업에게 디지털 개념이 필요한 이유를 설명했다. 4~6장에서는 뭘 해야 하는지 설명했다. 7~9장에서는 디지털화를 과감하게 전체적으로 신속하게 실행하는 방법을 살펴봤다. 이후 문제는 디지털 기업으로 새로 시작하는 것이다.

모든 것은 회사 전체를 아우르고, 고객을 먼저 생각하고, 체계적으로 조직의 벽을 허무는 훌륭한 계획에서 출발한다. 디지털 운영 체계로 과감하게 전환하고, 적극적으로 변화의 방향을 조정하고, 모든 단계에서 관리자들이 체계적으로 이끌도록 동기를 부여해야 한다. 마지막으로 디지털 전환은 목적의식을 가지고 서슴없이 회사 전체로 확산돼야 한다. 이 과정에서 세 가지 핵심 철학에 관심을 기울이는 것이 중요하다. IT를 무기로 만들고, 스타트업들과 긴밀하게 협조하고, 속도를 새로운 개발 방침으로 만들라. 이것이 전사적인 디지털화다.

동의 수준

매우 낮다 ────▶ 매우 높다

1　2　3　4　5

계획 수립　1. 전사적인 디지털화에 대한 계획을 세웠는가?

2. 변화의 중심에 고객이 있는가?

3. 조직 구조가 필요한 변화를 지원하는가?

디지털 기업　4. 디지털 네이티브들은 몇 년이 아니라 몇 주 안에
강화하기　　해법을 생각해낸다. 당신 기업은 얼마나 기민한가?

5. 시장에서의 성공 – 디지털화의 성공을 어떻게
정확하게 측정할 수 있을까?

6. 디지털 경험과 산업에 대한 통찰력이 있는 팀을
구성했는가?

강력하게　　7. 신속하게, 체계적으로, 강력하게 디지털화를
확산하기　　확대하는가?

8. IT가 기업을 더 빠르게 움직이도록 하는가?

9. 스타트업들과 가치 있는 협력 관계를 구축하고
있는가?

10. 조직을 어떻게 동참시킬 것인가? 우려 사항에
대한 대책이 있는가?

디지털 세계는 새로운 사고방식을 요구한다

지금까지 디지털 전환을 계획하고, 실험하고, 전사적으로 확대하는 모든 과정을 살펴봤다. 속도는 모든 단계에서 가장 중요한 요인이다. 현상을 진단하고, 계획을 세우는 것은 3~4주면 충분하다. 실험과 검증에는 3~8개월이면 족하다. 조직 전체로 디지털 전환 계획을 확대 실행하는 데는 1~2년이 걸린다. 이것이 통합된 디지털화, 즉 전사적 디지털 전환이다.

하지만 디지털화는 단순한 조직 재정비가 아니다. 무엇보다 새로운 사고방식을 수립하는 일이다. 서열 대신 팀, 부서 이기주의보다 네트워크, 완벽보다 속도, 고객을 가르치는 것이 아니라 고객에게서 배우는 것이다. 디지털 세계는 새로운 사고방식을 요구한다. 모두가 과거의 시스템과 작별하기 쉽지 않을지도 모른다. 하지만 반드시 필요한 과정이다. 서두에서 설명한 것처럼, 생존하고자 하는 기업이라면 디지털화는 선택이 아닌 필수다. 디지털화는 또 기업, 팀, 관리자나 직원인 당신에게 놀라운 기회를 준다.

디지털 전환에 대비하는 자세

우리 각자가 점점 더 많은 단절을 경험하면서 혁신의 주기가 훨씬 빨라지고 있다. 이번 장에서는 아난드 스와미나탄과 위르겐 메페르트가 디지털 시대의 기술과 시장을 논의하면서 미래의 격변에 대응하려면 무엇이 필요한지 제안할 것이다.

위르겐 메페르트 —— 많은 사람이 디지털화가 불러일으킨 빠른 변화 속도에 불안해한다. 이런 불안을 극복하려면 맥락을 이해해야 한다. 애덤 스미스Adam Smith 시절 이후, 기업이 거래하는 전체적인 틀은 계속 발전해왔다. 경제학자 니콜라이 콘드라티예프Nikolai Kondratiev가 처음으로 증기 동력과 철도에서 자동차와 IT에 이르기까지 기술 혁신에 뒤따른 경제생활의 오랜 변화를 설명했다. 새로운 기술은 언제나 혁신을 불러온다. 유일한 차이는 혁신 주기가 훨씬 짧아지고 있다는 점이다. 각각의 혁신은 기하급수적으로 증가하는 속도로 다음 혁신에 의해 대체된다. 초기 산업 환경은 새로운 기술이 육체노동, 한정된 근로시간, 위험으로부터 어떻게 개인들을 해방시키는지를 목격했기 때문에 발전을 환영했다. 수백만 명의 생활수준이 좋아졌고 기대 수명이 늘어났다. 산업국가 사람은 100년 전 사람보다 거의 두 배 정도 오래 산다.

아난드 스와미나탄 —— 그 결과가 어떤가? 과거에는 혁신 주기가 한 세대 정도 걸렸지만, 지금은 한 세대가 혁신 주기를 여러 번 경험한다 해도 과언이 아니다. 급격한 변화가 표준이 됐고, 이런 추세가 확산되고 있다.

위르겐 메페르트 —— 나는 닉스도르프Nixdorf가 최초의 워드프로세싱 컴퓨터를 출시했을 때 급격한 변화를 직접 경험했다. 이 컴퓨터는 구형 타자기를 대체할 예정이었다. 그런데 시장에 출시되자마자 PC가 도입되면서 쓸모없어졌다. PC의 빠른 보급 속도가 규칙을 바꿨고, 완전히 새로운 가격을 형성했다. 모든 가정을 위한 컴퓨터가 탄생했고, 우리는 다음 세대의 S곡선에 돌입했다. 이후 발전 속도는 훨씬 빨라졌고, 나는 이것이 미래의 관리자들과 그들을 교육하는 데 어떤 의미가 있는지 생각하게 됐다.

아난드 스와미나탄 —— 기존 기업의 관리자들은 선형적 사고방식을 좋아한다. 하지만 과거에는 이것이 잘 작동하지 않았다. 새로운 S곡선이 나타날 때마다 기술이 변화의 도화선이 됐고, 전통적인 관리자들은 도전에 대응하지 못했다. 각 기술의 주창자들은 변화를 주도하고, 새로운 S곡선 시대의 도래를 알릴 것이다. 혁신의 주기는 더 빨라지고 훨씬 더 큰 연속선에서 단절이 서로 이어진다. 이것이 약 100년 전에 조지프 슘페터가 《자본주의 사회주의 민주주의Capitalism, Socialism and Democracy》에서 창조적 파괴라고 설명했던 것이다. 이렇게 빨라진 혁신은 경영자의 임기에도 영향을 미쳤다. 경영자들의 임기가 급격하게 줄었다. 1984년에는 S&P 500 기업 CEO 가운데 35퍼센트가 10년 이상 그 자리에 있었다. 2000년에는 15퍼센트로 떨어졌다. 2009년에는 CEO 평균 재임 기간이 6년으로 줄었고, 이런 추세는 계속되고 있다.

위르겐 메페르트 —— 일류 기업가들의 추락으로 한때 전도유망했던 기업들이 시대에 뒤처져버렸다. S&P 500 기업을 한번 보자. 1958년에는 기업들이 S&P 지수에 편입돼 있는 평균 기간이 61년이었다. 그런데 1980년에는 25년으로 줄었고, 2011년에는 18년이 됐다. 코닥, 라디오섹RadioShack, 시어스, 심지어 〈뉴욕타임스The New York Times〉도 S&P 지수에서 탈락했다. 이런 추세는 더 빨라지고 있다. S&P 500 지수에 포함된 기업이 서로 추월하는 현상도 자주 벌어지면서 새로운 것이 오래된 것을 대체한다는 슘페터의 창조적 파괴를 입증하고 있다. 혁신을 신제품으로 변화시키는 능력이 없고, 전통과 감정에 젖어 과거의 방식을 버리지 못하는 기업은 장기적으로 미래가 없고 실패할 것이다. 정상에 머무르고 싶다면 새로운 기술을 출시할 시기를 잘 조정해야 한다. 최근 연구는 시장 진입을 위한 최적의 시점을 결정하는 방법에 초점을 맞추고 있다. 한편으로는 경쟁사들이 결정적인 우세를 빼앗아가는 것을 막고, 다른 한편으로는 고객들이 준비가 됐을 때, 기술의 혜택이 강력한 수요를 유발할 때 신기술을 출시하는 방법이 연구되고 있다.

아난드 스와미나탄 —— 내가 디지털 세계에서 성공한 기업들 중에서 좋아하는 부분은 고객 요구가 모든 행동의 중심이라는 것이다. 여기서도 마케팅이 중요한 역할을 한다. 마케팅은 원래 시장, 고객, 고객 혜택을 전체적이고 전략적인 관점에서 보는 시장 지향적 기업 경영 방법으로 탄생했다. 그리고 시간이 지나면서 다양한 다른 분야로 갈라졌다. 고전적인 마케팅 분야에서 새로운 도구와 개념이 수없이 개발됐고, 다양한 전공 분야가 생겼다. 특히 지난 10년 동안, 마케팅은 한때 총괄적인 기능에서 점진적으로 이질적 기능의 혼합으로 변했다. 그 결과, 마케팅은 경영의 기능으로서 중요성을 잃었고, 대부분의 경우 단순한 의사소통이나 다른 기능적인 역할로 축소됐다.

위르겐 메페르트 —— 디지털화 덕분에 시장 중심적인 기업 경영의 일환으로 마케팅의 부활에 관해 이야기할 것이 많아졌다. 총체적인 C2C Customer to Customer 접근법이 다시 필요해졌다. 빅데이터와 첨단분석 기법이 데이터에 근거한 결정을 돕는 새로운 플랫폼을 마케팅에 제공한다. 고객들이 정말로 뭘 원하고, 뭘 원하지 않는지를 이렇게 빠르고 정확하게 확인할 수 있었던 적도 없다.

아난드 스와미나탄 —— 오늘날 기업에서 노동 분화와 전문화가 한계에 달하면서 시장 중심적인 원래의 기업 리더십이 부활하는 모습을 볼 수 있을지도 모른다. 시장 중심적인 마케팅은 고객, 변화하는 고객 요구, 기업의 모든 분야에 걸친 고객여정을 이해하는 것이다.

이는 고객의 피드백을 근거로 상품을 다시 개발하고, 개발에서 생산 그리고 판매에서 경영에 이르는 모든 조직에의 애자일 기법 도입을 의미한다.

위르겐 메페르트 —— 관리자와 직원은 서열 장벽 대신 다기능적인 팀, 빛의 속도로 기업 전체에 변화를 이끄는 디지털 기술, 지능적인 분석이 필요한 막대한 양의 데이터 등 다양하고 거대한 변화를 예측할 수 있다. 우리가 교육과 기술을 어떻게 변화시킬 수 있을까? 디지털 기업이 디지털 시대가 필요로 하는 인재를 찾을 수 있도록 사회를 어떻게 새로운 S곡선을 향해 나아가게 만들 수 있을까?

아난드 스와미나탄 —— 디지털 기업의 중요 요인들 가운데 무엇이 궁극적으로 기업의 성패를 결정할까? 이런 요인에 소매를 걷어붙이고 찾아 나설 만한 가치가 있는 것은 아닐까? 우리가 집단 경험에 의존해 디지털 시대에 맞는 핵심 제안을 할 수 있을지 지켜보도록 하자.

위르겐 메페르트 —— 먼저 개인의 문제부터 다뤄보자. 우리의 첫 번째 제안은 모두가 최소한의 기본적인 기술 능력을 배워야 한다는 것이다. 이는 그리 황당한 생각이 아니다. 나이가 많든 적든, 교육을 많이 받았든 적게 받았든, 오늘날 모두가 스마트폰을 쓸 줄 안다. 모든 어린이에게 기본적 기술 능력을 가르치는 것은 학교가 할 일이다. 예를 들면 영국에서 프로그래밍은 이미 필수 과목이다. 독일도 가능한 많은 어린이가 디지털 기술을 활용할 수 있도록 이런 방법을 도입할 수 있다. 미래에는 디지털 기술에 대한 기본적인 이해가 직업적으로 필요한 사람뿐 아니라 모두에게 읽기, 쓰기나 산수만큼 중요하게 인식될 것이다.

아난드 스와미나탄 —— 이제 고객 이야기를 해보자. 우리의 두 번째 제안은 모든 생각의 중심에 고객이 있어야 한다는 것이다. 디지털 기업들이 이를 어떻게 성공적으로 실천하는지 잘 보여주고 있다. 구글은 검색엔진을 지속적으로 개선하고, 아마존은 개인화된 추천 시스템을 도입했다. 스티브 잡스는 아이폰과 아이팟으로 고객들이 표출하지 않은 잠재된 욕구를 만족시켰다. 그는 기술을 잘 사용하는 고객들 사이에서도 제품과 감성적인 연결을 원하는 욕구가 있다는 것을 파악하고, 애플 상품의 탁월한 디자인을 생각해냈다. 애플은 또 애플 사용자들의 국제적인 커뮤니티를 만들고, 대규모로 육성했다. 일, 공부, 오락을 하는 데 애플 제품을 사용하는 사람들은 세계적으로 앞서간다는 느낌을 받았다.

위르겐 메페르트 —— 기술에 초점을 맞춰 세 번째 제안을 해보자. 즉 기술이 도움이 되는 일에 지속적으로 기술을 사용하라는 제안이다. 인간은 로봇과 컴퓨터를 해방자로서 환영해야 한다. 인간은 생각하고, 창의적이고, 공감하도록 만들어졌다. 우리는 힘든 육체노동, 단조로운 일, 효율성과 관련된 것들을 로봇과 기술에 맡길 수 있다. 인간은 재능을 발전시키고 인간이 가장 잘하는 일, 즉 진정한 부가가치 창출에 집중해야 한다.

물론 사회도 기술적 단절을 건설적이고 긍정적으로 보고, 디지털 혁신을 위협이 아닌 해방으로 인식해야 한다. 경제학의 거장 슘페터는 이를 경쟁적인 경제에서 하나의 당연한 과정으로 설명했다. 옛날 직업과 역할이 사라지고, 새롭고 일반적으로 더 좋고 덜 위험하고 세금을 덜 내고 더 재미있는 직업들이 등장한다. 되돌아보면 기술 혁신은 우리의 노동 부담을 덜어줬다. 더 건강하게 더 오래 살게 도왔고, 생활 수준을 전례 없이 향상시켰다. 증기기관, 조립 생산 라인, 컴퓨터 이 어느 것도 대규모 실업을 유발하지 않았다는 사실을 기억해야 한다. 두려움은 과장돼 있다.

아난드 스와미나탄 ── 발전은 어디에서 오는가? 우리의 네 번째 제안은 개방과 개방형 표준을 통해 혁신을 촉진하라는 것이다. 기본 전제는 간단하다. 시장은 언제나 어느 한 기업보다 더 혁신적이라는 점이다. 디지털 기업들이 개방형 인터페이스를 통해 혁신이 어떻게 외부 개발자들에게 전달되는지를 보여준다. 애플의 개방형 개발 회의가 모범 사례다. 이 회의에서는 개발자 수천 명이 협력하고, 때로는 아무 대가 없이 일한다. 고객도 점점 더 적극적인 역할을 하고 있다. 과거에는 기업들이 기술과 혁신을 보호했다. 외부인들은 기업의 지식에 접근할 수 없고, 기업과 협력할 수 없었다. 오늘날 많은 기업에서 상황이 변했고, 교과서들도 다른 입장을 취하고 있다. 개방형 표준이 점점 더 중요해지고 있다.

위르겐 메페르트 ── 다섯 번째 제안은 변화를 긍정적으로 받아들이라는 것이다. 사람들은 본능적으로 자신의 이익을 위해 현 상태를 ─ 현재 사는 곳과 일하는 방법에서 일반적인 기업 환경에 이르기까지 ─ 유지하려고 노력하기 때문에 오늘날 사회는 이를 어렵게 생각한다. 나는 수년 전에 지멘스가 세계전자디지털교환EWSD

시스템으로 세계 통신 시장을 지배했던 것을 똑똑히 기억한다. 그런데 EWSD 시스템의 전성기였던 1990년대에 라우터Router라는 새로운 기술이 시장에 진입했다. 지멘스가 이 분야에서 경쟁력 있는 제품을 만들고도 자사의 EWSD 제품에 대한 자기잠식 효과를 두려워하는 사이 스타트업이었던 시스코가 시장을 지배해버렸다. 따라서 우리는 다음 교훈을 명심해야 한다. 파괴를 허용하고, 통제보다 개방을 선택하고, 자기잠식을 허용하라는 것이다. 경쟁자보다는 스스로에게 빼앗기는 것이 낫다. 폭스바겐은 이런 사실을 일찍 깨달았다. 플랫폼과 멀티 브랜드 전략의 일부로 한편으로는 효율성을 최적화하고, 다른 한편으로는 자기잠식의 규모를 자체 브랜드로 제한하기 위해 제품 포트폴리오를 관리한다.

아난드 스와미나탄 —— 변화를 숙지해야 한다. 하지만 연습이 필요하다. 우리의 여섯 번째 제안은 큰 변화에 대비한 연습이 필요하다는 것이다. 새로운 것을 정기적으로 시도하는 사람은 결정 방식이 내재화되는 것을 방지한다. 상황이 변하면 내재화된 결정 방식은 더이상 소용이 없다. 예를 들면 빙판길에서 운전한다고 생각해보자. 건조한 도로와 달리 빙판길에서 통제력을 잃으면 조타 각을 개방해야 한다. 동일한 논리로 일이 일상화될 때가 변화할 시점이다. 3~5년 주기로 일을 바꿔야 역동성이 유지된다. 지속적 훈련을 기업 정책의 고정적인 구성 요소로 만들어야 한다. 나는 직원들이 이를 더 강력하게 주장하지 않는 이유를 모르겠다. 궁극적으로 사람들의 취업 능력을 향상시키는데 말이다. 지속적인 훈련이 근무시간 단축보다 훨씬 중요할지도 모른다.

위르겐 메페르트 — 중요한 지적이다. 우리의 일곱 번째 제안은 더 많은 아이디어와 창의성을 위한 네트워크를 구축하고, 회사 내부를 살펴보라는 것이다. 우리는 어떻게 서열이 혁신을 저해하고, 기업가 정신을 방해하는지 목격했다. 시야를 막아 기업, 학교, 대학, 국가가 새로운 발전을 보지 못하게 한다. 우리는 이런 현상을 이스라엘, 한국, 일본, 실리콘밸리, MIT, 막스플랑크연구소Max Planck Institutes, 과거의 벨연구소Bell Labs 같은 중앙 연구소 등 모든 곳에서 발견할 수 있다. 여기가 우리가 필요한 곳이거나 적어도 귀를 기울여야 하는 곳이다. 이런 네트워크들이 얼마나 중요하고, 많은 분야에서 얼마나 효율적인지를 보여주는 사례들은 얼마든지 많다. 대규모 네트워크가 최근에 심각한 병에 걸린 내 친구에게 큰 도움이 됐다. 짧은 시간에 세계 최고 전문가 두 명을—한 사람은 뉴욕, 다른 한 사람은 스위스에서 — 찾아내 도움을 받을 수 있었다.

또 다른 사례는 현재 소프트웨어 개발 분야에서 찾을 수 있다. 소프트웨어 코드는 기트허브 같은 개방형 커뮤니티에 공개돼 있어 누구나 이용할 수 있다. 어떤 소프트웨어 개발자든 자신의 개발 요소를 올려놓고, 다른 프로그램들에 접근할 수 있다. 이는 소프트웨어 개발 분야에서 생산성에 대한 완전히 새로운 S곡선을 만들어낸다.

아난드 스와미나탄 — 우리의 여덟 번째 제안은 기업에서 서열보다 능력을 우선하는 진정한 혁신이다. 즉 나이, 학력, 회사 내 지위와 상관없이 지식이 중요하다. 이는 경영에서 반대할 의무라는 새로운 패러다임을 요구한다. 대학의 예를 들어보자. 몇 년 전까지만 해도 반대할 의무는 생각도 할 수 없었다. 서열이 중요했기 때문이다. 교수들은 스스로를 교과목을 가르치는 사람이 아니라 권력을 가진 사람이라고 생각했다. 학위 논문도 엄격한 지시를 따라야 했고, 토론의 여지도 없었다. 요즘에는 교수가 학생의 평가를 받기 때문에 관계가 완전히 역전됐다.

위르겐 메페르트 —— 아홉 번째 제안은 교육과 추가적인 훈련이 음악 재생 목록과 같아야 한다는 것이다. 음악 스트리밍 서비스인 타이달Tidal 이나 스포티파이의 재생 목록은 내게 맞춰져 있다. 재생 목록은 내가 좋아하는 것과 나와 관련 있는 것을 반영한다. 당연히 최신 음악도 있지만, 자신의 음악 취향에 맞는 고전적인 히트 곡과 새로운 음악가들의 음악도 포함돼 있다. 오늘 내가 듣는 음악은 1년 전과 다르기 때문에 재생 목록은 언제나 최신 상태를 유지해야 한다. 재생 목록은 평생 동안 관리돼야 한다.

이런 개념은 초등학교, 박사과정 할 것 없이 모든 교육기관에게 혁명을 의미한다. 교육기관들의 교육 과정은 본질적으로 과거 소급적인 경우가 많다. 고전들이 너무 많고, 새로운 것들이 충분하지 않아 대체적으로 구식이다. 따라서 최신 정보를 아는 학생이 거의 없다. 더 현대적이고 더 개인화된 재생 목록이 필요하다. 새로운 직무 개요는 전통적인 히트 곡에서부터 최신 음악 차트 그리고 유망한 신인까지 모든 것을 잘 전달하는 DJ의 리스트와 비슷할 것이다. 평생교육은 기업에도 적용된다. 이중 시스템의 일부로서, 교육자들은 형식과 내용 측면에서 최신 변화를 반영하기 위해 교육 과정을 조정해야 한다. 이런 방식으로 기업은 젊은 상태를 유지하고, 선형적 사고에서 기하급수적 사고로 곡선을 조정할 수 있다. 이는 생물학적 나이와 관계없이 모든 개인에게 적용 가능한 매력적이고 가치 있는 모델이다.

아난드 스와미나탄 ── 이제 열 번째 제안이다. 사고의 장벽을 방지하라. 나는 젊은이들에게 가장 먼저 폭넓은 교육을 ── 일종의 일반 학문들 ── 제공해야 한다고 생각한다. 전문화는 개인이 전체적인 사업 판단 능력을 개발한 다음에 시작해야 한다. 오늘날의 사업은 통섭적인 사고와 팀 기술이 없으면 실패하기 쉽기 때문에 직무 개요가 너무 구체적이어서는 안 된다. 직원들은 고객에 대한 모든 것을 알고 있어야 한다. 매우 전문화된 일은 IBM의 왓슨이나 구글의 딥마인드에게 맡기면 된다.

주변을 살펴보면 기술 혁신은 업무 부담을 지속적으로 줄여주는 데 기여했고, 이는 많은 사람들에게 더 나은 삶의 질과 수명 연장을 가져다줬다. 하지만 새로운 기술은 언제나 더 큰 불확실성으로 이어진다. 나는 혁신이 정말로 뭘 의미하는지 알고 있을까? 혁신이 일자리를 만들어낼까 아니면 파괴할까? 내게는 어떤 일이 벌어질까? 미래에도 내가 여전히 필요할까? 혁신은 완전히 새로운 수준의 신뢰를 요구한다. 신뢰가 먼저 확보되어야 한다. 그래야만 경영진이 새로운 중요한 역할을 할수 있다. 우리는 이를 '윤리적 책임'이라 부른다. 경영진은 격변의 시기에 기업, 고객, 직원, 협력사에게 생존에 필요한 안정성을 제공해야 한다. 관리자들은 숙고할 시간이 필요하다. 내 동료가 종종 말하듯 가끔은 톱질을 더 빨리 하기보다 잠시 멈추고 톱날을 날카롭게 가는 것이 중요하다.

AI, 아바타, 로봇이 몰려오는 디지털화의 다음 세대 S곡선을 기대해보자. 인간은 여전히 필요할 것이고, 발전, 번영, 성공을 책임질 것이다. 특히 성공적인 디지털 전환 보장과 관련해 새롭고 흥미로운 역할들이 등장하고 있다.

주

1. McKinsey, www.ouyeel.cn/aboutus.html
2. www.apple.com/business/success-stories/
3. http://robllewellyn.com/digital-transformation-quotes/
4. https://www.forbes.com/sites/benkepes/2014/10/09/digital-transformation-doesnt-have-to-disrupt-walgreens-shows-how/#1cc7aafa6d38; www.chainstoreage.com/article/walgreens-supports-localassortments-jda
5. https://www.kiva.org/about
6. https://www.raisin.com/
7. https://www.ncbi.nlm.nih.gov/pmc/articles/PMC4704953/
8. https://www.theatlantic.com/health/archive/2012/09/the-289-billion-cost-of-medication-noncomplianceand-what-to-do-about-it/262222/
9. https://www.cnet.com/news/spring-cleaning-at-cnets-smart-home-starts-with-a-new-washer-anddryer/
10. http://images.philips.com/is/content/PhilipsConsumer/PDFDownloads/Global/ODLI20161110_001-UPD-en_AA-Evolving-applications-with-Philips-Lighting-in-Los-Angeles.pdf
11. 맥킨지, https://geeny.io/
12. www.zdnet.com/article/samsung-gear-s2-classic-3g-first-esim-lets-you-

switch-carriers-remotely/

13. Government Digital Strategy: December 2013, UK Cabinet Office, 2013, https://www.gov.uk

14. £10bn Saved in 2012/13: Efficiency and Reform 2012/13 Summary Report, UK Cabinet Office, 2013, https://www.gov.uk

15. One Digital Government: Better Service, Greater Convenience, Netherlands Ministry of the Interior and Kingdom Relations, 2011, www.e-overheid.nl.

16. https://www.linkedin.com/pulse/20-examples-roi-results-big-data-adam-ab-bloom

17. www.ottawasun.com/2017/03/30/ford-plans-3379m-rd-centre-in-ottawa-for-self-driving-car-technology

18. https://www.forbes.com/sites/jasonbloomberg/2016/07/25/digital-transformation-at-scale-at-general-electric-digital-influencer-bill-ruh/#2623b86ea2fe

19. www.mckinsey.com/industries/financial-services/our-insights/ings-agile-transformation

20. https://www.forbes.com/sites/parmyolson/2015/09/30/kevin-plank-under-armour-apps-technology/#3497221f19a9

21. ·http://media.gm.com/media/us/en/gm/home.detail.html/content/Pages/news/us/en/2016/Jan/0104-lyft.html
·http://media.gm.com/media/us/en/gm/news.detail.html/content/Pages/news/us/en/2016/Jan/0121-maven.html
·http://fortune.com/2016/03/11/gm-buying-self-driving-tech-startup-for-more-than-1-billion/

감수 맥킨지 한국사무소

맥킨지(McKinsey & Company)는 1926년에 설립되어 전 세계 유수의 기업들, 공공 부문, 시민 사회 기구들을 대상으로 경영 전략, 운영 전략, 조직 문화, 역량 강화 등 기업 경영 및 조직 관리의 다양한 영역에 대해 컨설팅 서비스를 제공해 왔다. 전 세계 100대 기업 중 90개 기업 포함, 전 세계 대표적 기업들과 장기적 파트너십을 바탕으로 컨설팅을 진행하고 있다.

한국사무소는 1987년에 우리나라에서 활동을 시작하여 다양한 업종의 기업 및 공공 부문, 시민 사회 기구들을 대상으로 컨설팅 서비스를 제공하고 있다. 국내 굴지의 대기업들과 맥킨지 글로벌 고객사들의 한국 지사를 지원하고, 정부 부처 및 국책 기관들과 긴밀히 협력하면서 경제 전반 및 공공 부문의 주요 이슈와 관련한 정책과 관리에 대해 조언을 제공하고 있다.

디지털 대전환의 조건

1판 1쇄 발행 2018년 12월 6일
1판 5쇄 발행 2020년 5월 12일

지은이 위르겐 메페르트, 아난드 스와미나탄
옮긴이 고영태
펴낸이 고병욱

기획편집실장 김성수 **책임편집** 윤현주 **기획편집** 장지연 유나경
마케팅 이일권 현나래 김재욱 이애주 오정민 **디자인** 공희 진미나 백은주
외서기획 이슬 **제작** 김기창 **관리** 주동은 조재언 **총무** 문준기 노재경 송민진

펴낸곳 청림출판 (주)
등록 제1989-000026호

본사 06048 서울시 강남구 도산대로 38길 11 청림출판(주) (논현동 63)
제2사옥 10881 경기도 파주시 회동길 173 청림아트스페이스 (문발동 518-6)
전화 02-546-4341 **팩스** 02-546-8053
홈페이지 www.chungrim.com
이메일 cr1@chungrim.com
블로그 blog.naver.com/chungrimpub
페이스북 www.facebook.com/chungrimpub

ISBN 978-89-352-1247-7 (03320)